序

利部修さんが〝心象考古学〟に関する研究を進めている、との抱負を耳にしたのは『出羽の古代土器』（二〇〇八）を上梓された後の頃であるから、十年近くを閲したことになる。

〝心象考古学〟とは寡聞であり、そのユニークな構想を興味深く聞いた。ただ、その後、恩師の倉田芳郎先生の追悼論文集（『生産の考古学』Ⅱ、二〇〇八）に寄せた論文（「虚空蔵大台滝遺跡の呪術・祭祀・信仰」）の副題（平安時代後半と中世後葉の心象風景）に〝心象〟が添えられ、当時から「心象考古学」の構想を抱懐していたようであった。

日本の考古学で、〝心性〟の問題を正面切って論じたのは、上野佳也博士（『こころの考古学』一九八五）であるが、その主著『日本先史時代の精神文化』（一九八五）は縄文時代を主題とする研究であった。

いま、日本考古学において対象資料をめぐる心性の研究は、時代と領域を超えて隆盛であるが、取り立てて心性研究を表記することは一般的ではない。

利部さんの「心象考古学」は、心性が反映された結果の造形物―考古学的資料の時間的変遷を主軸に、それぞれの時間枠内におけるモノの様相を横軸に据えて、人類史の展開を跡付けようとした意欲的な構想である。その試みとして、とくに歴史時代の分野に包括される物質的資料の研究を進めてきた。かかる構想が熟し、研究の方向性が高まって世に問うことになった。

東北日本の歴史時代資料に見られる「文字」「絵」「表号」「象徴的文様」を博捜し、描写の背景を検討した結果、それらに道教的信仰の実相が示されていることを推察するにいたった。さらに、汎東アジア的視野に立脚して「鏡鑑に見られる西王母」の画像から神仙思想に想いを巡らし、鴟尾を通して仏教思想の流伝を考えつつその誕生の契機に仏教と道教との融合を指摘するにいたった。ついで、日本の神仏思想と道教的信仰のあり方について言及し、また、亀趺碑の検討を通して儒教と日本古来の伝統信仰の関係に示唆をあたえた道教についての見解を披瀝する。立論の資料は、考古学的資料であるが、随所に関連する文献史料による解釈が加えられている。総じて道教的信仰の痕跡を考古学的資料から見い出すことが出来るとし、モノから思惟の実相を考える方法として〝心象風景〟の検討が有用であることを指摘する。

主張の前提には「人類進化の過程を考古学的資料の情報発現手段を基に」した独自の「文化段階論」がある。それは、取得文化→手技文化→心象文化→字書文化→再生文化、と五段階に区分する。とくに「歴史時代を含む精神性を具体した考古学の資料全般の研究」を例として「心象考古学」を提唱している。換言すれば「各種の信仰形態や美術領域等を含んだ精神性を具備した考古学的資料全般の研究」を「心象考古学」として理解したいとの宣言である。

この度の、『「心象考古学」の試み』は、実証的研究に裏打ちされた利部流の「心象考古学」の一到達点であり、今後のさらなる展開を期待して止まない。

故倉田芳郎先生の「宗教の考古学を目指したら」の一言半句の発端が追悼論文に添えられたが、それから一昔、天にましますす恩師を偲ぶ一書となって、ここに完成したのである。

二〇一七年一〇月六日

立正大学名誉教授　坂詰秀一

「心象考古学」の試み

――造形物の心性を読み解く――

目次

目次

序章　心象考古学の構想

一　歴史考古学と時代区分

本書表題の心象考古学とは、心象造形の考古学を指し、日本の歴史考古学と対比しつつ使用する用語である。心象とは「想像力によって心の中に描かれる、感覚的・具体的な姿や形。」で、一般にイメージと表現される（梅棹他監修一九八九）。考古学は人間の歴史を解き明かす学問であるが、心象造形の時代を人類史の一部を占める文化相として理解しようとするものである。

本書の内容が大きく関わる領域に、文献史料を含む文字資料に基礎を置く歴史時代があり、その時代の考古学的研究が歴史考古学である。中近世の発掘調査がまだ市民権を得られていない時期に、その必要性を推進してきた一人が坂詰秀一である。(1) 近著『歴史時代を掘る』の序章には、歴史考古学の用語を日本考古学の時代区分の立場から整理し、その研究史を端的に論じている（坂詰二〇一三）。現行の旧石器（岩宿）・縄文・弥生・古墳・歴史の時代区分以外に、利器の原材による旧石器・新石器（縄文）・鉄器（弥生〜歴史）、文字の存否・多寡による先史・原史・歴史等の時代区分があったこと、先史時代・原史時代の概説書である『日本考古学』の続編として、後藤守一による『日本歴史考古学』が一九三七年に著されたことを、当時の趨勢を交えて述べた。坂詰は、濱田耕作による「過去人類の物質的遺物に拠り人類の過去を研究する」（濱田一九二二）の「物質的遺物」を、「物質的資料」に読み替え、遺構・遺跡も含む人類の痕跡を考古学の対象とする学問と理解した。歴史時代を、旧石器時代から古墳時代までと同列に扱うことに矛盾を感じながらも、先史考古学、歴史考古学の用語が慣用されている現状を述べた。そして歴史考古学の範囲を古代・中世・近世・近代・現代としている(2)。

濱田が考古学の定義を述べた『通論考古學』には、歴史考古学の用語がすでに登場している。考古学と文献史学の関係を、考古学は広義の文献史学は狭義の史学と位置付け、「此の両者が相依り相助けて、其の両方面の研究を総合して、始めて人類過去の研究を完うする」と述べた（濱田一九二二）。考古学と文献史学の緊密さを歴史考古学の用語で記したものである。角田文衞は『古代学序説』で、「『歴史』の概念は唯一でなければならず、それは広義や狭義の区別は存しえない」とし（角田一九五四）、考古学・文献史学は歴史学の分科とする立場からの歴史用語の混用と、先史・原始・有史（歴史）時代の文字の存否による考古学研究者の消極性を批判し、歴史考古学・歴史時代の用語を否定した（角田一九五四）。しかしながら、今日の考古学的時代区分では、旧石器・縄文・弥生・古墳の各時代と共に歴史時代の用語の定着しているのが現状である。

古墳時代以降に不朽の業績を残した斎藤忠は、時代区分は研究上の便宜上のもので、汎世界的な視点と国や民族の枠内による独自性の二面性を説く。先史・原史・歴史時代区分については、文献中心の区分であり「人類の出現以来を歴史とみなす以上、先史時代の名も適切を欠くものがる。」と述べ、「歴史考古学の名もなじみ深いものがあるが、むしろ中世考古学・近世考古学のような分科の必要性も痛感される。」とした（斎藤一九八二）。一九八二年の見解であるが、歴史考古学の名称に懐疑的なものの、便宜的な使用を容認する立場であった。

勅使河原彰は、芝原拓自の歴史理論をベースに「人類の歴史の発展の法則性を明らかに」し、「結論的理解としての時代区分」が必要と論じた（勅使河原一九七八）。下部構造の生産関係と上部構造の国家や社会的意識形態を併せた社会構成体を基準に、その発展段階として、原始共同体社会・古代奴隷制社会・中世封建制社会・近代資本制社会を時代区分の根幹にすべきことを主張した。旧石器・縄文・弥生の各時代を原始共同体社会の小時代区分と理解し、階級社会の発生とみる古墳時代を、律令体制と区分して総体的奴隷制社会の小時代として把握した。氏は歴史時代について言及していないが、従来の時代区分を総体化した視点で論じた。

歴史時代の用語を検討する上で、時代区分における近藤義郎の発言は注目される。「ものの変化だけから、複雑化の一途を辿る政治・経済・社会・思想の総体の区分を行うことはほとんど不可能」とした上で、考古学的時代区分を文献出現以前に限るとして、歴史時代用語による区分を否定した（近藤一九八五）。そして「人類史的時代ないし段階区分の展開原理」として、石器時代（段階）・生産経済時代（段階）・政治的関係の時代と区分し、これが前近代的社会構成のうちの原始社会に属するとした（近藤一九八六）。時代・段階基準が人類過去全般を対象とせず、歴史時代を除外した見解を示した。

筆者は、人類史全般を対象とする立場で本論を進めており、勅使河原・近藤の両氏とは相容れない立場にある[3]。

二　人類の考古学的段階区分

日本列島における考古学的時代区分は、旧石器時代・縄文時代・弥生時代・古墳時代・歴史時代として慣用されているが[4]、旧石器から古墳時代と比較して文字の有無による時代区分には、坂詰も指摘したように違和感がある。その理由は、旧石器から古墳時代までの各時代は、時代規定の指標としての物質的資料自体に時代の特質が備わっているのに対して、文字を持つ物質的資料（文字資料）は、特定の物質に限定されない特徴がある。つまり、五つの時代も同一原理による名称ではないものの、歴史時代は他の四時代に比較してより次元の異なる名称として理解される。このことが、近藤の歴史時代区分名称の否定に繋がったものと思われる。

文字のある物質的資料には、時代区分上の指標として特定された物質は不必要であり、この意味で文字資料の文字情報が、文字資料の物質的資料自体よりも優位性がある。人間は、人間としての活動が始まってから現代までに様々な形で情報を発信してきたが、先行する四時代の物質的資料と後発の文字資料では、情報発信の本質が異なっているのである。四時代の活動痕跡による時代区分は、資料自体の象徴性に重点を置いたもので、歴史時代のそれは文字の存在自体に意義を認めたものであった。

人類史は、人間の始まりから現在までを現代的視点から見通した歴史観である[5]。原始から現在までを、同一の基準で段階区分するためには現代的評価が大切である。先進地域の現代社会は、豊富な物質に恵まれた資本社会であると同時に、多くの情報が飛び交い遠隔地をリアルタイムで結べる情報化社会でもある。情報ネットの躍進は人類の生活様式を大きく変えた。人類は、その発生以来、子育て・食料獲得・防衛・利便性の追求等と、絶えず集団社会の中で情報伝達・交換（コミュニケーション）を行ってきた[6]。情報伝達システムの進化こそ、人類の発展を促進した大きな要因であり、人間らしさの本質に関わる部分と考えられる。

人為物は、過去の当事者にとっての送信・受信の情報発現資料であり、後世の人間にとっては情報蓄積資料である。以下では、人間活動を象徴する情報発現手段としての物質的資料を基準として、日本列島を対象にした人類史的段階区分を模索したい[7]。但し、日本列島の人類活動痕跡は、遡っても五万年程前までであり世界の状況も踏まえて記述する。日本列島における前期旧石器は皆無であり、中期旧石器は資料に乏しいのが現状である[8]。

本論では、人類の進化過程を段階的な文化として把握するが、次期文化の始まりまでを、前文化名を冠した段階名として呼称する。

① **取得資料段階**

自然物を加工せず道具として応用した段階である。直立二足歩行によって両手が自在になった人間が、約二五〇万年前に礫等の石材やそれを打砕した鋭利な剥片を道具として使用した（アルスアガ二〇〇八）。初期の道具使用を示すゴナ遺跡（エチオピア）の在り方はオルドワン石器群と呼ばれ、旧石器時代開始の指標とされている（佐藤二〇〇四）。この段階は使用痕跡のある自然物が情報媒体である。列島における類例は確認されていない。

② **手技資料段階**

計画的に作り出された道具を使用した段階である。約一六〇年前に敲打技術によって両面石器を母胎としたハンドアックス（握斧）・ピック（石錐）等が作られた。やはり猿人類の旧石器時代前期に属する（アルスアガ二〇〇八）。北アフリカ及びその周辺で見つかり通常アシューリアン石器群と呼ぶが、多機能性を基本にしつつ器種を作り分けたとされている（佐藤二〇〇四）。この段階は、食料獲得に必要な道具に手技が盛り込まれた物質的資料が情報媒体である。

日本列島において最も古く製作された石器は、岩手県金取遺跡の第Ⅲ・第Ⅳ文化層から出土した石器群である。上層の第Ⅲ層からはチョッパー・両面調整石器・スクレイパー、第Ⅳ層からはチョッパー、両面調整石器が出土した。前者には六、七万年前、後者には八万年前をやや遡る年代が与えられている（松藤二〇一〇）。年代に異議を唱える研究者もいるが、中期旧石器段階であることに異論はない。

③　心象資料段階

食料獲得に必要な道具を除き、心に現れたイメージを造形化した段階である。アルスアガはフランスやスペイン等の洞窟における彫刻遺物や壁画が、後期旧石器時代のクロマニョン人によるとしており、三二〇〇〇年前の壁画を紹介している（アルスアガ二〇〇八）。松本直子は、象徴的行為の痕跡が顕著になる時期を、ホモ・サピエンス出現後の五～三万年前以降としている（松本二〇〇七）。これらは原始美術と評される。この段階は心象が表現された物質的資料が情報媒体である。

列島においても、後期旧石器時代の岩偶が芹沢長介によって報告されている（芹沢一九七四）。大分県岩戸遺跡の第Ⅰ文化層からは、ナイフ形石器・尖頭器・チョッパー等と共にこけし形石製品（石偶）が出土した。棒状の体部と球状の頭部が作り出され、頭部には二つ並んだ浅い窪みの中央下に、縦に並ぶ浅い窪みが表現されている。組成石器の特徴に、ナイフと片面加工・三面加工の尖頭器を挙げ、年代は一四〇〇〇～二〇〇〇〇年前を想定した。また旧石器時代ユーラシア大陸におけるビーナス像との共通性を論じている。

④　字書資料段階

物質的資料に文書が記された段階である。エジプトの初期王朝時代（前三〇〇〇～二六八二年頃）には、ヒエログリフや暦の使用が始まったとされる（津村二〇〇九）。これに先立つのが、メソポタミアの絵文字（前三五〇〇年頃以降）である。しかし絵文字は具象的な絵を借用したもので、本義の文字はシュメール人による楔形文字（前二六〇〇年頃）が出発点と考えられる。楔形文字は多くの言語表記として用いられた（マロワン一九七〇）。この段階は、字書が付加された物質的資料が情報媒体である。

列島においては、大野晋が漢字を日本語に変化させた時期を七世紀後半～一二世紀としている。日本語としての漢字を用い始めたのが七世紀後半で、四、五世紀の帰化人は漢音による漢字を用いた。同世紀である石神神宮七支刀や江田船山古墳出土鉄刀の銘文を、漢音表記とする解釈である（大野一九六八）。倭国女王卑弥呼に賜与された銘文のある多くの銅鏡も、同様に理解される。犬飼隆は、七世紀代の多くの木簡から日本語の助詞・助動詞等の漢字表記による訓音化、日本語字書の始まりを七世紀後半とした（犬飼二〇〇〇）。日本国家を制度化した天武天皇の、「新字」一部四四巻の施策と連動している（吉村二〇〇四）。

⑤　再生資料段階

物質的資料に情報が内蔵された段階である。再生技術によって、過去の音声や変化する情景が再現できる。現代はラジオ・テレビ・インターネット等による情報化社会であるが、その出発点は録音・録画技術にあり、これと電気通信技術が結びつき今日の繁栄をもたらしている（樋渡一九九五）。録画に先行する録音は、一八七七年のトーマス・エジソンによるフォノグラフの発明が最初である。錫箔の張られた円筒表面を針の振動で凹ませて音を記録し、そこを針でなぞることで音を復元する（谷口二〇一三）。その後開発されたのがレコードである。これらの段階は、情報蓄積機能を持つ物質的資料（記録媒体）が情報媒体である。

列島で公開された録音機は分厚く重いＳＰレコードであり、その再生機はニッポノホンと呼ばれた蓄音機である。明治四三年（一九一〇）のことであった。その後手動が電動化され、昭和二五年（一九五〇）には日本初のテープレコーダーが完成した。日本の録画技術も、昭和四九年（一九七四）にはＶＴＲ（ビデオ・テレビ・記録）、昭和五一年（一九七六）にはＶＨＳ（ビデオ・ホーム・システム）と開発されて（レトロ商品研究所二〇〇三）、今やＤＶＤやゲームソフト等が市場に溢れている（川上二〇一二）。

胡桃の殻を礫で砕いたり栗の毬を棒きれで剝いだりすることは、自然物を道具として活用する取得文化の現代版である。石臼・杵・大工道具等のもの作り、彫刻・日本画・油絵等の心性表現、手書き原稿・手書き年賀状等の言語的表現と、手技・心象・字書文化は今日においても継続されている。罠による猪の捕獲、河川や海での漁り、茸や山菜の食物採集も、過去から受け継いだ文化である。通信情報や交通標識等々、情報化社会と言われる現代は、多面的な文化を持ち合わせた時代なのである。

以上のように、人類の進化の歩みを五文化相の累積構成として捉え、各文化の始まりを画期として把握する。現代人は、取得文化段階・手技文化段階・心象文化段階・字書文化段階を経て、各文化相を享受している再生文化段階に到達している、と理解できる。

三　心象文化領域

前項では、人類進化の過程を考古学的資料の情報発現手段を基に、その表出順序に沿って取得段階→手技段階→心象段階→字書段階→再生段階と五文化段階に区分し（五文化段階区分と仮称）、先進国における今日の社会を各文化相の累積した総体文化として把握した。そして各文化の始まりを人類進化の画期とした。日本列島では、取得段階は確認できていないが以降の段階は認められ、大枠では世界と同系列の進化を遂げていると考えられる。

日本の考古学では旧石器時代、縄文時代、弥生時代、古墳時代、歴史時代が代表的な時代区分である。歴史時代が他の時代に対して齟齬を感じることは前述したが、歴史時代とほぼ同じ内容を持つ字書段階は、それの属する五文化段階区分において調和的である。情報発現手段を核とした段階区分が有効に作用したことに他ならない。五文化段階区分は、従来の時代区分を否定するものではなく、新たな概念創出の試案として位置付けている。取得・手技・心象・字書・再生を主題とした考古学的概念の模索である。

本書で取り上げたいのが心象文化の考古学である。歴史時代における文字の使用が、それまでの文化を飛躍的に進展させたことは疑い得ない。その情報発現手段は、日本の都市国家建設や律令制構築に欠かすことができない。その前身が、狩猟・漁猟・採集行動に関わる各種生活用具等や、祭祀・呪術等に関わる彫刻・絵画・工芸・文様・記号等の情報発現手段である。前者は日常生活に関わる手技文化、後者が非日常的な心性に関わる心象文化である。小林達雄は縄文時代の、労働と直接関係する日常的な生産用具を第一の道具、儀器や呪術具の非日常的な道具を第二の道具と呼んだ（小林一九七七）。第一の道具は手技文化、第二の道具は心象文化を象徴するもので、心象段階は将来を託した信仰とそれを表現した造形美をもたらした。(10)

教義のない自然宗教として把握される縄文・弥生・古墳時代の信仰について、各時代の代表的な研究を取り上げて論じたのが坂詰秀一である（坂詰二〇〇〇）。坂詰は各時代を貫く研究視点として、大場磐雄の神道考古学を発展させた佐野大和の定義を重視した。神道考古学を、研究対象を限定せず「古代社会の習俗の復元と、その習俗の規定をなす古代日本人の思惟・信仰の研究」と規定した佐野の見解は重要である（佐野一九九二）。字書段階以降、教祖と教義が明らかな創唱宗教に対して、心象段階は教祖や教義のない自然宗教が萌芽・発展した段階である。縄文時代の土偶（小林一九八九）や装飾文様（小杉二〇〇七）、弥生時代の銅鐸や動物文（国立歴史民俗博物館編一九九七）、古墳時代の埴輪や象徴文（亀井一九七七）等々による信仰（自然宗教）が、工芸・絵画の美術性を伴いながら発展してきた。後世を意識した心象造形は、集団内の精神性を表徴した共通イメージとして機能した。心象段階は宗教と美術の二つの領域を開花させてきたのである。(11)

字書段階以降、二つの領域が円熟した例に仏教がある。その造形資料の研究が仏教考古学である。古くから研究が進み、一九三六年には『佛教考古學講座』一五巻が刊行されている。坂詰が述べたように、その諸論には建築史・美術史・仏教学等、考古学と方法を異にした論考も含んでいたが（坂詰一九七六）、宗教と美術の親近性を窺うこともできる。仏教考古学は、一九七六年から刊行された石田茂作監修『新版仏教考古学講座』全七巻（雄山閣）や翌年からの石田茂作著『佛教考古学論攷』全六巻（思文閣）等と、いち早く体系化されてきた。各巻の表題に示され仏像（絵画・装飾を含む）・仏具・経典・塔婆等は、美術史家による研究もあり、建築も含めやはり宗教と美術の不可分性を示していよう。図像の意味とその論考を纏めた『講座日本美術史』三では、工芸・絵画・装飾・記号等の分野で考古学との関連性が窺える（佐藤編二〇〇五）。

本書は、建築・彫塑・絵画・文様・記号等について、主として仏教・道教・神道・陰陽五行説等の宗教や思想と関連付けて論じたものである。人類史の五文化段階区分では、心象段階の末葉（弥生時代）から字書段階、更に再生段階（現代）までの心象文化を対象としている。考古学的資料と宗教・思想に関する研究は、多くの研究者が論じておりその著書も数多い。それらは、当然ながらある信仰領域を限定して深化させたものである。本書は、各種信仰の枠に囚われない形で纏めてあり、『考古学と信仰』（森編一九九四）等の論文集を除くと、単著として他と差別化できるのかもしれない。各種の信仰形態や美術領域等、歴史時代を含む精神性を具備した考古学的資料全般の研究を、心象考古学として概念化することを提案したい。

［註］

（1）一九七一年刊行の『歴史時代の考古学』には、坂詰秀一・桜井清彦・原島礼二・森浩一・横山浩一によるシンポジウムの記録（坂詰編一九七一）、一九八一年刊行の『歴史公論』五月号には、斎藤忠・坂詰秀一・佐々木銀弥による座談会の記録がある（雄山閣編集部一九八一）。坂詰による『歴史考古学研究』Ⅰの「一　歴史考古学の諸問題」、『歴史考古学研究』Ⅱの「Ⅰ　歴史考古学私考」には、文献史学との対比・存在理由・実証例、「歴史」名称の問題点・学史・宗教等、歴史考古学を多面的に論じている（坂詰一九六九・一九八二）。

（2）佐原真は、これに原始を加えた文献史学からの時代区分と、これに対応する考古学の立場からの代表的な考えを示している。古墳時代の後は政治史的時代区分を当てた（佐原二〇〇七）。

（3）人類史の時代・段階区分に正面から取り組んだのは角田文衞である。『古代学序説』（一九五四）では、世界全般に目を向けその方法論を開陳した。そこでは「考古学は、汎く人間の誕生より現代に至る歴史を遺物に基づいて再構成すべきである。」と述べている。その後、増補版が刊行された（一九七六）。

（4）日本列島の時代区分は、北海道の続縄文時代・擦文時代等と必ずしも一律ではないが、大局論としてここでは五つの時代区分を便宜的に活用する。

（5）香原志勢によると、人類史の進化は第三紀霊長類（類人猿）・猿人類・原人類・旧人類・新人類と分けられ、進化に従い脳頭蓋が発達し咀嚼器は退化する。また人類を規定する二足歩行の直立姿勢は、猿人類の段階で完成するとされている（香原一九七五）。ファン・ルイス・アルスアガは、二三〇万年前から一五〇万年前までのホモ・ハビリス化石人骨（タンザニア）が、それまでの猿人に比較して大きな頭蓋容量を持ち、テナガザル等の霊長類と共に生息していた環境から逸脱して拡大したことを気候変動の影響から論じ、「ヒト属の最古の種を示している。」とした（アルスアガ二〇〇八）。

（6）香原志勢は、動物間のコミュニケーションの定義を「主として同種の個体に対する働きかけ」とした上で、化学的・視覚的・聴覚的・触覚的の四つに分類している。言語は聴覚的コミュニケーションの発信器と関連する。人間の言語は、中枢神経の発達と共に豊になった。氏は動物間の超能力と評している（香原一九七五）。言語は物質的資料として残らないが、これに代わるのが文字である。

（7）段階とは一般に物事の順序を示し、日本列島の時代区分や段階区分は、いわば新時代や異なる段階内容を線上に繋いだ区分である。時代や段階毎の各文化が直線的に変化する理解に対して、筆者は各文化が今日まで受け継がれ順次新文化が累積する階段状の面的構造として把握する。つまり、前段階に現れた文化を、現代まで繋がる基層文化と見做す理解である。

（8）ファン・ルイス・アルスアガは、近年の世界史的な石器区分の一例をアフリカとヨーロッパの対応で示した。旧石器時代（前期旧石器・中期旧石器・後期旧石器）・中石器時代・新石器時代の案である。相対的な実年代は、前期旧石器時代が二六〇万年前〜二五万年前、中期旧石器時代が二五万年前〜五万年前、後期旧石器時代が五万年前〜一万三〇〇〇年前、中石器時代が一万三〇〇〇年前〜八〇〇〇年前、新石器時代が八〇〇〇年前〜六〇〇〇年前としている（アルスアガ二〇〇八）。その上で、頭蓋容量が大きくなってきたホモ・ハビリスを「ほぼ人間に近かった」と評し、猿人とみなしている。なお、日本の縄文時代草創期の始まりは一万三〇〇〇年前と考えられており、アルスアガの後期旧石器時代の終焉とほぼ同じである。

(9) 記号には言語を含む考え方もあるが、それを除いても「技術的な記号、社会的な記号、美的な記号」と広義に把握される。本論では「規約的で社会化したもの」と狭義に捉えておきたい（ギロー一九七二）。

(10) 一九九五年刊行の『縄文文化の研究』九の表題は「縄文人の精神文化」であったが（加藤他編一九九五）、二〇〇七年刊行の『縄文時代の考古学』一一では「心と信仰―宗教的観念と社会秩序」と表現されている（小杉他編二〇〇七）。前者では、心性に関わる遺物研究を「三、第二の道具」で括ってある。編者の一人である藤本強は、物質的側面と精神的側面で「遺物・遺構・遺跡の研究も～精神的側面から追求をしなければ、究極の問題解決にはなり得ない」と述べている（藤本一九九五）。銘記したい。後者では個々の心性研究を信仰の用語で包括している。また項目としての「まつりの道具」と「モニュメント」は、その造形美に他ならない。

(11) 宗教について時枝務は、縄文時代から歴史時代までを対象に、宗教考古学の名称でその方法論的所見を述べている（時枝二〇〇〇）。美術については松木武彦が、「「無用」のものに「用」としての価値を与える心の働き」である美を、約六〇万年前の握斧の旧石器時代から古墳時代まで論じた（松木二〇一六）。四、三万年前のホモ・サピエンス段階で彫塑と絵画が始まることには賛同するが、それ以前の美意識はどうであろうか。

〔参考文献〕

犬飼　隆　二〇〇〇「木簡から万葉集へ　日本語を書くために」『古代日本の文字世界』　大修館書店
梅棹他監修　一九八九「心象」『日本語大辞典』　講談社
M・E・L・マロワン著、杉勇訳　一九七〇『メソポタミアとイラン』　創元社
大野　晋　一九六八「文字と言語」『日本の歴史』二三　岩波書店
亀井正道　一九七七「埴輪」『日本陶磁全集』三　中央公論社
加藤晋平他編　一九九五『縄文文化の研究』九　雄山閣出版
川上量生　二〇一三『ルールを変える思考法』　中経出版
香原志勢　一九七五『人類生物学入門』　中公新書
国立歴史民俗博物館編　一九九七『銅鐸の絵を読み解く』　小学館
小杉　康　二〇〇七「縄文文化の宗教的観念と社会秩序」『縄文時代の考古学』一一　同成社

小杉　康他編　二〇〇七『縄文時代の考古学』一一　同成社
小林達雄　一九七七「土偶」『日本陶磁全集』三　中央公論社
小林達雄　一九八九『縄文人のこころとかたち』毎日新聞社
近藤義郎　一九八五「時代区分の諸問題」『考古学研究』第三二巻第二号　考古学研究会
近藤義郎　一九八六「一　総論—変化・画期・時代区分—」『変化と画期　岩波講座日本考古学』六　岩波書店
斎藤　忠　一九八二『日本考古学概論』吉川弘文館
坂詰秀一　一九六九『歴史考古学研究』Ⅰ　ニュー・サイエンス社
坂詰秀一編　一九七一『シンポジウム歴史時代の考古学』学生社
坂詰秀一　一九七六「Ⅱ　仏教考古学の発達」『新版仏教考古学講座』第一巻　雄山閣出版
坂詰秀一　一九八二『歴史考古学研究』Ⅱ　ニュー・サイエンス社
坂詰秀一　二〇〇〇『歴史と宗教の考古学』吉川弘文館
坂詰秀一　二〇一三『歴史時代を掘る』同成社
佐藤康宏編　二〇〇五『講座日本美術史』第三巻　東京大学出版会
佐藤宏之　二〇〇四「旧石器時代」『現代考古学事典』同成社
佐野大和　一九九二『呪術世界と考古学』続群書類従完成会
佐原　真　二〇〇七『日本の考古学〈普及版〉』上巻　学生社
芹沢長介　一九七四「大分県岩戸出土の「こけし」形石製品」『日本考古学・古代史論集』吉川弘文館
谷口文和　二〇一三「音楽にとっての音響技術」『メディア技術史　デジタル社会の系譜と行方』北樹出版
角田文衞　一九五四『古代学序説』山川出版社
津村眞輝子　二〇〇九「古代エジプト」『古代オリエントの世界』山川出版社
勅使河原　彰　一九七八「二　時代区分論」『日本考古学を学ぶ』（一）有斐閣選書
時枝　務　二〇〇〇「宗教考古学成立のための方法論的諸問題」『考古学論究』第七号　立正大学考古学会
濱田耕作　一九二二『通論考古學』雄山閣出版
樋渡涓二　一九九五『情報化社会と映像』コロナ社
ピエール・ギロー著、佐藤信夫訳　一九七二『記号学』白水社

ファン・ルイス・アルスアガ著、藤野邦夫訳・岩城正夫監修　二〇〇八『ネアンデルタール人の首飾り』新評論
藤本　強　一九九五「一、総論」『縄文文化の研究』九　雄山閣
松木武彦　二〇一六『美の考古学―古代人は何に魅せられてきたか』大進堂
松藤和人　二〇一〇『日本と東アジアの旧石器考古学』雄山閣
レトロ商品研究所　二〇〇三『国産はじめて物語』ナナ・コーポレート・コミュニケーション
松本直子　二〇〇七「宗教的観念の発達過程（比較文化論）」『縄文時代の考古学』一一　同成社
森　浩一編　一九九四『考古学と信仰』同志社大学考古学シリーズ刊行会
雄山閣編集部　一九八一「歴史考古学を語る」『歴史公論』第七巻第五号　雄山閣出版
吉村武彦　二〇〇四「一〇　古代の文化と思想」『日本史講座』一　東京大学出版会

第一章　北辺日本の諸相——本州北端の刻書土器——

第一節　道教的信仰から見た「木」の考察

一　はじめに

本州北端の青森県域は、平安時代の列島において墨書土器を凌いで刻書土器が卓越する地域として注目される。当地は九世紀においても律令国家に組していない郡制未施行地域で、秋田・岩手県域の城柵設置地域と対峙することから、一〇世紀を中心とした青森県域は列島の国家支配領域と非国家支配領域の中間地域と評することができる。

青森県域に須恵器や鉄の生産技術が国家圏域から伝播し、その製品が北の非国家圏域に広範な広がりを見せたこと、逆に北方域の各種産物が青森県域を経由して国家圏域にもたらされたことは、国家圏の外縁地帯の在り方を如実に示している。特に、鉄製品やその生産技術は、農業をはじめ各種の生業活動の生産性を向上させ、武器・狩猟具としての利用度を高める等、北方の非国家圏域にとっての重要な交易対象であった。

国家圏から伝播したのは、各種の生産技術や生活物資の物質文化だけではない。墨書や刻書による文字・記号、それらと共にもたらされた仏教等、それらが非国家領域の精神文化に多大な影響を与えた。平川南は、非国家圏域における文字を「支配者側は～一つにはその権威の象徴として、もう一つは無文字社会に近い状況下では文字は一定の呪力をももちえた」と論じた（平川二〇〇二）。青森県の「大佛」や「神」の刻書土器は、神仏に供物を捧げ庇護を願ったものでそれを象徴しているし、刻書の多くの記号にも成就の願いが託された。

平川は、古代墨書土器の本質を「信仰形態に伴う記銘」・「饗宴などの儀式に伴う記銘」とし、前者に関して「道教的な呪術性の高い信仰、招福除災や延命への願い」を託す行為と意義付けている（平川二〇〇〇）。本論では、道教的信仰(1)と関連付けて漢字「木」について論じるが、漢字を含む豊富な記号が認められる青森県刻書土器を理解する一環としての試みである。

二　厨川谷地遺跡と道教的信仰

古代社会の信仰において、仏教の占める役割の大きいことは周知の通りである。刻書土器が多く出土する青森県域では、国指定史跡の高屋敷館遺跡から蓮華文の描かれた墨書皿が、これに接する野尻（3）遺跡からは鉄製鏡が出土しており、山田雄正が一〇、一一世紀青森県域の仏教伝播を特に密教との関連で論述している（山田二〇〇五・二〇〇六）。また、高屋敷館遺跡では錫杖状鉄製品が出土しており、井上雅孝は「錫杖の全体的な形態を模倣し、かつそれに神道具の鉄鐸を簡略化装着させることから、神仏習合の祭祀具の可能性が高い。」とし、北方域の密教伝播について論じる等（井上二〇〇七）、仏教を中心に神道に関する研究も進められている。

これに反して、青森県域の考古資料による道教的信仰に関する論考は殆ど見られない。まじないを含む道教的信仰については、鐘江宏之が墨書・刻書土器の観点から「さまざまなまじないを含む仏教信仰との関連性を考慮」すべきで、鬼神とのやりとりを仏教の世界観で記した『日本霊異記』を引用して「こうしたまじないや祭祀がすでに仏教の中に取り込まれて広まっていた時期であった。」とし、仏教と蝦夷社会との関連性を強調している（鐘江二〇〇八）。青森県域においては、墨書・刻書土器の中に道教的信仰に関する文字が表れにくいことを暗示したものと理解される。このように、青森県域における道教的信仰に関する考古資料やそれの論考は低調である。

それでは、律令制下の文字や記号が墨書・刻書土器として青森県域に流入し広まる契機になった、北東北の城柵官衙遺跡が所在する地域の様相はどうであろうか。本項では、青森県域に近く近年祭祀遺跡として注目されている厨川谷地遺跡を中心に道教的信仰について考えてみたい。

厨川谷地遺跡は秋田県仙北郡美郷町土崎にあり、九世紀初頭の創建と考えられる払田柵跡の東約五〇〇メートルに位置している。九、一〇〇平方メートルの調査面積のうち、「範囲B」地区の西半分に当たる約三、五〇〇平方メートルの範囲が祭祀遺構の集中する範囲である。遺跡の実態は、調査を担当しその報告を纏めた五十嵐一治によって詳細に論じられている（五十嵐二〇〇五）。

厨川谷地遺跡からは、墨書土師器・墨書須恵器の他、灰釉陶器・緑釉陶器・木製祭祀具（人形・斎串・刀形・陽物・形代・箸状木製品・棒状木製品）・木製品（漆器・曲物・糸車）・漆紙・骨角器等が出土した。すでに、高橋学が「呪符木簡や「几」「☆」「井」字形の墨書土器の出土は、道教的信仰の浸透と共に陰陽師等の存在を想起させるものがある。」と指摘している（高橋二〇〇四）。

特に注目したいのが二点の呪符木簡である。一つは上下両端を直線状に切り取った板状を呈す第2号木簡（現存三二三×二三×七ミリ）、もう一つは上端の左右両隅を山形に切り落とし下端が尖る板状の第5号木簡（五〇〇×五〇×一〇ミリ）である（図1－3・4）。第2号木簡には「（符籙）急々如律令」、第5号木簡には「歿王鬼急々如律令」と記してある。

和田萃は、「如律令」を魏晋の時代に教義を整えた道教が呪符に取り入れたとする瀧川政次郎の説（瀧川一九三二）に、後漢代に「急急如律令」「如律令」の呪句や符籙を記した例のあることを示し年代の修正を図ったが、「道教的色彩の濃い「急急如律令」の呪句」と瀧川説を容認している。また和田は、呪符木簡をⅠ「急急如律令」等の呪句を有するもの、Ⅱ符籙（道家の秘文）または祭儀に関わりのある図を描くもの、Ⅲ神仏の名号（梵字を含む）を記載するもの、に分類している（和田一九八二）。第2号木簡と第5号木簡は和田分類のⅠに属すが、第2号木簡の冒頭の記載は符籙のように見え、Ⅱ類の要素も含まれていると考えられる。

「急急如律令」は「急いで律令の如くせよ」と言う意味である。中国江蘇省高郵県邵家溝の墓から出土した木片（図1－2）には、左上方に符籙（符図）その右下に文章が記され文章の末尾に「急如律令」と用いている（二八〇×三四×□ミリ）。後漢末と推定され呪符木簡の最古例とされている（山里二〇〇五）。また呪符木簡以外には、中国成氏鎮墓甕（後漢永寿二年－一五六年、出土地不明）の文章末尾に「急々如律令」、同じく劉孟陵鎮墓甕（後漢永寿二年－一五六年、陝西省西安出土）の文章末尾に「急如律令」と記した例等がある（池田一九八一）。池田論文には、「如律令」だけの古い例として中国の鍾仲游妻鎮墓券（後漢延熹四年－一六一年、河南省孟津出土）があり、文中の「賈値九萬九千」と共に文末に「有天帝教、如律令」の記載がある。「急急如律令」「律令」はすでに後漢代には定着していた。

窪徳忠は道教の成立を、道教の集大成と言われる新天師道を唱えた寇謙之（三六五～四四八年）が、皇帝太武帝に道書を献上して国家的宗教になった頃と想定している（窪一九六七）。四四六年太武帝は廃仏の詔を出しており（歴史学研究会一九九五）、それまでの様々な道教的宗教集団が、少なくとも五世紀半ばには宗教としての体裁が整えられ中国宗教の根幹をなす道教が成立した。「急急如律令」「律令」等の呪句も道教に取り入れられ定着したものである。日本に伝播した道教的信仰について和田は、「道教的信仰（神仙思想や道術・道家医方）の萌芽は六世紀末の推古朝に認められ、盛行するようになったのは～七世紀中葉～後半の斉明朝から天武・持統朝にかけてであったと推測される。」としており（和田二〇〇六）、少なくとも七世紀後半代には「急々如律令」の用法が道教的信仰に関連して日本にもたらされ定着したものと考えられる。

一方、第5号木簡には「殃王鬼」と「鬼」の字が記載されている。第2号木簡の符籙と見られる中にも「鬼」が変形したような形が見られる。中国起源で現在最も古いと見られている呪符は、朱家堡の墓から出土した陶瓶（後漢陽嘉二年－一三三年、陝西省戸県出土）に朱書きされた符である（山里二〇〇五）。この中に「日」「月」と共に「鬼」の字が認められる（図1－1）。最古の呪符木簡（図1－2）の符籙にも「鬼」の字が見られ、文章の中にも「鬼名」と見えている。

更に、この山里論文では藤原宮の井戸跡から出土した呪符木簡（「羅堰」符）や、鳥羽離宮跡から出土した平安時代後期の呪符木簡（天罡符）三点を取り上げている。前者は、「（符籙）鬼小（符籙）今　乎其」とあり、星座に関わる符籙と「かぜかんむり」の中に描かれた符籙の間に鬼の字が位置している。後者の三点は冒頭に「出天罡」末尾に「急…」と記された中に、鬼の漢字やその変形を含む符籙が記されている。

奥野義雄は、平安前期の『政治要略』にある追儺の宮廷儀式に関する記述を取り上げ、方相氏が儺によって疫鬼・癘鬼を退治していることを指摘し、そこに見える「周官」「論語疏」云々の文言から元来は中国の儀式であったとしている（奥野一九九七）。追儺の記述には、さらに「陰陽之気」「天子」「桃弓・桃杖」等の古代道教に関係した用語が記述されている。鬼もまた道教に取り入れられ日本でも定着してきたことを示しており、厨川谷地遺跡の呪符木簡の鬼も道教的信仰と強く関連するものであろう。また、追儺における祭文（儀式における読誦）は道教的方術の一種と見なせるであろう。また、中世の鬼の字や鬼神については水野正好が詳しく述べ、鬼と人間の関係をまじないの世界で描き出している（水野一九八五）。論文では、「道教的な図・符・思惟」が四世紀の日本にもたらされたものと別に、「随・唐社会の影響のもとに、新しい系譜、大系をもったまじない世界が我が国に成立してくる」と論じており、日本における道教の影響を説いている。

以上より、厨川谷地遺跡出土の呪符木簡（第2号木簡・第5号木簡）に見られる「急々如律令」や「鬼」は、古代中国の道教に深淵がありその道教的信仰が濃厚に反映されていると理解することができる。厨川谷地遺跡では、

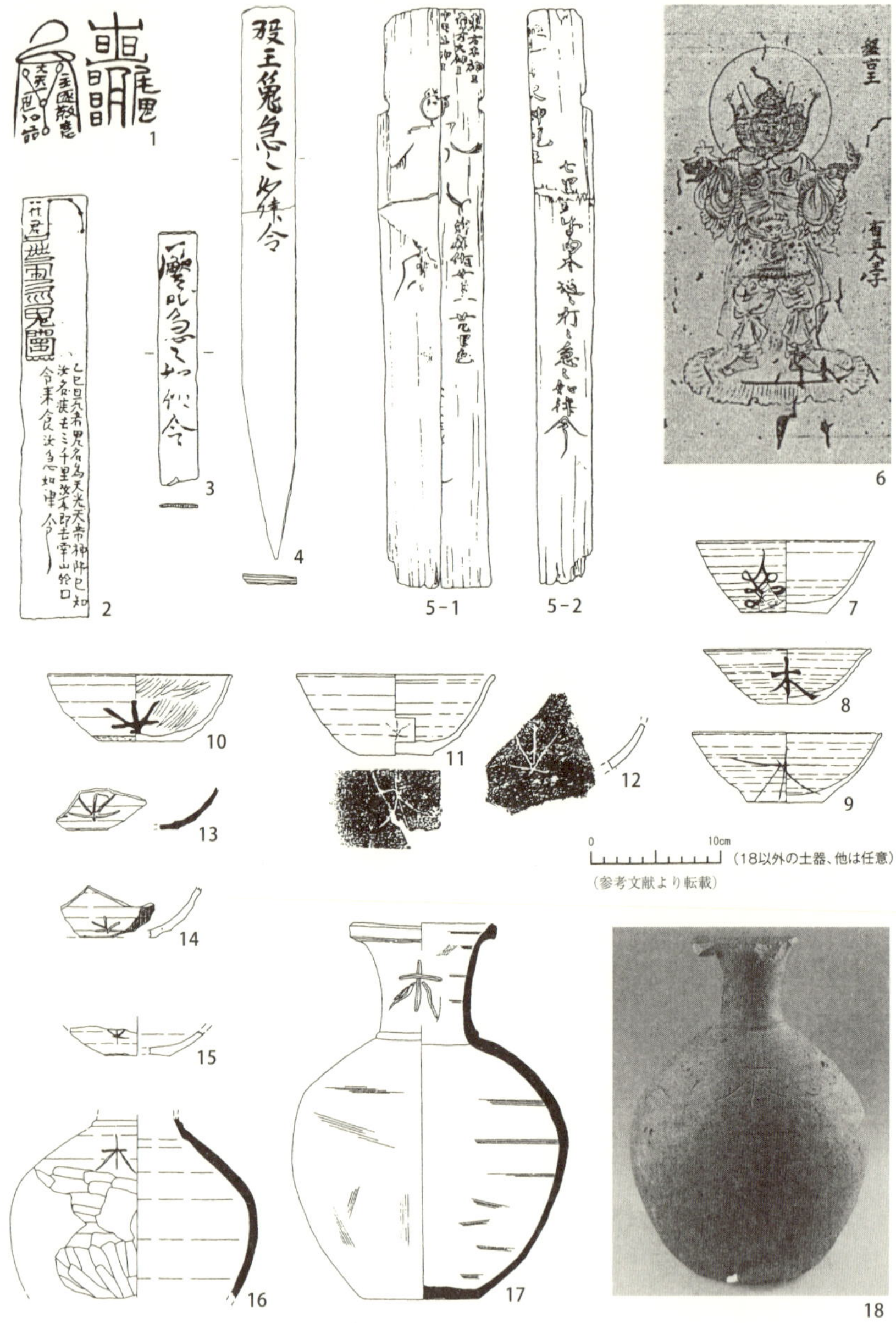
1
2
3
4
5-1
5-2
6
7
8
9
10
11
12
13
14
15
16
17
18
0
10cm
（18以外の土器、他は任意）
（参考文献より転載）

図１　本文関連資料

様々な祭祀と関連しながら符の目的を成就するための厳粛な道教的信仰（方術）が実践されたものと考えられる。[2]平安時代の呪符木簡は秋田城跡でも出土しており、[3]厨川谷地遺跡の木製人形や墨書記号「几」「☆」「井」等もまた道教的信仰と関連する。本項では、このように青森県に隣接する地域に、道教的信仰に関する考古資料が確実に存在していることを確認しておきたい。

三 「木」の刻書・墨書文字

青森県域で刻書文字と認識されるものに漢字がある。漢字に占める刻書文字は墨書文字を大きく凌ぎ、律令国家領域から非律令国家領域に浸透してきたことを物語る。以上を念頭に置いて青森県域出土の漢字「木」を、不確定要素を含む例も含んで列挙する（図1－10～18）。

10は八戸市田面木遺跡の14号住居跡から出土した。土師器杯の体部に墨書「木」が倒位に記されており、九世紀後半としている（八戸市教委一九九二）。

11・12は五所川原市隠川（4）遺跡の3号住居跡（11）と遺構外（12）から出土した。住居跡はロクロピットと外延溝を持つ。どちらも土師器杯で、体部に刻書「木」が倒位に記されており、九世紀後葉～白頭山－苫小牧火山灰降下以前の一〇世紀前葉としている（青森県教委一九九八）。「大」の下中央に「|」を記している。

13は青森市（旧浪岡町）野尻（3）遺跡の22号住居跡から出土した。高屋敷館遺跡に接して墓域も形成され仏教関連遺物も見られる。須恵器杯の体部に刻書「木」が倒位に記されている。右脇に小さな刻みが見られ複数文字の可能性があり、[4]九世紀後葉と見られる（青森県教委二〇〇六）。二画相当の跳ねは後述する古志田東遺跡（米沢市教委二〇〇一）の墨書資料にも見られる。

14は青森市（旧浪岡町）野尻（1）遺跡の513号溝跡から出土した。野尻（3）遺跡の北側に連続して展開する遺跡群の東端に当たる。須恵器杯の体部に刻書「木」が倒位に記されており、白頭山‐苫小牧火山灰降下以前と見られている（青森県教委一九九八）。横一文字の後、「ノ」「｜」「ヽ」の順に工具を運んでいる。

15・16は青森市野木遺跡の473号住居跡（16）と遺構外（15）から出土した。刻書「木」が15では土師器杯の体部に倒位、16では須恵器長頸瓶の肩部に正位の状態で記されている。16は九世紀後半に考えられている。473号住居跡からは、頸部に漢字「二八」と思考される刻書を記した須恵器長頸瓶が共伴しており注目される（青森県教委一九九九）。

17は青森市（旧浪岡町）松山寺遺跡から一九八四年に出土した須恵器長頸瓶で、頸部に刻書「木」が正位に記されている（浪岡町史編纂委員会二〇〇〇）。

18は下北郡大間町大間平（1）遺跡から出土した須恵器長頸瓶（器高二〇・八センチ）で、肩部に刻書「木」が正位に記されている（福田一九九三）。

以上、漢字「木」の類例として杯六点・長頸瓶三点を提示した。17・18も含んで殆どが九世紀後半から一〇世紀前半に収まり、八戸市・青森市・大間町での分布が見られる。「木」の在り方は、現状では杯と長頸瓶に限られ杯は倒位に長頸瓶は正位に記されている。「木」を記した杯は蓋として機能したものであろう。

東北諸県の類例はどうであろうか。東北地方の墨書土器と刻書土器については、平成一六年度以前の資料が新潟県域も含んで『青森県史資料編　古代二』の中で詳細に纏められており（青森県二〇〇八）、本項ではそれを参考にして北方域の文字「木」に関する傾向を把握したい。

秋田県の秋田城跡（秋田市）では、墨書「木」三例（他に可能性あり一）の他に墨書「㊍」一例がある。上谷地遺跡（由利本荘市）では墨書「㮷」一例がある。払田柵跡（大仙市・美郷町）では墨書「木」一例がある。中谷地遺跡（五城目町）では、墨書「木」三例（他に可能性あり八）がある。城神巡り遺跡（羽後町）では墨書「是木」一例がある。

岩手県の台太郎遺跡（盛岡市）では、墨書「木」八、刻書「木」九例（他に可能性あり一）がある。百目木遺跡（盛岡市）では墨書「木」一例がある。細谷地遺跡（盛岡市）では墨書一例がある。小泉遺跡（陸前高田市）では墨書「木」一例がある。胆沢城跡（奥州市）では、墨書「木」一、刻書「木」一例がある。

山形県の向河原遺跡（山形市）では墨書「木」一例がある。馳上遺跡（米沢市）では、墨書「木」が墨書「山不下」の後に改行されている。古志田東遺跡（米沢市）では、墨書「木」四四（可能性あり一五）、刻書「木」四例、他に「木」と「十万」が離れた位置に墨書されている。山田遺跡（鶴岡市）では墨書「木」一例がある。桜林興野遺跡（酒田市）では刻書「木」一例がある。三条遺跡（寒河江市）では墨書「木」三例がある。的場遺跡（天童市）では刻書「木」一例がある。道伝遺跡（川西町）では墨書「木」一例がある。上高田遺跡（遊佐町）では墨書「木」二例がある。北目長田遺跡（遊佐町）では墨書「木」一例がある。東田遺跡（遊佐町）では墨書「木」一例がある。宮ノ下遺跡（遊佐町）では墨書「木」一八例がある。

宮城県の藤田神殿遺跡（仙台市）では墨書「木」三例がある。市川橋遺跡（多賀城市）では、墨書「木」一四（可能性あり四）、刻書「木」五例の他、墨書「木口」「神木」「㊍」があり、「宮木」と「宮木」が離れた位置に墨書されている。山王遺跡（多賀城市）では、墨書「木」六（可能性あり五）、刻書「木」一例（他に可能性あり一）の他、墨書「㊍」「㊍」刻書で可能性のある「多木」がある。多賀城跡では墨書「木」一例がある。名生館遺跡（大崎市）では、墨書「□荒木」「石木人上」「石木五百」がある。

福島県の台畑遺跡（福島市）では墨書「木」一例（他に可能性あり二）がある。西原廃寺跡（福島市）では「木」と「□」が離れて墨書されている。上吉田遺跡（会津若松市）では墨書「木」三例（可能性あり二）がある。鳴神・柿内戸遺跡（郡山市）では墨書「木」一例がある。荒田目条里遺跡（いわき市）では、墨書「木」一例の他に墨書「木呆」がある。荒田目条里制遺構（いわき市）では墨書「□木郷」がある。北大久保E遺跡（白河市）では墨書「益」と刻書「木」が離れて記されている。関和久官衙遺跡（泉崎村）では、離れた位置に墨書「木」が二カ所ある。兎喰遺跡（玉川村）では墨書「木」一例がある。小浜代遺跡（富岡町）では刻書「木」一例がある。

新潟県の山木戸遺跡（新潟市）では墨書「木」一例がある。八幡林遺跡では、「木」の可能性がある一例の他に墨書「石屋木」がある。宮田遺跡（柏崎市）では墨書「木」五例（可能性あり二）がある。馬越遺跡（加茂市）では墨書「木」一例がある。江添C遺跡（燕市）では墨書「木」一例がある。岩野下遺跡（糸魚川市）では墨書「木」一例がある。竹直神社遺跡（上越市）では墨書「木山」がある。寺町遺跡（上越市）では墨書「木」一例（可能性あり一）がある。下国府遺跡（佐渡市）では墨書「木」一例がある。船戸川崎遺跡（胎内市）では墨書「木」二例がある。船戸桜田遺跡（胎内市）では墨書「木」六例がある。大坪遺跡（田上町）では墨書「木」一例がある。

以上のように県別の「木」は、秋田県で墨書七可能性ありが九例、岩手県で墨書一二・刻書一〇可能性ありが一例、山形県で墨書七二可能性ありが一五・刻書六例、宮城県で墨書二四可能性ありが九・刻書六可能性ありが一例、福島県で墨書七可能性ありが四・刻書一例、新潟県で墨書二〇可能性ありが四例である。

他に瓦に刻書「木」の見られるものに、宮城県の市川橋遺跡二、山王遺跡一、多賀城三、多賀城廃寺（多賀城市）三、日の出山瓦窯跡（色麻町）一、菜切谷廃寺跡（加美町）一例、福島県の夏井廃寺跡（いわき市）で一例（可能性あり二）がある。

以上、青森県以外では一六年度以前に墨書土器一四二・刻書土器二三例、刻書瓦一二例が見つかっている。青森県域出土の漢字「木」もまた、律令制下から強い影響を受けていたことが理解できる。一方「木」を含む複数文字には、「荒木」「□木郷」「神木」の人名・地名・信仰に関する名称等が見られる。

四　五行説の「木」

道教の中核を成す神仙説が盛んになったのが三世紀の半ば頃である。これを実践する術を方術と言い、それには「原初的な医術、朴筮、星占い、占いや多くの長生き法」がある。これらと深く関わっているのが陰陽説や五行説である。陰陽説は「宇宙のあいだにおこる現象や存在を陰と陽の二つで説明」する説で陰と陽は互いに補完関係にあり、五行説は「木・火・土・金・水の五つの「気」がからみあって、宇宙のあいだにあるすべてのものがつくりだされる」とする説である（窪一九八三）。窪は、陰陽説は前六世紀前半頃に起こったと推定し、五行説は前五世紀末に起こったとされているとした。これらの説が陰陽五行説[5]として一体になったのが戦国末期以降とされている。これらの説は易・星占い・宗教等々、様々な生活要素と結び付き近代に至るまで中国において大きな影響力を持っていた。

五行説は、様々なものを「木・火・土・金・水」の五行に照らして五つの要素に分けるが、例えば「五臓」に対し「木は脾」「火は肺」「土は心」「金は肝」「水は腎」の如く配当された。一般には、日本の律令国家にも影響を与えた蕭吉による『五行大義』（六世紀末頃）の説を採用している。この書は「秦の時代から随の時代に至る五行説を収集し、整理分類した」ものとされ、『続日本紀』にも見え陰陽生の教科書でもあった（林一九九四）。『五行大義』による「木」を筆頭とする五行説は、木から火、火から土、土から金、金から水が生じるとする相生説を採用しており、今日の月・日・曜日も陰陽と五行に関連している等、日本にも大きな影響を与えている（水上一九九八）。「木」は五行の筆頭に置かれ、「木」「火」「土」「金」「水」の中でも特別な意味を持っていたと考えられる。

佐藤至輝は『十八史略』を繙き「天皇氏、以木徳王、歳起摂堤（寅歳の意）」から、「天武天皇はこの天皇氏と自分とを読み替えたのではないか」とし（佐藤一九九五）、天皇の誕生を六五四年甲寅に推定している。誕生はともかく、陰陽五行説や方術等に詳しいとされる天武天皇が、同書で天皇氏・地皇氏・人皇氏の三皇を中国最古の王としたうちの最初の天皇氏にあやかって、天皇の称号を採用した可能性は十分に考えられる。その天皇氏が五行筆頭の「木徳」を持つのであるから、新制日本を画策した天武天皇が「木徳」の王を強く意識していたのは想像に難くない。天武の「天」も道教的信仰によるものと思われる。

藤原京からは、表面に「四方卅□大神龍王　七里□□内□送〻打〻急〻如律令」（図1－5－2）、裏面に「東方木神王　南方火神王　中央土神王　［　　　］［　　　］　人物像　婢麻佐女生年廿九黒色」（図1－5－1）と墨書された七世紀末～八世紀初頭の呪符木簡が出土した。裏面の空白には、「北方水神王」「西方金神王」が想定されている。裏面の五方に五行の配当が示され、その筆頭に「木神王」が配置されている（露口・橋本一九九四）。

次に、道教的信仰を大きく取り入れて日本で成立した陰陽道における「木」の例を取り上げる。

村山修一は陰陽道につて『日本陰陽道史総説』を執筆解説している（村山一九八一）。著書では、安倍晴明に仮託された『簠簋内伝』には、「陰陽道の原理と人間のそれへの応対と天文運行の三大要素が示され」としている。更に村山は、ここで権威付けられた牛頭天王信仰と「天地開闢の際あらわれた盤古王の五人の妻が生んだ五帝竜王について、各竜王の眷属の運行吉凶を示した」と解説している。村山は、これらの神と関連する京都天台宗妙法院所蔵の神像絵第一巻を紹介し（観応元年－一三五〇年成立）、神像図二三体が天神二体、地神五体、盤古王と五帝竜王六体、牛頭天王一体の順で描かれ、各グループの前後に説明・注釈があるとした。

図1－6が盤古王の神像である。盤古王は、地神五体と共に荷葉座に乗り雲に乗る天神の次に格付けられている。天神と地神が宝珠・剣・楽器等を持つのに対し、盤古王は右手に「木」を持ち左手に払子を、五帝竜王（神像にはそれぞれ東方青帝龍王・南方赤帝龍王・西方白帝龍王・北方黒帝龍王・中方黄帝龍王と墨で筆書きしてある）は、青帝が剣と索、赤帝が筆と巻物、白帝が長柄の三叉戟、黒帝が長短両柄の三叉戟、黄帝が長柄の三叉戟と剣を持つ。盤古王の「木」だけが実態のない漢字「木」であり、五行の「木」徳を示していると考えられる。神像の五方・五色も五行の配当そのものである。

以上より日本古代における漢字の「木」は、五行説と関連して漢字の意味以外に徳としての特別な扱いを受けていた場合のあることが理解できる。

五　道教的信仰の展開

前項では、日本古代における陰陽・五行説（陰陽五行説）の影響について述べたが、高松塚古墳やキトラ古墳は、天井図・日と月の像・四壁の四神（東方の青龍・南方の朱雀・西方の白虎・北方の玄武）、キトラ古墳には十二支の獣頭人身象が描かれている。これらの古墳は、近年、世紀の発見として注目された。これらは陰陽五行思想を端的に示した事例であり（有賀二〇〇六）、本論ではこれと先の呪符木簡に見られる呪術等も含んで道教的信仰として把握する。

律令国家においても、陰陽寮が国家機能として取り込まれている等、奈良・平安時代においては道教的信仰が日本に定着してきている。特に不穏な状況が続く城柵の設置地域においては、いち早く陰陽師が設置される等（山形県一九八八）、辺境域では、国家が道教的信仰に根差した祭祀・儀礼に依存する場面が大きかったものと考えられる。

山形県米沢市古志田東遺跡では、大型建物跡の周辺、特に旧河川跡から木簡・木椀・弓等と共に九世紀代の祭祀関連土器（主として墨書の土師器・須恵器）が多量に出土している。遺跡出土墨書土器を分析した荒木志伸は、墨書は一・二文字が多く「〓」一三八・「木」六六・「東」一五・「山田」一二・「達」五・「吉成」「欠」三・「吉」「生」「布」「伍」二・「太」「福」「千万」「山田西」「山西」一点等があるとしている（荒木二〇〇二）。注目されるのが合わせて二〇〇点以上の「〓」と「木」である（図1－7〜9）。「木」は他に、土器や木製の杯に刻書数点が認められた。特に「〓」と「木」は、纏まって共伴する事例も認められ吉祥句と共に見つかっている。

報告書で呪術絵としている「〓」に対して、荒木も呪術性を想定した。「〓」は多くのバリエーションを持ち、一筆書きのような曲線の動きで交差させた膨らみを作るが、その形を左から右、右から左とくねらせながら描く特徴を持つ。この特徴の記号は、近年の棟上げに見られる楊公上梁符（柳の木の板に朱書きされた呪符）の附録にも見られ、坂出祥伸はいくつかの記号と共に五雷・五帝・五星・五瘟の解釈を示している（坂出一九九三）。これと古志田東遺跡の「〓」には呪術的記号としての繋がりが想定される。そうであれば、「〓」と共伴する「木」を呪術に用いられた陰陽五行説に関する「木」と想定することも、強ち無理な考えではないであろう。

青森市新田（1）遺跡からは「忌札見（現ヵ）知可」と墨書された物忌札が、列島北限の木簡として紹介されている（木村二〇〇五）。他の年輪年代資料や土器から一〇世紀後半～一一世紀に収まるようである。本遺跡の評価として、律令制と関連した諸説が述べられ「陰陽道による律令的祭祀が北奥の地で本格的に実施されていた」とする考えも紹介されている（小口二〇一〇）。物忌札は陰陽道の影響が強く、陰陽道における物忌行為は日時や方位で吉凶を占うことであるから（中村二〇〇四）、これも道教的信仰と深く関連する。この物忌札の直前や並行する時期に、「木」の道教的信仰が存在しても可笑しくはない。

新潟県を含む墨書・刻書「木」の東北地方における在り方は、地名・人名等を顧慮する必要があるものの「火」「土」「金」「水」よりも卓越している。このことも、本文で論じてきた道教的信仰の呪術に関わる「木」の存在を肯定する一要素であろう。青森県の「木」の存在は少なく、それが人名や地名等の一文字を表す可能性が全くないとは言い切れないが、日本古代の道教的信仰と共にもたらされた「木」の存在も否定できない。むしろ、図1－16～18の液体を蓄え注ぐ機能を持つ長頸瓶に象徴的に記されていることからすれば、御神酒の入った酒器としての利用等、呪術祭祀に関連した道教的信仰の一部と見なすべきではないだろうか。「木」が遺物や遺構での関わりで道教的信仰として直接的に証明できる状況が、今後見出されることを期待したい。

六　おわりに

青森県域の祭祀を総括した八木光則は、その祭祀を「北奥祭儀」と規定して「独自の発展を遂げる北奥社会が～

「律令」的な品々や祭祀を取り込んだ」と想定している（八木二〇一〇）。青森県域での祭祀は、佐藤信が律令制下の地方豪族が神祇・仏教を動員したと述べたように（佐藤二〇〇五）、青森県域の統治者達が自らの安定と強化のために律令や王朝国家の宗教・祭祀や道教的信仰等を取り入れ、在地文化と融合した独自の信仰形態を形成していった性格のものではないだろうか。時代を問わず宗教は開拓の起爆剤でもあり得た。

冒頭で須恵器や鉄の生産技術が、青森県域を介在してその製品が非国家圏域である北方域にもたらされ、逆に北方域の各種産物が青森県域を経由して国家圏域にもたらされたことを述べた。同様に青森県域では、国家圏域から漢字文化と共に宗教・祭祀を取り入れ精神面の強化を図ったものと考えられ、国家圏と非国家圏である北方域の仲介領域としての役割を担った。そして、青森県域の墨書土器とそれを凌ぐ刻書土器が渾然一体とした在り方を示すように、国家圏域の宗教や祭祀が在地の伝統的なそれらと接触することで、両者が敵対・対峙・融合の混在した在り方であったと推定される。この状況は八木の「北奥祭儀」と重なる。

青森県域の統治者達が、外的には各種生産技術の獲得やその製品の交易販路、内的には集団の結束を支える祭祀あるいは宗教の精神性に腐心したことは想像に難くない。それらの物質・精神文化の軋轢が対立を生んで、囲郭集落の成立に結びついて行ったものと考えられる。城柵設置後の一〇世紀北方社会の理解には、青森県域の墨書・刻書土器に託された精神性を読み解くことが不可欠であり、特に刻書土器に記された意味を追求するのが当面の大きな課題と考えられる。

本論では、仏教・神道・道教的信仰等の宗教（創唱宗教・非創唱宗教）に基づく、祭儀や呪術行為である祭祀の一片を論じたに過ぎないが、考古資料から少しでも「ココロ」を読み解く努力が必要であると感じている（坂詰二〇〇〇）。

【註】

（1）道教を体系的に論じたのは窪徳忠である（窪一九八三）。窪は、中国固有の道教を「古代の民間の信仰を基盤とし、神仙説を中心として、それに道家、易、陰陽、五行、讖緯、医学、占星などの説や巫の信仰を加え、仏教の体裁や組織にならってまとめられた、不老長生を主な目的とする現世利益的な宗教」と定義し、七～九世紀の東アジアにおける世界的宗教と位置付けた。そして、「日本には、導士もこず、道観も建立されなかった。けれども、道教の教説が伝わったことだけはたしかである。」としている。また「道教の信仰は、おそらく仏教に付随して日本にしられたのであろうが、陰陽道や修験道、とくに後者にその影響が著しい。」と述べている（窪一九六七）。和田萃は、日本古代史の道教的信仰を考古資料も用いて精力的に究明している（和田一九九五）。和田は「道教は日本に伝来しなかったが、道教の中心をなす神仙説や方術・医術などの実践に関わるものは、倭国に招かれた百済の諸博士、渡来した僧侶・貴族・学者らにより伝えられた。」とし、それを下出積世の「民間道教」の伝来の表現に対し、道教（教団道教）が倭国に伝わった誤解を与えかねないことから「道教的信仰」の用語を用いてきた。しかし「信仰という側面を強調しすぎたきらいがあった。」と自戒している（和田二〇〇六）。それは術性が表現できていないことによるものと思われる。本論では和田の表現に従うが、道教的術性をも含んだ意味として「道教的信仰」の用語を用いていきたい。窪は道教の内容を、一教学部門・二方術的部門・三医術的部門・四倫理部門の四つに分けている。その内の方術的部門では、「呪い、符、予言、はらいなどだが、祈祷の儀式や儀礼もここにいれることができるであろう。」としている（窪一九八三）。二・三の内容が他の宗教と大きく異なる面である。新川登亀男は「「方術」技能の評価」として触れている（新川二〇〇六）。

（2）道教を修めた人を道士と言うが、道士が書き記す符を道符と言う。夏目一挙は『道教に於ける符の諸問題』の中で、道符の目的を「道符を授与することにより去災除病延年益寿福禄富貴或は降魔伏鬼怨敵退散或は招財栄商豊農にあるのであるから霊験が至上目的である。霊験を享けんとするには厳かなる祈念祈祷を必須とする。祈祷には必ず戒律節斎潔浴辟穀の修行を必要とする。」としている（夏目一九五五）。そこでは葛洪の『抱朴子』を繙き「霊験の少き理由を符文符字符絵の伝写の誤謬と信仰の薄弱と修心修道の不足と符に対する無自覚にあり」の文章を紹介し、古代中国における本来の符に対する厳粛な姿勢を説いている。また夏目は、道符をその内容の種類によって、一、神符・二、霊符・三、秘符・四、道符・五、倣符と分類している。その神符の降神法では「道士は戒律節斎沐浴修心整身して神の降下を願う」と符作製時の神聖さを示しているし、霊符では「神霊魂魄鬼神精霊妖化魑魅魍魎などが祈祷の道士に憑依して様々な様相で現はれそれを符字符絵に書いたもの」と霊媒法を紹介している。道符の霊媒に見る行動や符字符絵を書く行為は、道教的信仰の中の方術と見なされる。

（3）呪符木簡は（現存三四〇×三一×五ミリ）、秋田城跡東外郭線の外側沼沢地西岸から斎串・刺串・人形・馬形・人面墨書土器等と共に出土した。中央の「口」を縦横に並べた図の真下に「鬼」を変形させた符籙があり（日野一九八六）、末尾の「嶋如使人」の解釈を「急々如律令」に推定変更している（小松二〇〇七）。

（4）同報告書の4号住居跡には複雑な刻書を記した須恵器杯がある。倒位に見ると左半分は、22号住居跡出土「木」と類似する。二文字を連結したようにも解釈されるが、「木」相当部分の工具の運びが不自然なことや右半分の解釈ができないことから本論では取り上げない。なお、22号住居跡の資料が複数文字の可能性もあり注意を要する。

（5）小林信明は、秦代以降頃に「陰陽と五行とは急速に接近し、かつ十干十二支から占星術までを包含してその説の内容を豊富にし」と述べ、ついに小拘禁忌の繁多なものになったとしている（小林一九五九）。

［参考文献］

青　森　県　二〇〇八『青森県史資料編　古代二』

青森県教育委員会　一九九八『野尻（1）遺跡―国道一〇一号浪岡五所川原道路建設事業に伴う遺跡発掘調査報告―』青森県埋蔵文化財調査報告書第二三四集

青森県教育委員会　一九九八『隠川（4）遺跡・隠川（12）遺跡Ⅰ―国道一〇一号浪岡五所川原道路建設事業に伴う遺跡発掘調査報告―』青森県埋蔵文化財調査報告書第二四四集

青森県教育委員会　一九九九『野木遺跡Ⅱ―青森中核工業団地整備事業に伴う遺跡発掘調査報告―』青森県埋蔵文化財調査報告書第二六四集（第二分冊）・（第三分冊）

青森県教育委員会　二〇〇六『野尻（3）遺跡Ⅱ―国道七号浪岡バイパス建設事業に伴う遺跡発掘調査報告―』青森県埋蔵文化財調査報告書第四一四集

荒木志伸　二〇〇一「第五章　古志田東遺跡出土の墨書土器」『古志田東遺跡』米沢市埋蔵文化財調査報告書第七三集　米沢市教育委員会

有賀祥隆　二〇〇六「Ⅰ．キトラ古墳壁画の白虎をみるために―あるいは高松塚古墳壁画比較論―」『キトラ古墳と発掘された壁画たち』飛鳥資料館

五十嵐一治　二〇〇五「第六章　まとめ」『厨川谷地遺跡―県営ほ場整備事業（土崎・小荒川地区）に係る埋蔵文化財発掘調査報告書Ⅰ―』秋田県文化財調査報告書第三八三集　秋田県教育委員会

池田　温　一九八一「中国歴代墓券略考」『東洋文化研究所紀要』第八六冊　東京大学東洋文化研究所
井上雅孝　二〇〇七「古代蝦夷社会における古密教の受容と展開―錫杖状鉄製品の分析を中心に―」『原始・古代日本の祭祀』同成社
鐘江宏之　二〇〇八「青森県出土の文字資料」『青森県史資料編　古代二』　青森県
小口雅史　二〇一〇「古代末期の北方世界―北方史グループの研究視角―」『古代末期の境界世界―城久遺跡群と石江遺跡群を中心として―』　法政大学国際日本学研究所
奥野義雄　一九九七「第四章　追儺・節分・修正会にみる「鬼」をめぐって」『まじない習俗の文化史』　岩田書院
木村淳一　二〇〇五「新田(1)遺跡―北限の木簡―」『月刊考古学ジャーナル』No.531　ニュー・サイエンス社
窪　徳忠　一九六七「第五章　道教」『講座東洋思想』第三巻　東京大学出版会
窪　徳忠　一九八三『道教入門』　南斗書房
五所川原市　一九九三『五所川原市史　史料編』一
小林信明　一九五九「陰陽五行説」『アジア歴史事典』第一巻　平凡社
小松正夫　二〇〇七「釈文の訂正と追加(一〇)　秋田・秋田城跡（第1・8・12号）」『木簡研究』第二九号　木簡学会
坂出祥伸　一九九三「道教の呪符について」『関西大学文学論集』第四二巻第三号　関西大学文学会
坂詰秀一　二〇〇〇『歴史と宗教の考古学』　吉川弘文館
佐藤　信　二〇〇五「古代の地方官衙と神・仏」『月刊考古学ジャーナル』No.531　ニュー・サイエンス社
佐藤至輝　一九九五『呪符・巨大古墳と天皇陵』　雄山閣
新川登亀男　二〇〇六「卜と占」『信仰と世界観』　岩波書店
高橋　学　二〇〇四「払田柵跡と周辺の祭祀の様相」『秋田市史』第一巻　秋田市
瀧川政次郎　一九三一『律令の研究』　刀江書院
露口真広・橋本義則　一九九四「奈良・藤原京跡右京九条四坊」『木簡研究』第一六号　木簡学会
中村晃子　二〇〇四「陰陽道の吉凶」『図説安倍晴明と陰陽道』　河出書房新社
夏目一拳　一九五五『道教に於ける符の諸問題』　天理大学出版部
浪岡町史編纂委員会　二〇〇〇『浪岡町史』第一巻　浪岡町
林　淳　一九九四「神道と陰陽道」『神道事典』　弘文堂

八戸市教育委員会　一九九二『八戸市内遺跡発掘調査報告書四』八戸市埋蔵文化財調査報告書第四五集
日野　久　一九八六「秋田・秋田城跡」『木簡研究』第八号　木簡学会
平川　南　二〇〇〇『墨書土器の研究』吉川弘文館
平川　南　二〇〇一「第五節　青森市野木遺跡出土の「夫」墨書土器」『野木遺跡発掘調査報告書Ⅱ（平安時代遺物・分析・総論編）』　青森市教育委員会
福田友之　一九九三「第三節　五所川原産須恵器の分布」『五所川原市史　史料編』一　五所川原市
水上静夫　一九九八『干支の漢字学』大修館書店
水野正好　一九八五「招福・除災―その考古学―」『国立歴史民俗博物館研究報告』第七集　国立歴史民俗博物館
村山修一　一九八一『日本陰陽道史総説』塙書房
八木光則　二〇一〇「古代末期の北奥蝦夷社会」『古代末期の境界世界―城久遺跡群と石江遺跡群を中心として―』　法政大学国際日本学研究所
山　形　県　一九九八『図説　山形県史』
山里純一　二〇〇五「二　呪符の機能」『文字と古代日本』四　吉川弘文館
山田雄正　二〇〇五「第三節　出土遺物について―四　蓮華文様墨書の土師器について」『高屋敷館遺跡Ⅲ―国道七号浪岡バイパス建設事業に伴う遺跡発掘調査報告―』　青森県埋蔵文化財調査報告書第三九三集　青森県教育委員会
山田雄正　二〇〇六「第三節　出土遺物について―三、野尻（3）遺跡出土の鏡について」『野尻（3）遺跡Ⅱ』　青森県埋蔵文化財調査報告書第四一四集　青森県教育委員会
米沢市教育委員会　二〇〇一『古志田東遺跡』米沢市埋蔵文化財調査報告書第七三集
歴史学研究会　一九九五『日本史年表　増補版』　岩波書店
和田　萃　一九八二「呪符木簡の系譜」『木簡研究』創刊号　木簡学会
和田　萃　一九九五『日本古代の儀礼と祭祀・信仰　中』　塙書房
和田　萃　二〇〇六「道術・道家医方神仙思想―道教的信仰の伝来―」『信仰と世界観』　岩波書店

第二節　数字様記号について

一　はじめに

本州北端の青森県域では、平安時代の一〇世紀を中心に文字や記号を記した墨書土器や刻書土器が多数出土している。奈良・平安時代の墨書土器や刻書土器は、都道府県単位では墨書土器が刻書土器を凌いで出土しているが、刻書土器が優位な青森県域は全国的にも希な状況を呈している。文字や記号の普及は、そもそも律令制が地方に波及する七世紀から始まり、それによる地方支配が八、九世紀に貫徹されていくことに起因する。極論すれば、「広範な文書行政という文字による支配」（平川二〇〇〇）が確立されたことが大きな要因である。それと共に、律令制下の文字・記号と集落との関わりも強くなってきた。この状況は東北地方南部においても同様の傾向を示す。

一方、出羽国払田柵跡や陸奥国志波城が設置される九世紀初頭段階の北方域では、城柵設置地域を除いて文書行政による網羅的な支配は確立されておらず、律令制下の墨書による文字・記号と村落との関わりは極端に弱かった。このことが青森県域や北海道域において、秋田・岩手県域以南の列島各地の状況と大きく異なっている点である。また、青森県や北海道域は刻書文様が極度に発達した擦文文化圏内にあり、基もと土器に刻むことの行為が一般的な文化圏内であり、刻書土器が優勢を保つ環境にあったことも、列島での在り方を二分する理由として気にとめておきたい点である。

本論では、「|」「||」「|||」等の単純な縦線の記号と、これに交わる単純な横線で組み合わされた「+」「廾」「卅」

等の記号を取り上げその意味を考察する。これらは一見、数に関する記号のように思えることから数字様記号と一括して呼称する。但し、まじないに用いられたと考えられる「井」や「井」に縦・横線のどちらかが三本以上で構成されるいわゆる九字様記号は対象にしない。「―」「＝」「三」等の例は、多くの刻書記号の中にあって同種の縦線が単純に付加されたもので、そのこと自体が数的意味合いを推測させるが、現状では明確な解釈が示されていない。

二　数字様記号の出土状況―長内論文より―

青森県内の刻書土器を最初に網羅したのは長内孝幸である（長内二〇〇三）。長内は、青森県内の二〇〇二年までの墨書・刻書資料八四六点を集成し、出土した遺跡の分布図・実測図や拓本・遺跡や遺物の一覧表を掲載している。墨書土器一二四点、刻書土器七二二点で、刻書土器の全資料に占める割合は八五パーセントである。

長内は刻書土器にある文字や記号の解釈に当たって、「＋」か「×」か、漢字の「二」「二」か横線の「－」「＝」か、また「ー刀」の「刀」が「万」の省略形か等、解釈できない資料を含みながらも漢字や記号を個々に解釈している。先に示した「―」「＝」「三」等や「＋」「廾」「卅」等について、遺跡ごとに墨書資料も加えた氏の表記に従って、以下に数字様記号を列挙する。ただし筆者の解釈と異なる場合は両方を併記し、長内の解釈を括弧書きにした。また、墨書「＋」も加え、合わせ文字の「＋」の場合も抜き出している。なお市町村名は合併前の名称を付した。

近野遺跡（青森市）…刻書「卅」。石上神社遺跡（木造町）…刻書「＋」「＋」「＋」「＋」「＋」「＋」「三」「＋」「＋」「＋」「＝」「卅」。三内遺跡（青森市）…刻書「卅」「＋」「＝」「―」「三」。源常平遺跡（浪岡町）…刻書「＝」「―」「＝」「＋」。松元遺跡（青森市）…墨書「＋」。細越遺跡（青森市）…刻書「＋」。神明町遺跡（金木町）…刻書「―」

「十」。発茶沢遺跡（六ヶ所村）…刻書「卌」「十」。山本遺跡（浪岡町）…刻書「十」「廿」「十」「十」「十」「十」「||||（||||と表記）」「|||?·」「|||?·」。茶毘館遺跡（弘前市）…墨書「十」。李平下安原遺跡（尾上町）…刻書「十」「十」、墨書「十」。杢沢遺跡（鰺ヶ沢町）…刻書「十」「十」「十」「十」。朝日山遺跡（青森市）…刻書「||」「||」「十」「||」。山元（3）遺跡（青森市）…刻書「十」「十」「十」。久米川遺跡（稲垣村）…刻書「廿」「十」「|」「|||」「||」「廿」。朝日山（3）遺跡（青森市）…刻書「||」。羽黒平（一）遺跡（青森市）…刻書「十」、墨書「十（×と表記）」「十」。山元（2）遺跡（浪岡町）…刻書「十」「廿」「廿」「卌」「十」。水木館遺跡（常磐村）…墨書「十」「||」、刻書「||」。野尻（3）遺跡（青森市）…刻書「十?·」「十」。野尻（四）遺跡（浪岡町）…刻書「十?·」「廿」「||」「十」「十?·」「十」「|」「|」「十」「|||」「||」「十」「廿」「||」「十」「廿」「卌」「|」「|」。実吉遺跡（五所川原市）…刻書「廿」。隠川（3）遺跡（五所川原市）…刻書「廿」。野尻（一）遺跡（浪岡町）…刻書「||」「||」「||」「|」「|」「廿」。野木遺跡（青森市）…刻書「卌」「十」「廿」「卌?（卌と表記）」「十」「|」「十」「十」「|」「||」「廿」「卌?·」「十（×と表記）」「廿」「十」「||」「|||」、墨書「十」。高屋敷館跡（青森市）…刻書「|||」「|||」「十」。隠川（4）遺跡（五所川原市）…刻書「十」「廿」「|||」「十」「十」「十」「|||」。隠川（12）遺跡（五所川原市）…刻書「卌?·」「|」「卌」「廿?·」「||?·」「卌」。新町野遺跡（青森市）…刻書「十」。山ノ越遺跡（弘前市）…刻書「十」。岩ノ沢平遺跡（八戸市）…墨書「十」「十」「卌」、刻書「十」「十」「十」。朝日山（二）遺跡（青森市）…刻書「|」「十」「||」「|||」「|||」「|」「十」。熊野堂遺跡（八戸市）…刻書「卌」、墨書「十?·」。上七崎遺跡（八戸市）…刻書「廿廿」。葛野（二）遺跡（青森市）…刻書「十」。福村地区（弘前市）…刻書「|」。小栗山館遺跡（弘前市）…刻書「卌」「|||」。甲里見（2）遺跡（黒石市）…刻書「廿」。豊岡（二）遺跡（黒石市）…刻書「廿」。隠川（二）外遺跡（五所川原市）…刻書「|||」「廿」「卌」「|」「|||」「|||」「十」「十」「|||」「||」「|」「|||」「卌」「|||」「卌」。阿光坊遺跡（下田町）…墨書「十」。中里城跡（中里町）…「||」「卌」「||」。浪岡城跡（浪岡町）…刻書「||」「|||?·」「十?·」「卌」「||」「十」。八重菊（2）遺跡（森田村）…刻書「十」。鳥海山遺跡（平賀町）…刻書「十」「||」。大平遺跡（大鰐町）…刻書「廿」「十」。犬走須恵器窯

跡（五所川原市）：刻書「|||」「|」「|」「|」「|」「|」。ＭＺ６号窯跡（五所川原市）：刻書「|」「|」「|」「||」「|||」。砂田窯跡（五所川原市）：刻書「||||」「卅」「||」「||」「|||」。持子沢窯跡（五所川原市）：刻書「|||」。

以上、数字様記号について遺跡ごとに列挙してきたが、長内の指摘にもあるように、僅かな線の傾き等で解釈が異なる場合もある。これら覚束ない点も念頭に置きつつ、以下に刻書・墨書における各々の数量を拾い上げるが、疑問符の付くものは除外する。刻書の縦線だけの表記は、「|」が二七例、「||」が二八例（他に墨書一例）、「|||」が二二例、「||||」が一例、「|||||」が一例である。刻書の縦・横線による表記は、「＋」が六四例（他に墨書一〇例）、「卄」が二一例、「卅」が一一例（他に墨書一例）、「卌」が六例である。これら刻書・墨書の特徴を簡単にまとめる。

①刻書の単純な縦線記号のうち、「|」「||」「|||」は各々二〇代の出土数で安定しており、縦線が増す「||||」は極端に少ない。

②刻書の横線と縦線が交わる記号のうち、「＋」は六〇代の出土数で群を抜いており、「卄」は凡そ「＋」の三分の一、「卅」は「卄」の半分、「卌」は「卅」の半分と縦線が増すに従い少なくなる傾向がある。

③墨書の単純な縦線記号は、「||」が一点見られるのみで少ない。

④墨書の横線と縦線が交わる記号のうち、「＋」は一〇点と出土頻度が高く、他に「卅」が一点見られるが少ない。

⑤刻書・墨書の両者を含んだ特色として「＋」が五〇遺跡中三四遺跡で見られ、高い出土率を占めている。

長内論文の分析から、青森県域における刻書の特徴がいくつか把握できた。以下ではこれらを基にさらに検討を加えていく。なお、氏の論文では墨書「＋」を記号として扱ってきたが、底面いっぱいに帯状の十字を描く等の明らかな記号を除けば、墨書の「＋」は漢字の「十」と理解するのが今日の一般的な解釈である。これについては改めて後述する。

三　刻書「+」の解釈

（1）前提

前項では、横線と縦線が組み合う刻書「+」が、他の「卄」「卅」「卌」と比較して出土頻度の極端に高いことが長内論文の実測図を基に確認できた。しかも「十」と墨書で記された土器が、松元遺跡・茶毘館遺跡・李平下安原遺跡・羽黒平（1）遺跡・野尻（1）遺跡・岩ノ沢平遺跡・阿光坊遺跡から出土しており、「‖」の水木館遺跡・「卅」の岩ノ沢平遺跡の墨書土器と共に注目される。岩ノ沢平遺跡では「八八十」と数字を連ねた墨書がある。また、「十万」の墨書土器が青森市高屋敷館遺跡から出土しており、山田雄正が同報告書で青森市・松元遺跡の合わせ文字一点と同・野木遺跡の合わせ文字二点を紹介している（山田二〇〇五）。更に赤坂遺跡の墨書「十万」が確認されている（青森市教委二〇〇五）。これらの「十」「八八十」「十万」の墨書からすれば、刻書の「+」が墨書の数字「十」を表していることが推測される。

それでは、律令制度の影響が直接的に反映していた岩手県の紫波城・徳丹城、秋田県の秋田城・払田柵跡以南の東北各県の様相はどうであろう。二〇〇八年三月、青森県が『青森県史　資料編　古代二』（以下、『青森県史古代二』と表記）を刊行した。本書は第Ⅰ部と第Ⅱ部から構成され、第Ⅰ部では二〇〇四年度以前の青森県内墨書・刻書土器の文字・記号資料を集成し、第Ⅱ部では同年度以前の北海道・岩手県・宮城県・秋田県・山形県・福島県・新潟県の同資料等を集成している。どちらも土師器・須恵器を対象にしており、擦文土器外底部の記号は扱っていない（宇田川一九八六）。また、青森県を除く第Ⅱ部では「底部外面の刻書や簡単な記号類も資料表から省略せざるを得なかった」とあり（同書小口）、刻書記号の掲載されていないものもある。次項では本書第Ⅱ

部を活用するが、墨書「十」や刻書「+」が数字として用いられている類例を提示した上で、新潟県を含む東北各県の数字を表す墨書「十」と、刻書記号「+」の出土状況を検討する。その際可能性のあるとした資料は数えない。

（2）組み合わせ文字と単一文字

はじめに、墨書「十」や刻書「+」の組み合わせ文字のうち数値を表している用例を青森県域を除いて列挙する。

北海道域では今のところ確認できていない。

岩手県域では、台太郎遺跡（盛岡市）…刻書「+万」、芋田Ⅱ遺跡（盛岡市）…墨書「一十」、高瀬Ⅰ遺跡（遠野市）…墨書「十万」、海上Ⅰ遺跡（二戸市）…墨書「八十」、中半入遺跡（奥州市）…墨書「□十万」がある。

宮城県域では、清水遺跡（名取市）…刻書「是+七口」、市川橋遺跡（多賀城市）…墨書「官十六酒」「十萬」「十万」「八十」「十人」「十人」「十倉人」「七十」、山王遺跡（多賀城市）…墨書「十万」・刻書「七+」、高崎遺跡（多賀城市）…墨書「十万」「十器」、一本柳遺跡（美里町）…墨書「十万」がある。

秋田県域では、秋田城跡（秋田市）…墨書「毛十」「十万」「二月十□良良」「十人」「十二」「十万」「十万」、大見内遺跡（横手市）…墨書「六十」、小谷地遺跡（男鹿市）…墨書「十人」、神田遺跡（鹿角市）…墨書「十万」がある。

山形県域では、馳上遺跡（米沢市）…墨書「大十」「大十」、古志田東遺跡（米沢市）…墨書「十万」、山田遺跡（鶴岡市）…墨書「十万」「十万」「十一」、西田遺跡（酒田市）…墨書「□十」、三条遺跡（寒河江市）…墨書「七十」「七十」、塚田遺跡（山辺町）…墨書「十万」、浮橋遺跡（遊佐町）…墨書「八十」「八十」「八十」、上高田遺跡（遊佐町）…墨書「十三」「十二」「十万」、北目長田遺跡（遊佐町）…墨書「十万」「十万」「十万」「十万」「十万」「十万」「十万」・刻書「+万」「+万」がある。

福島県域では、中ノ内遺跡（福島市）…墨書「八十」「八十」、上吉田遺跡（会津若松市）…墨書「十加」、西原遺跡群（郡山市）…墨書「十万」「十八」、荒田目条理遺跡（いわき市）…墨書「十二」、七斗蒔遺跡（白河市）…墨書「十万」、内屋敷遺跡（喜多方市）…刻書「卄+」、大畑遺跡（大玉村）…墨書「真十」、北遠面遺跡（会津坂下町）…刻書「+万」、関和久官衙遺跡（泉崎村）…墨書「八十」、鹿島遺跡（小野町）…墨書「□十」がある。新潟県域では、牛道遺跡（新潟市）…墨書「十万」、上田遺跡（見附市）…墨書「□四十」、岡原遺跡（上越市）…刻書「八+」、保坂遺跡（上越市）…墨書「十二」「十二」、寺町遺跡（上越市）…墨書「十嶋継」がある。

これらの墨書「十」を含む組み合わせ文字が体勢を占める中、刻書「+」を含む組み合わせ文字も散見する。後者には、岩手県域の台太郎遺跡「+万」、宮城県域の清水遺跡「是+七口」、同山王遺跡「七+」、山形県域の北目長田遺跡「+万」「+万」、福島県域の北遠面遺跡「+万」、新潟県域の岡原遺跡「八+」がある。台太郎遺跡の「+万」は「十万」、清水遺跡の「是+七口」は「是十七口」、山王遺跡の「七+」は「七十」、北目長田遺跡の「+万」は「十万」、北遠面遺跡の「+万」は「十万」、岡原遺跡の「八+」は「八十」と、刻書「+」が「十」を意味していることは明白である。また、墨書「十万」が「萬」を含んで二六例、刻書「+万」が四例と、「万」と結びつく類例の多い点を注意しておきたい。

次に、墨書「十」と刻書「+」の一文字を取り上げ道県域ごとの数量を比較する。北海道域では、墨書「十」は知られておらず、刻書「+」も表の中には掲載されていない(1)。青森県域の場合は墨書「十」が九例、刻書「+」が九八例である。岩手県域では墨書「十」が九八例、刻書「+」が七例である。宮城県域では墨書「十」が七八例、刻書「+」が八例である。秋田県域では墨書「十」が二一例、刻書「+」が八例である。山形県域では墨書「十」が七六例、刻書「+」が一例である。福島県域では墨書「十」が一八例、刻書「+」が五例である。新潟県域では墨書「十」が二一一例、刻書「+」が四例である。

以上を瞥見すれば二つの大きな特徴が指摘できる。

①青森県域では墨書「十」に対して、刻書「＋」の出土頻度が極端に高い。
②底部を除き出土例のないとされる北海道域を除けば、青森県域より南の地域では、刻書「＋」に対して墨書「十」の出土頻度が極端に高い。

青森県域の墨書「十」や刻書「＋」は、九世紀後半から一〇世紀の類例が大半を占めるのに対して、それより南の地域では八、九世紀の類例が大半を占めている。つまり、律令制下の郡制施行地域で盛行していた墨書「十」が、陸奥国や出羽国の北域城柵官衙遺跡を通じる等して、刻書「＋」に形を変えて青森県域で盛行したものと考えられる。また、刻書「＋」は土師器に二五例須恵器に七三例確認でき、須恵器の大半が一〇世紀五所川原窯跡群の製品と想定されることから、刻書「＋」の急激な在り方には同窯跡群が大きく関わっていたと考えられる。鐘江宏之は「青森県域では、平安時代に入ってから墨書土器や刻書土器が広く見られるようになり、八世紀までの段階では、まだ文字を墨書する技術が広まっていなかったとみられる。九世紀以降に、刻書の事例が大量に増えるのは、ヘラ記号のかかれる割合が多い五所川原窯産の須恵器が広く分布するようになった結果であろう。」としている（鐘江二〇〇八）。律令制下の数字を表す墨書「十」が、青森県域において刻書「＋」に置き替えられて使用されたことに他ならず、刻書「＋」には本来数字としての意味があったものと考えられる。

四　刻書「卄」「卅」「卌」の解釈

(1)　文書と数字

刻書「＋」は横と縦の線を一本ずつ組み合わせたもので、基本的には数字の「十」と理解した。「十」と刻書「卄」「卅」「卌」…の関係は、横線を一本に固定して縦線が順次一本ずつ数を増している関係にある。

横線を「十」の意味に仮定すれば、縦線一本と組み合う刻書「＋」は「十」が一つ、縦線二本と横線一本で組み合う刻書「卄」は「十」が二つ、縦線三本と横線一本で組み合う刻書「丗」は「十」が三つ、縦線四本と横線一本で組み合う刻書「卌」は「十」が四つ、…と理解される。

ここで想起されるのが、古代における数に関する漢字表記（数字）である。仮に一～百までの数字を示せば、「一」～「九」「十（一十）」「十一」～「十九」「廿」「廿一」～「廿九」「卅」「卅一」～「卅九」「卌」「卌一」～「卌九」「五十」「五十一」～「六十」～「七十」～「八十」～「九十」～「百（一百）」…となる。注目したいのが今日の「二十」「三十」「四十」の表記であり、これらは律令制下の墨書表記として「廾・廿」「卅」「卌」と書き表すのが通例である。また昇順する数字の中で、「十」は一～九と一の位の数値に対して、「百」「千」「万」等と同様に一の位の数値を付加した「十」の位を示す単位（一十）として用いられている点に注意したい。

古代の数字表記の一例に『延喜式』図書寮の文書を示す。

「神祇官紙卌張。筆一管。齋宮寮紙七十張。筆三管。敕旨所紙五百張。筆五管。供御紙一百張。内侍司紙三百張。筆四管。蔵人所紙一千八百張。年料。薬司紙一百五十張。季料。太政官紙五千五百張。年料。筆十五管。左弁官紙一千二百六十張。筆廿管。右弁官紙一千七十二張。筆十二管。中務省紙四百三張。筆十二管。内記紙二百張。筆十管。監物紙一百五十張。筆三管。主鈴紙六十三張。年料。筆一管。典鑰紙六十三張。筆二管。年料。中宮職紙一百廿張。筆二管。大舎人寮紙十張。筆一管。図書寮紙七十五張。筆一管。内蔵寮紙卅張。筆一管。縫殿寮紙卅張。～内膳司紙九十張。～春宮坊紙一百八十張。筆四管。」

文書は各々の役所で年・季節・月に必要な紙と筆の数量を記したものである。この中には、数量を示す「十」「廿」「卅」「卌」「五十」「六十」「七十」「八十」「九十」「百（一百）」の数値表記があり、今日の「二十」「三十」「四十」の数値表記が、「筆廿管。」「内蔵寮紙卅張。」「神祇官紙卌張。」とあるように「廿」「卅」「卌」で表記されている。古代の「二十」は、公式文書において「廿」と表記されることが多いが、中にはその略字「廾」で表記されることもある。

以上より、刻書「卄」「卅」「卌」は墨書「廿(卄)」「卅」「卌」と類似し、その影響を受けて数字として表現したものと想定される。

（2）組み合わせ文字の検討

青森県下の墨書・刻書には、現在のところ各「廿(卄)」「卅」「卌」との組み合わせ文字は北海道と共に確認できていない。ここでも『青森県史古代二』を用いて、青森県を除いた新潟県を含む東北各県の数字として用いられている、或いはその可能性のある類例を提示する。その上で同地域を対象に、墨書土器「廿(卄)」「卅」「卌」と刻書土器「廿(卄)」「卅」「卌」の出土状況を検討する。その際可能性のあるとした資料は数えない。

岩手県域では、下谷地B遺跡(北上市)…墨書「廿万」がある。

宮城県域では、多賀城跡(多賀城市)…墨書「卌万」がある。

秋田県では確認できない。

山形県域では、石田遺跡(山形市)…墨書「廿万」「廿万」「廿万」「廿万」「廿万」「廿万」。吉原遺跡(山形市)…墨書「廿万」。東田遺跡(遊佐町)…墨書「卌二」がある。

福島県域では、台畑遺跡(福島市)…墨書「卄万」「卄万」「卄万」「卄万」「卌万」「卄万」「卄万」「卌万」「卄万」。麦地石遺跡(福島市)…墨書「卄万」。南諏訪原遺跡(福島市)…墨書「卄万」。鎧塚遺跡(福島市)…墨書「卄万」。上吉田遺跡(会津若松市)…墨書「卌万」「卅万」「廿万」。内屋敷遺跡(喜多方市)…刻書「卄+」がある。

新潟県域では、的場遺跡(新潟市)…墨書「廿二」「廿二」「廿二」「廿二」「二廿」「二廿」「廿二」「二廿」。船戸川崎遺跡(胎内市)…墨書「卄二」がある。

以上、刻書一例を含む三六例が提示できた。刻書「卄+」を除くと「廿万」が九例、「卌万」が一例、「卌二」

が一例、「卄万」が一例、「卅万」が二例、「廿二」が五例、「二廿」が三例、「卄二」が一例である。これらを瞥見すれば、二つの特徴が指摘できる。

①墨書「廿(卄)」「卅」「卌」が数字として表記されていることが確認できる。

②新潟県域を除くと、「廿(卄)」「卅」「卌」が「万」と組み合う文字が二五例と極端に多い。ちなみに「廿(卄)」が二〇例、「卅」が三例、「卌」が二例である。

①・②より、各「廿(卄)」「卅」「卌」と「万」との組み合わせ文字が岩手・宮城・山形・福島県域で確認できる。先に墨書「十」と「万」との組み合わせ文字が、新潟県域を含む東北全域で確認できたことを考慮すれば、「十」「廿(卄)」「卅」「卌」の数字が「万」と組み合って実際の数値を表すものではなく、二桁の大きな数字と「万」を組み合わせた吉祥語として用いられたことが理解される(2)。

(3) 単一文字の検討

次に墨書「廿(卄)」「卅」「卌」と刻書「廿(卄)」「卅」「卌」の各一文字を取り上げる。先に青森県の実態を把握しておく。

青森県の場合は、墨書「卄」が二例・「卅」が一例以外はすべて刻書資料である。刻書は「卄」が五三例・「卅」が一五例・「卌」が一一例である。他の道県ではどうであろうか。

北海道では、墨書・刻書ともに確認できていない。

岩手県では、墨書「廿」が三例・「卄」が三例・「卅」が一例、刻書「卄」が一例である。

宮城県では、墨書「廿」が五例・「卄」が一五例・「卅」が一例・「卌」が一例、刻書「卄」が一二例・「卅」が四例・「卌」が三例である。

秋田県では、墨書「卄」が二例・「卅」が二例・「卌」が一例、刻書は「卄」が二例である。

山形県では、墨書「廿」が二六例・「廾」が八例・「卅」が一例である。

福島県では、墨書「廿」が三例・「廾」が七例・「卅」が一例、刻書「廾」が四例・「卅」が一例・「卌」が一例である。

新潟県では、墨書「廿」が六例・「廾」が八例・「卅」が九例・「卌」が二例、漆書「廾」が四例、刻書「廾」が一例・「卅」が五例である。

以上を瞥見すれば、二つの特徴が指摘できる。

①青森県域においては、墨書に対して刻書の出土頻度が極端に高い。

②出土例のない北海道を除く青森県より南の地域では、刻書に対して墨書の占める割合が極端に高い。

①・②に加えて、青森県では九世紀後半から一〇世紀の類例が大半を占めるのに対して、他では八・九世紀が多くを占めている。この場合も、青森県域が律令制下の影響を強く受け継いでいることは明白で、墨書「十」・刻書「+」の評価と同じく、刻書「廾」「卅」「卌」は律令制下の墨書行為に関連して用いられたものと理解できる。そして、刻書「廾」「卅」「卌」は、墨書「廿(廾)」「卅」「卌」における数字を表現したものと思考される。[3] しかし、墨書における「廿」を刻書で表現することはなかったようである。

この出土状況より、墨書・刻書の比較において刻書「+」「廿(廾)」「卅」「卌」は青森県域に多く、墨書「十」「廿(廾)」「卅」「卌」がそれより南の地域で多く出土することは、前述指摘の通りである。この相違点に対し、両地域での共通点を指摘したい。青森県域の刻書は「+」→「廾」→「卅」→「卌」と数値が高くなる程少なくなり、それより南域での墨書も「十」→「廾」→「卅」→「卌」の順で数値が高くなる程少なくなる。このことは、数値の少ない「十」程使用頻度が高く、数値の多い「卌」程使用頻度が少ないという、両地域に共通した現象として重視したい。しかも、「十」「廿(廾)」と「卅」「卌」の出土量に大きな断絶が読み取れる。

これらの組み合わせ文字には、吉祥語「万」と組み合う例の多いことは前述指摘の通りであり、「万」等が伴わなくても吉祥語の意味合いをもたせて使用されたことが想定される。それは、数字の一～九を越えた存在であり、大きい数字の単位でもあるからである。では、五十（刻書に一点認める）以降「九十」までの大きな数字が多用されない疑問が残るが、墨書・刻書の殆どが一、二文字で表記することが前提になっているためではないだろうか。つまり、「廿（卄）」「卅」「卌」は、一文字で二文字分を表現できる数値の大きい数字であることが、「十」と共に多用される要因だったと考えられる。

その際、墨書に見られる「百万」「千万」「大万」等が多用されないのは、これらが特殊な行為・特別な行為者による吉祥語と見られ、広く庶民層に流布する在り方と異なるためではないだろうか。「十」「廿」が「卅」「卌」を大きく凌ぐのも、十本の指が手と足にありそれを合わせて二十になる等、「十」「二十」が身近な数字として意識され、庶民的な数字の高位に「十」「廿」が位置付けられていたためと考えられる。この他青森県域には、律令制下墨書土器には見出しがたい刻書「||||」が確認でき特筆される。

五　刻書「|」「||」「|||」の解釈

「|」「||」「|||」…は、「|」をはじめにして縦線が一個ずつ付加され昇順する数字を表しているように思われるが、確たる解釈が示されていないことは冒頭でも述べてある。青森県域の刻書には多くの類例が認められるにも関わらず、これらを墨書・刻書で数字を表現した組み合わせ文字や合わせ文字は確認できない。これらは前述青森県域より南の諸県域でも確認されず、単一記号であっても律令制下の墨書の中に極僅かしか見出すことができない。墨書の例は、青森県域の野尻（4）遺跡等にも僅かに確認できる。以下に『青森県史古代二』一覧表の刻書表記を中心に検討してみたい。

刻書で縦線が最も多くやや特殊な例としては、野尻（1）遺跡（浪岡町）の左に「×」が並記されている「||||」

がある。また、羽黒平（1）遺跡（浪岡町）では、二つの「||」を近接させたような墨書「||||」が出土している。当面「|」～「||||」を対象とするが、刻書の単一記号の「||||」は、宮元遺跡（浪岡町）・山本遺跡（浪岡町）・発茶沢（1）遺跡（六カ所村）でも確認できる。

「|」～「||||」までの刻書記号のうち、集落で「|」から昇順するように出土している最大の例は、朝日山（2）遺跡（青森市）・石上神社遺跡（木造町）の「|||」までである。同じく「|」～「||」までの例は、近野遺跡（青森市）・野木（1）遺跡（青森市）・高屋敷館遺跡（浪岡町）・野尻（4）遺跡（浪岡町）・隠川（2）遺跡（五所川原市）にあり、浪岡城跡（浪岡町）では「□」「||」「|||」「||||」とあり「|」～「||||」までの昇順を予測させる。これらは隠川（2）遺跡の「||」（土師器）、石上神社遺跡の「||」（器種不明）や「|||」（土師器）を除くとすべて須恵器に刻まれている。単一記号が出土する五〇余りの遺跡の多くは須恵器であり、殆どが五所川原窯跡群から供給されたものである。

窯跡における様子はどうであろう。これについては藤原弘明が『青森県史古代二』で纏めている（藤原二〇〇八）。「|」～「|||」までは、砂田D遺跡（MD4・5号窯跡）・前田野目山（3）遺跡（MD15号窯跡）、「|」～「||」までは隠川（1）遺跡（MZ6号窯跡）・隈無（七）遺跡（MZ7号窯跡）・広野遺跡（KY1号窯跡）で確認できる。他に、両端や中間が抜けて昇順を推測させる二記号は、犬走（3）遺跡（MD7号窯跡）の「|」「□」「|||」・砂田C遺跡（MD3号窯跡）の「□」「||」「|||」「□」・山道溜池遺跡（HK3号窯跡）があり、単独の出土には、「|」の前田野目山（1）遺跡（MD12号窯跡）、「||」の砂田F遺跡（MD10号窯跡）、「||」の前田野目山（3）遺跡（MD15号窯跡）・持子沢B遺跡（MZ2号窯跡）がある。刻書の出土した一七遺跡のうち、一二遺跡で縦線の表記される記号が出土している。

このように、「|」「||」「|||」「||||」の四記号や「|」「||」「|||」の三記号の窯跡における存在から、これらが昇順する記号（昇順記号）として用いたことは明白である。二つの記号や一つの記号の縦線も昇順記号の一部と

推測される。従って、集落における縦線だけで構成される記号は、多くは須恵器に刻まれることからしても、昇順記号（縦線昇順記号）のうちの個別記号と考えられる。集落で昇順する四つの記号や三つの記号が見られるのは、他の多くの記号も認められることからすれば、確率の高さが左右した偶然の組み合わせと理解される。これらのことから、一〇に満たない縦線昇順記号は集落で目的化したものでなく、一義的には窯跡における工人の識別記号として用いられたものと考えられる。

更に、窯跡出土資料で注目したいのが前田野目山（4）遺跡の「丅」「丌|」「丌||」である。これら三つの記号は「一」を固定して「丅」「□」「丌」「丌|」「丌||」と縦線が昇順する。「丌」は朝日山（2）遺跡等でも確認できる。前田野目山（3）遺跡では「|」~「||||」の縦線昇順記号が見られ、この後に仮に「|||||」を補い次から「一」を数値の「五」に見立てれば、さらに連続して昇順する関係が得られる。これは律令制下の算木における縦式の表現と同じで、[4]「|」~「丌||」までの昇順する数値を表したことになり、さらに「十」に至る。算木の昇順する数値の在り方と比較すれば、刻書「|」~「丌||」は、「一」~「九」までの数値を表現したと理解することができ、個々の刻書記号は数値を表現した文字（数字）の可能性がある。[5]

このように算木の影響も示唆されるが、算木では表現しない刻書「|||||」の表記や、横線が下に付いたり上下に二本付く等、系統別の縦線昇順記号も見受けられるようであり、現状では在地における独自の数値表記の一つとして把握したい。この場合、在地における「十」以上の表記は律令制下の表記と異なっていた可能性がある。

六　おわりに

前述までの成果より若干の考察と展望を述べたい。

平川は、古代東日本の集落出土墨書土器の分析から、「限定された共通文字は、東国各地の農民が会得した文字を取捨選択して記したものでない～しかも、記載される文字の種類は、冨・吉・得・福・万などの吉祥語およびその組み合わせが目立っている。」とし、「一定の祭祀や儀礼行為等の際になかば記号として意識された文字を記す」と記号化した文字の字形の重要性を指摘した（平川二〇〇〇）。青森県域から多く出土する刻書「卄」「卅」「卌」は、律令制下で多用された墨書「卄」「卅」「卌」の字形を踏襲したもので、多くの数量を表す数字として認識され、同時に一～九までの数字を越えた、それらの頂点にたつ「十の位」の吉祥語としての価値を有していたものであろう。

一方、刻書「―」～「Ⅲ」が昇順記号としての意味を持ち、算木の数字表記と類似する点を指摘した。しかし、刻書「卄」「卅」「卌」が墨書の吉祥語として青森県域に直接的に流入した事情とは異なり、日常的な数字表記として使用されていたものと思考した。在地の手工業生産や交易による物品管理等に数値の利用は欠かせず、それを記録する場面も随所にあったであろう。青森県域の主に一〇世紀の土器に、文字や記号が盛んに刻書される以前から、数値の利用は活発だったと考えられる。従って、「+」「卄」「卅」「卌」は墨書の波及に伴う律令的表記であるが、「―」～「Ⅲ」は在地的表記と位置付けておきたい。

本州北端には、律令制下で認められない多くの刻書記号が存在する。それらの個別記号が在地で何を意味するのかを、一つひとつ解き明かす作業が今後も必要である。その中には、昇順様記号で類推したように在地の文字が存在するだろうし、更に本文では取り上げていない擦文土器との関係内容を深める要因が存在するものと想定される。

〔註〕

（1）刻書「+」には、底面に「+」の先端が底面円弧に達する或いは達するように大きく記される類例がある。これらは、擦文土器の外底部に刻書記号として時々認められるが一覧表では除外されているし、土師器・須恵器であっても外底部のものは一部省略されている可能性がある。このことは前述した通りである。

（2）平川南は、「東日本各地のうち比較的出土量の豊富な」二〇か所の集落遺跡の分析から、総数二〇五種のうち二遺跡で共通する文字は八三種、五遺跡以上で共通する文字は三〇種あるとした（平川二〇〇〇）。二〇遺跡と頻度の高い文字九三種の対応表では、「万」は「大」と共に最も多い一五遺跡で共通する。ちなみに本論関連文字の「十」は二番目に多い一〇遺跡で共通し、そのうち八遺跡が、関東地方で占められている。

（3）数字に関連する記述の最も早い解釈は、坂詰秀一によるものであろう。坂詰は「津軽前田野目窯跡群をめぐる課題」の中で「箆書沈刻の「神」「見」「大」「山」は数字を除いて明瞭に判読しうるものであり」と、本論主題の数字様記号の一部に数字としての見解を示している（坂詰一九七五）。

（4）算木は元来棒を並べて数字を作るもので、升目の入った算盤に並べて四則演算を行う。伊達宗行は世界の数文化と共に分かり易く記述している（伊達宗行二〇〇二）。算木に関する規則を解説したものに『日本数学史講話』がある（沢田一九二八）。また、律令制下の算木による実務の実態について鈴木景二が論じている（鈴木一九九六）。

（5）これらの昇順記号の解釈に対して、「卌」「卅」は「五」「四」、「Ⅲ」「廿」は「三」等と、画数を表す記号とする見解がある（宮一九九六・平川二〇〇〇）。しかし、そうであるなら須恵器窯跡に「Ⅲ」「卅」「井」（MD四・五窯跡）や「Ⅱ」「十」「丅」（MD一六号窯跡）等が同時に存在する必要はなく、画数を意識した記号とは理解しがたい。

〔参考文献〕

青森市教育委員会　二〇〇五『赤坂遺跡発掘調査報告書』

宇田川洋　一九八六「擦文文化の刻印記号」『研究紀要』第五号　東京大学文学部考古学研究室

鐘江宏之　二〇〇八「青森県出土の文字資料」『青森県史資料編　古代二』　青森県

長内孝幸　二〇〇三「青森県内出土の刻書・墨書土器」『研究紀要』第六号　青森大学考古学研究所

坂詰秀一　一九七五「津軽前田野目窯跡群をめぐる課題」『北奥古代文化』第七号　北奥古代文化研究会

沢田吾一　一九二八『日本数学史講話』　刀江書院

鈴木景二　一九九六「算木と古代実務官衙」『木簡研究』第一八号　木簡学会

伊達宗行　二〇〇二『「数」の日本史』　日本経済新聞社

平川　南　二〇〇〇『墨書土器の研究』　吉川弘文館

藤原弘明　二〇〇八「五所川原須恵器窯跡群の概要」『青森県史資料編　古代二』　青森県
宮　宏明　一九九六「余市大川遺跡出土古代の文字資料をめぐって」『北奥古代文化』第二五号　北奥古代文化研究会
山田雄正　二〇〇五「二　墨書・刻書土器について」『高屋敷館跡Ⅲ』　青森県教育委員会

第三節　「八」の基礎的考察

一　はじめに

青森県や秋田・岩手県北部は古代において律令制度が定着していなかった地域である。この本州北端域では、平安時代前期の九、一〇世紀を通じて墨書・刻書土器が出土するが、墨書土器を上回って多量の刻書土器が見出される地域として特筆される。各国の郡域が定まっていた秋田・岩手県南部以南の列島各地では、律令制下の行政文書による網羅的な支配が確立していた。また、青森県域は北海道も含んで擦文文化圏内であったことも刻書土器が多く出土する要因の一つであろう（利部二〇一〇）。

刻書土器には、平川市鳥海山遺跡の「大佛」や五所川原市持子沢B遺跡の「神」が確認されており、仏教信仰や神祇信仰に関連していたことが理解できる。青森市新田（1）遺跡からは、「忌札見知可」と書かれた物忌札の木簡が出土し、占いも行われていたことが分かる。また、朝日山（2）遺跡か

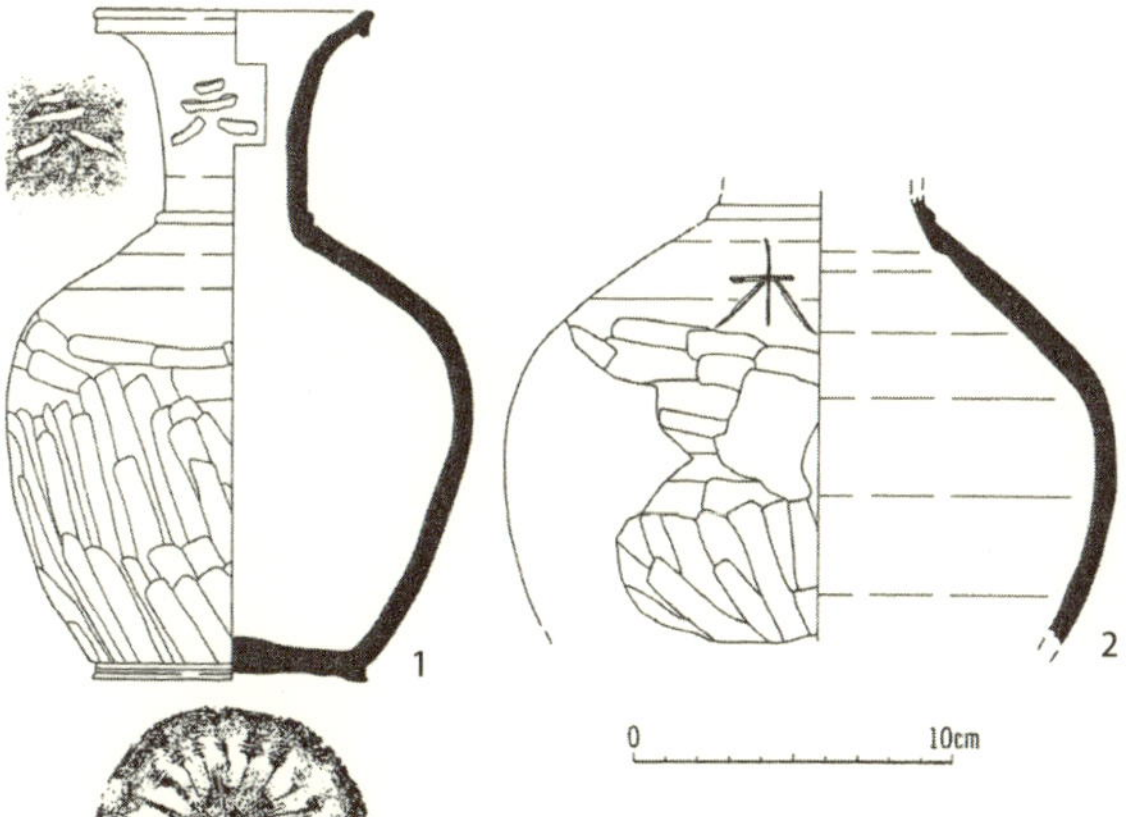

青森県野木遺跡
第473号竪穴住居跡出土
（青森県教委1999より）

図1　「二八」・「木」の刻書土器

らは唐代神仙説との関連を示す「伯牙弾琴鏡」が出土している（鐘江二〇〇八）。神仙説は中国道教と関連しており、筆者も刻書の漢字「木」について考察し、青森県域に道教的信仰が取り込まれていたことを想定した（利部二〇一二）。このように断片的ではあるものの、古代青森県域の信仰内容が明らかになりつつある。

この道教的信仰に関する「木」を解釈する過程で気掛かりだったのが、青森市野木遺跡第473号竪穴住居跡床面から出土した長頸瓶である。頸部中央に「二八」を刻書したもので、同じ床面から肩部に「木」を刻書した長頸瓶と共に出土した（青森県教委一九九九）（図1－1・2）。漢字の「八」は二画と画数が少なく、特に刻書の場合、単に記号であったり、上下二画ずつの組み合わせでは線の長さや置き方、はね部の在り方等で「六」「元」と読み取れるような例もある。しかし、八戸市丹内遺跡の墨書「上八」や同岩ノ沢平遺跡の墨書「八八十」（もしくは「八奉」）に見られる墨書「八」の例から（青森県二〇〇八）、漢字の刻書「八」が使用される蓋然性は高い。以上を念頭において、本論では漢字の「八」が律令期の列島内でどのような意味を持っていたかを考察し、それが本州北端域の刻書土器にも波及してきた可能性を探ることにしたい。以下、七世紀以降の列島における古代「八」に関する物質資料を辿ることから始める。

二　考古・建築資料と伝世資料の事例

（1）考古・建築資料

七、八世紀に創建・造営されたものに法隆寺夢殿等の八角堂（東博一九四八）や八角墳がある。菅谷文則は、奈良時代を中心に五つの八角堂と三つの八角塔婆を列挙し、文献記載の八角堂も紹介している（菅谷一九七三）。菅谷は八角堂を供養堂と捉え、八角墳の天武天皇陵（大内陵）は、それ以前の八角塔婆の層塔部分を除いた舎利塔が供養堂としての八角堂になったと推定した。「八」の数とその在り方に仏教思想の意味を見出している。これに対して、網干善教は中国明堂の制や封禅の制等にみられる八角壇等の関連を指摘し、古代中国の政治制度や天祭地祇の思想に基づく論を展開した（網干一九七九）。八角墳については、畿内中枢地域のみならず西は鳥取県東は群馬県においても見つかっており、全国的な展開を見せている（寺社下一九九七）。

八角形の建造物として、近年注目されるのが法倉の研究である（大橋編二〇一二）。法倉は、地方の郡衙等で稲穀を収納した正倉（凡倉・法倉）のうち、特に重要視された建物とされる。群馬県伊勢崎市の三軒屋遺跡からは、礎石建物跡一五棟、掘立柱建物跡四〇棟以上が見つかり、正倉の実態が明らかになった。その中には最も床面積の大きい八角形掘立柱建物跡があり、『上野国交替実録帳』の「八面甲倉」の記録から、佐位郡正倉院のモニュメント的な建造物（法倉）と解釈されている（出浦二〇一二）。八世紀初頭から新造し、八世紀後半〜九世紀前半に礎石建物に建て替えたと考えられている。他の数少ない法倉は必ずしも八角形ではないが、今後八角形の法倉が増加する公算が強い。この他に前期難波宮の発掘調査では、内裏南門の東西に東八角殿院・西八角殿院が見つかっており注目される（植木二〇〇〇）。

出土遺物はどうであろうか。田村圓澄は、八角墳・八角堂・八角層塔の寺院建築に関連する瓦に注目した（田村一九八一）。八角墳の被葬者を舒明天皇とその一家（仏教信奉一家）とした上で、仏教信奉の象徴を瓦当の蓮花文に見出した。仏国土に往生した行者が、往生すれば蓮花の上に座るとする経典の教えによる。そして七世紀の百済や新羅、日本において八葉蓮花文軒丸瓦が主流を占めることから、八角墳の「八」は八葉蓮花文を表現したものと解釈した。七世紀の八葉蓮花文は、畿内を中心に単弁の山田寺式系と複弁の川原寺式系に大きく分けられ顕著に認められるが、奈良時代には列島各地に多くの八葉蓮花文軒丸瓦が拡散している（稲垣編一九七一）。

この他、密教鎮壇具の一種である輪宝のうち、八つの軸を放射状に配置した八鋒輪宝を須弥壇下に一〇点埋納した例や、密教鎮壇具が建物の八方を意識して埋納した例等もある（森一九七二）。珍しい例として、横断面が八角稜形の鈴がある（大塚二〇一二）。福岡市元岡古墳群G－6号墳から、「庚寅」銘大刀や七世紀前半頃の須恵器と共に出土している。

（２）伝世資料

はじめに仏像を取り上げる。東大寺には、天平期の遺構である法華堂と、そこに安置された十八体のうち、十四体が天平期とされる諸仏がある（相賀一九八〇）。その中尊としての不空羂索観音立像には、左右対称に四組八本の腕がある。一面三目（三つの目）八臂（八つの肘）の表現をとるが、相賀はこの観音の経典である『不空羂索呪経』の「摩醯首羅天」や『不空羂索神変真言教』の「如大自在天」が、「通常一面三目八臂にあらわされるので、これが一面八臂を規定したものと解されている」とした。「八」の数と経典の関連を述べたものである。不空羂索観音立像台座（六重蓮花座）の上位には単弁八葉蓮花文を、その下には、複弁八葉蓮花文の反花を形作っている。下位には、受座と二段框は八方入隅になり、受座と二段框の間に十六方の敷茄子を作る。台座が全体に「八」の数を意識した作りになっている。また、不空羂索観音立像と両脇の日光・月光菩薩は、内陣の須弥壇上中央にある八角形の二重框座に安置されている。八世紀に「八」数を意識した八面の台座は、他にも多く認められる。

次に元来は東大寺付属の正倉で、殆どが七、八世紀の品々である正倉院宝物について触れる。宝物は、大きく光明皇后が盧舎那仏献納の宝物と、東大寺羂索院雙倉より移納された什物に分けられる（土井一九六八）。平螺鈿背八画鏡は、白銅製の八花鏡である。背面鈕の中央に螺鈿の花文、周囲に同じく連珠を施す。鈕以外にも全面に花や鳥を螺鈿で表す。金銀山水八卦背八角鏡は、白銅製の八陵鏡である。背面の鈕は頂が接する四つの山岳で、他は円圏と八角圏で区画する。文様は毛彫りで、内・中区には人物・飛雲・鳳凰・孔雀等を表し、外区には八卦文と五言律詩を刻んでいる。他に、八稜形の銀平脱八角鏡箱や八角形の漆皮金銀絵八角鏡箱等がある。以上は土井弘の記述から取り上げたものである。この他、法隆寺から皇室に献納された法隆寺献納宝物には、七世紀に「八」の数を意識した文様を組み込んだ光背がいくつか認められる（東博一九九九）。

平安時代に入ると、特に「八」を意識した仏具や装身具が仏像や仏教絵画の中に表現されている例が多く見受けられる。これは天台・真言宗の密教隆盛に伴なった在り方を示すものである。先の八鋒輪宝は東寺軍荼利明王立像の左手、室生寺十一面観音立像の装飾品の一部、観心寺如意輪観音坐像の左手等に認められる。大仏頂曼荼羅図、一字金輪曼荼羅図、准胝観音像等の密教絵画にも描かれている（上原一九九三）。『大日経』による胎藏界曼荼羅は「大日如来の広大な慈悲が外界に及ぶ有様を図式化したもの」とされ、中央の中台八葉院を中心にして、方形の画面いっぱいに多くの諸尊を描いている（有賀一九九三）。中台八葉院は、中央に大日如来を描き周りに四仏四尊の八体を描いたもので、ここでも「八」が意識されている。

このように、「八」を意識した考古・建築資料や文書以外の伝世資料は膨大な数に上るであろう。

三　文献史料の「八」

（1）『古事記』に見える「八」

和銅五年（七一二）に、天武天皇の発意で元明天皇の命を受けた太安万侶が纏めたのが『古事記』である。上・中・下の三巻から成り、上巻は天地開闢より日子波限建鵜草葺不合命の四子出生まで、中巻は神武天応より応神天皇まで、下巻は仁徳天皇より推古天皇までを記述している（池田一九八一）。以下に『新版古事記』（中村一九八〇）を瞥見してみたい。

上巻には、「太八州」「八荒」「大八嶋国」と日本の国域を示したり、「八神」と神を強調した表現もある。「八尋殿」「八尺勾たま玜」「八尺鏡」「八田間大室」は大きな宮殿・勾玉・鏡・部屋を、「皮之畳敷八重絁畳八重敷」は皮の敷物と絹の敷物を多く重ねたことを意味している。また八俣の大蛇の記述では、「八稚女（八人の娘）」「八俣遠呂智（八俣の大蛇）」「八頭八尾（八つの頭と八つの尾）」「谿八谷峡八尾（谷八つ峰八つ）」「八塩折之酒（繰り返し醸した酒）」「八門（八つの入り口）」「八佐受岐（八つの仮設棚）」と「八」の表記が多く見られ、「八」を強調した語りのようにも思われる。また、「稲田宮主須賀之八耳神」「八島士奴美神」「八上比売」「八島牟遅能神」「八河枝比売」「八重言代主神」「櫛八玉神」と「八」を取り込んだ神名・人名も見られる。この他「八雷神」「八拳須」「八年」「日八日夜八夜」「八衢」等の表記がある。

中巻には、「八咫烏」「日子八井命」「神八井耳命」「波多八代宿祢」「八瓜入日子王」「八坂入日子命」「八尺入日子命」「八種」「八年」等、下巻には「八田若郎女」「八田部」「八苽之白日子王」「八度」「八絃琴」「八節締」「八歳」等の表記が見られる。『古事記』の上巻・中巻・下巻を通じて、上巻「八稚女」のように数詞の「八」を表現したと思われる例もあるが、殆どが「大きな」「多く」「隅々（全体）」等、程度差の大きい言い回しで表現されており、類例の多くは吉祥文字的に用いられている。地名や名前に「八」を取り込んでいるのは、吉祥を期待してのことと思われる。『古事記』以外に、七、八世紀の内容を示す『日本書紀』や『続日本紀』等の古代の文献にも「八」を含んだ用例は多く認められる。なお、上巻を例に取れば「八十禍津日神」（多数の災いの神）・「八百神」（多数の神）・「八千矛神」（多数の武器を象徴とする神）・「八百万神」（多数の神）等、「八十」「八百」「八百万」と「八」に十や百等の単位を示す数詞を乗づる表記も見られる。これらは、「八」よりも程度差の大きい用い方で表現したものであり、多くの「八」と同じく基本的には実数を表すものではない。本文では「八」以外のこれらの表記について特に取り上げることはしない。

（2）　制度に見える「八」

以下には、律令期の政治機構の中に取り込まれている「八」について、主として四つの事例を取り上げたい。

①として、「八色の姓」を取り上げる。「八色の姓」は天武天皇が改めて定めた姓制度で、『日本書紀』には天武天皇一三年（六八五）の詔勅として「更に諸氏の族姓を改めて八色の姓を作り、以ちて天の下の萬の姓を混せ

む。一を真人と曰ひ、二を朝臣と曰ひ、三を宿禰と曰ひ、四を忌寸と曰ひ、五を道師と曰ひ、六を臣と曰ひ、七を連と曰ひ、八を稲置と曰へ」の記載がある。八色とは真人・朝臣・宿禰・忌寸・道師・臣・連・稲置の八種を指す。竹内理三は、賜姓の実例では真人は五世以内の天皇の近親氏、朝臣はそれ以外の疎遠な皇親、宿禰は連姓の神別の諸氏、忌寸は直姓の国造諸氏に賜う原則に立つとし、貴族層（真人・朝臣・宿禰）と下級官吏層（忌寸・道師・臣・連・稲置）の区分を指摘している。そして、概ね大化前後の氏姓の順序である臣・連・伴造・国造を継承しつつ、天武天皇と関係の強いものを優位に占めさせたとした（竹内一九八一b）。天武朝や大宝令の明位・浄位・正位・直位・勤位・務位・追位・進位の位階（竹内一九八一a）が八種類であることも、偶然ではないであろう。

②として、「八省」を取り上げる。太政官は、中務・式部・治部・明部・兵部・刑部・大蔵・宮内の八省及び諸寮司を総管した令制の重要機関である（吉村一九八一）。『日本書紀』持統天皇四年（六九〇）には「庚辰の日、皇子高市を太政大臣と為し、正広参を丹比島真人に授けて右大臣と為し、併せて八省百寮皆遷任けき。」とあり、浄御原令に基づく太政大臣以下の任官が行われている。森田悌は天武朝の六官（中務・宮内省相当官司を除く）が浄御原令で「八省」（持統朝）になり、この「八省」が日本書記の編者によって原史料の八官を「八省」に書き改められたと理解し、同書の孝徳天皇五年（六四九）の「是の月、博士高向玄理と釈僧旻とに詔して八省百官を置き給ひき。」とあるのも、後代の「八省」（大宝・養老令制）が文飾されたものと理解した（森田二〇一〇）。天武朝で唐制を見習った六官から、持統朝による日本初の令法典である浄御原令制下の「八省」に整えられてきた。

③として、「八虐」を取り上げる。「八虐」は謀反・謀大逆・謀叛・悪逆・不道・大不敬・不孝・不義の八罪で、大赦が実施されても赦の限りでない律令法の重罪を総称したものである（松田一九八一）。大宝・養老の律に規定され唐の十悪に対応する（宇治谷二〇一〇）。「八虐」の初見は、『続日本紀』文武天皇慶雲二年（七〇五）の詔勅に見られる「其の八虐の常赦に免されざる者は、赦す限りに在らず。」の記載である。以降、大赦と並列して記

述されることが多い。十悪の記載は、慶雲二年以前の持統天皇六年（六九二）、文武天皇三年（六九九）、同四年（七〇〇）に見られるが、天武朝以前には認められない。持統朝の唐制の十悪から、文武朝の「八虐」に徐々に整えられてきた制度である。文武天皇制下の罪の規定は全人民を対象にするものであり、重罪を「八」に限定したことの意味は大きい。

④として、八神殿を取り上げる。八神殿は天皇の守護神である八神を祀る神殿で、古代より昭和四七年（一九七二）までその名称が用いられた（村井一九八一）。延長五年（九二七）に完成した『延喜式』には、「宮中神三六座」のうち、「神祇官西院坐御巫等祭神二三座」に含む「御巫祭神八座」（神産日神・高御産日神・玉積産日神・生産日神・足産日神・大宮売神・御食津神・事代主神）の記述がある（黒板他一九八三）。この八神は、神祇官図の西院（斎院）西北隅にある八神殿に比定されている（平川二〇〇三）。

また同書には、八神殿に関わる「践祚大嘗祭」の記述がある。国から悠紀・主基国のそれぞれに稲実卜部と祢宜卜部が使わされ、斎郡で「田及斎場雑色人等」を卜定した際に八神殿を造っている（「所作八神殿一宇」）。斎郡の八神について「即於斎院祭神八座。御歳神。高御魂神。庭高日神。大御食神。大宮女神。事代主神。阿須波神。波比伎神。」と記述している。『延喜式』は次に京の斎場について、八神殿を造り（「内院所造八神殿一宇」）、八神を祭っていると記述する（「祭御膳八神於内院」）。このように天皇と八神殿は強く結び付いている。『延喜式』には他に、「八」を冠する国家祭祀記事として「八街祭」の記述が見られる。

以上、①では天武朝の「八色の姓」、②では持統朝の「八省」、③では文武朝の「八虐」等を取り上げてきたが、これらは七世紀後葉～八世紀初頭にかけて律令制が整備される過程で政治機構に組み込まれてきた重要な制度である。④の大嘗祭は「八神殿」「八神」と関わる平安時代の国家祭祀である。悠紀・主基の両国が卜定された天武天皇二年の記事と関連して（三笠宮一九八一）七世紀後半には始まり、その後国家祭祀として制度化されてきたものである。天武朝が神祇制度の形成期と考えられている（岡田一九九四）。

四 「八」の思想的背景

（1） 天武天皇と道教的信仰

古代律令国家の形成に深く関与したのは、天武天皇と皇后の持統天皇であった。大化の改新を断行した中大兄皇子、後の天智天皇と袂を分かつことになった弟の大海人皇子（後の天武天皇）は、壬申の乱によって勝利し、当時東アジアで隆盛を誇っていた唐の制度に倣って律令国家の建設を目指す。律令国家を表徴するものに条坊に基づく都城の建設と律令の施行がある（渡辺二〇一一）。天武天皇が掲げた日本最初の都城である新益京（藤原京）と本格的な律令制の施行には時間を要し、藤原京と浄御原令が完成するのが持統朝、さらに整備された令律の完成は文武朝（天武天皇の孫）の大宝律令においてであった。

『日本書紀』の天武天皇即位前記に「天文遁甲を能くし給ひき。」と天武天皇の素養を伝える記事がある。森田悌は「天文現象の観察やそれによる判断、また陰陽の変化に乗じて人目をくらまし身体を隠して吉をとり凶を避ける遁甲の術を得意としていた～天文は後代の陰陽寮の（掌天文、暦数、風雲気色、有異密封奏聞事）に関わり、遁甲も多分に陰陽絡みの方術であり、中国で発達した道教系の方技である。」としている（森田二〇一〇）。天武天皇元年（六七二）六月条には「時に天皇異み給ひ、燭を挙げて親式を秉り、占へて、『天の下両に分れむ祥なり。然らば朕遂に天の下を得む』と宣り給ひき。」とあり、自ら占いの式（筮竹）を取り占っている（宇治谷二〇〇七）。

また、天武四年（六七五）正月条には「四年の春正月、丙午の朔、大学寮の諸学生、陰陽寮、外薬寮、及び舎衛の女、堕羅の女、百済王善光、新羅の仕丁等、薬と珍異等物とを捧げて進りき。丁未の日、皇子以下百寮諸人、拝朝しき。戌申の日、百寮諸人の初位以上、薪を進りき。庚戌の日、始めて占星台を興しき。」とある（森田二〇一〇）。陰陽寮の存在と天文施設を造ったことが知られる。天武天皇は仏教の興隆に努めると共に神祇信仰にも深く関わっていたが、同時に陰陽寮や占星台から道教系技能にも強い関心を抱いていたことが理解できる。

先に『古事記』の「八」の記載を検討したが、その撰者の太安万侶について論じたのが福永光司である（福永一九八七a）。福永は『古事記』の特に序を取り上げ、「混元」「二霊」「生神」等と道教関係の文献に見られる語彙成句が多用され、「立人」「日月彰於洗目」は六朝（後半）隋唐代に成立した道教経典に特徴的に認められるとした。太安万侶が中国道教の学識を持つこと、その教理的な知識と教養が八世紀初頭には日本に伝来していたことを明らかにした。『古事記』作成の発案者は天武天皇であった。

福永は「天皇」の語についても述べている。「日本の古代史と中国の道教」の論文では、中国思想史の中で宇宙の最高神として初出すのが前漢末であること。「天皇」は北極星を神格化し多くは「天皇大帝」と呼ばれ、後漢には天上神仙世界の紫宮に住み、そこには真人と呼ばれる仙道の体得者（仙人）が仙界の高級官僚として服務すると考えられていたこと。「天皇（天皇大帝）」の権威を象徴する二種の神器が鏡と剣であり、六朝の梁の時道教の天師である陶弘景の著書に初見すること、等を述べた（福永一九八二a）。また、天武天皇の諡は「天渟中原瀛真人天皇」であり、中国道教の神仙思想と関わる「真人」を含み、「八色の姓」の筆頭に「真人」を第五位に中国道教教団の指導者を意味する「道師」を含む、とした。「八色の姓」には、五世紀半ばには中国の国家的宗教として成立したとされる道教（窪一九七七）の影響が認められ、日本律令期に天皇の権威を象徴する二種の神器も中国思想に基づくものとした。

以上のように、天武天皇は中国文化を摂取する中で、中国道教にも強く関心を寄せていたことが理解できる。

（2）　中国思想と「八」

福永は「八角古墳と八稜鏡」の論文で、古代中国の宗教哲学について論じた（福永一九八二b）。そこでは五つの文献史料を提示した。『史記』の封禅書に、武帝の時期として、太一神（宇宙の最高神で西暦紀元前後には天皇大帝の名称が現れる）の祀り方が述べられ、「壇を為って、八通の鬼道を開く。」とある（ア）。また、別に「その祠壇は薄忌が造った太一の壇に倣った。壇は三垓にして、五帝の壇は環りて其の下に居る。」とあり、壇全体には八通の鬼道を設けた(イ)。『漢書』郊祀志に、前漢の成帝の時期として「甘泉の泰畤には紫壇が設けられ、その壇は八觚である。宣く通じて八方に象る。五帝の壇は其の下に周り環る。又に群神の壇有り。」とある(ウ)。『後漢書』祭祀志に、光武の時期として、その本文註の『黄図』を引いて「上帝の壇は、円にして八觚〜神道を辟いて、以て通ず。」とある。「鬼道」が「神道」に変えられた(エ)。また、別に「建武二年、正月に初めて郊兆を洛陽の城南七里に制め、元始中の故事を采って円壇八陛を為す。〜皆紫にして以て紫宮に像る。四通の道有りて以て門を為る。」とある。「四通の道」は中間を含んで八方に通じる(オ)。以上のア〜オの文献史料とその解釈より、「中国の古代に全宇宙空間を八角形として捉える宇宙論の哲学もしくは宗教哲学がすでに成立していた」とした。八つの神が、方位と結び付いて宇宙の最高神を守護する形式で祀られていた、と理解したのである。

更に、八方の他に八節（立春・立夏・立秋・立冬、春分・秋分、夏至・冬至）と八風（広莫風・融風・明庶風・清明風・景風・涼風・閶闔風・不周風）を取り上げ、八卦は、八方・八節・八風を基軸に繰り広げられる様相を「『易経』―変化と不変の真理についての経典―として法則化し大系づけるための八種の記号化された原理」とした。氏は、八方の宇宙空間的な捉え方に対し八節は時間的な捉え方とした上で、道教ではその成立から「八節祭」もしくは「八節斎」は宗教的な行事の中で重要な地位を占めると述べた。

窪徳忠は、道教が唐代高宗の時代には仏教を凌ぐ帝室の保護を得ていたとした（窪一九七七）。高宗が乾封元年（六六六）に昊天上帝を泰山で祀り、老子に太上玄元皇帝の尊号を奉ったこと。玄宗が開元一三年（七二五）に泰山で昊天上帝や五帝・百神を祀り、開元二九年（七四一）に東西両京と全国諸州に玄元皇帝廟を造って、毎年一回そこで道教の斎醮を行うように定めたこと。武宗は老子の誕生日を降聖節と名付け、会昌四年（八四四）には天尊を宮中に祀った九天道場を造り道教に心酔していたこと、等を述べた。唐代における道教は、帝室より仏教と並んで手厚い保護を受けていたのである。更に窪は『大唐六典』を引いて、道観では金籙大斎・黄籙斎・明真斎・三元斎・八節斎・塗炭斎・自然斎と七つの斎が行われていたことを述べた。唐代においても八節斎は道教で重要な位置を占めていたのであり、漢代には形成されていた「八」を基軸におく思想や哲学がその深淵であった。

前述したように網干善教は、福永が「八角古墳と八稜鏡」を著した同年に後続して「八角方墳とその意義」を発表した（網干一九七九）。そこでは『旧唐書』や『大唐郊祀録』等に見える八角方壇等の記述から、八角古墳が仏教思想の影響ではなく、中国古来の政治制度や天祭地祇（天円地方）の思想を反映したものとした。八角を地と捉え、「地は方なり」の解釈から八角を国土や国家の意味として把握し、正倉院の鏡の例から八卦思想にも触れている。『続日本紀』の「照臨八方」・『日本書紀』の「掩八紘」や「八佾舞」、『古事記』の「包八荒」と、文献史料の八の熟語にも言及し、八角方墳の築造を、「中央集権的律令体制の一つの具象」と考えた。そして、八角の造形は、「『中国における政治、祭儀』の儒教思想から出発し～わが国における政治の具象も、文字も、八角丸堂という伽藍建築も、八角方墳の築造など、その背景にあるものは中国の思想によるものである」と結んでいる。

この三氏の論考と関わって、中国思想を反映している律令期の史料を一つ取り上げる。『続日本紀』元明天皇の霊亀元年（七一五）八月の条には、「丁丑。左京の人大初位高田首久比麻呂、霊亀を献ず。長さ七寸、闊さ六寸、左眼は白く、右眼は赤く頸に三公を著はし、背に七星を負ひ、前脚に離の卦あり、後脚に並びに一爻あり、腹下に赤白両点あり、八字を相次つ。」とある（林一九八九）。献上された瑞亀の頸と背の文様が、天の三台星と北斗七星に例えられ、前脚の離と後脚の爻は八卦に準えている。そして腹の下にある点を赤と白の祥瑞色の「八」と解釈されている。まさに天体・八卦の中国思想と共に「八」を象徴的に表現している。続く九月には元正天皇が即位しており、「瑞亀を得たり。位に臨むの初め、天、嘉瑞を表はせり。」と吉祥事と関連付けて、年号を和銅八年から霊亀元年に改めた。瑞亀は天皇即位の大業に関係することから、瑞亀の「八」は日本国土や国家を意味するものと理解される。

以上の（1）・（2）より、七世紀中国唐代の文化に大きな影響を受けていたと考えられる朝廷が、天武朝以降の律令国家建設・推進に際し、唐代道教で重視されていた数詞「八」をその政治機構の中に取り入れたものと考えられる。福永は『古事記』の「八荒を包みたまう」や『日本書紀』の「八紘を掩いて宇と為す」の表現を、道教神学の最高神（天皇）が「無限大の八角形の中心に高御座を置いて、全宇宙（世界）を一宇（一家）として統治する神聖な政治理想を意味するもの」で「日本国の天皇の神聖な政治理想でもあった」とした（福永一九八七b）。日本においては国土や国家を意味するものであろう。傾聴すべきであり、天武天皇の政治理念を示唆したものである。国家機構に取り入れられた数詞「八」は、同時に「多く」を示したり吉祥等に関わる象徴的な数詞として重要視された。それが、文献史料の象徴的な表現や名前・名称、また多くの考古・建築資料等に採用された背景と考えられる。仏教において数詞「七」が重要なのと同じく、日本の道教的信仰において数詞「八」が象徴的に用いられたものと考えられる。

五　おわりに

本州北端の刻書土器から発して、古代の「八」に関する列島内の類例を辿りながら考察を進めてきた。結果、律令国家を構築・推進した天武天皇が、中国道教の「八」に関する思想を取り入れたことが、以降「八」を象徴的に用いる契機になったものと理解される。畿内・七道と列島を行政的に区画した表記も、その現れである（丸茂一九八六）。「八」に関する思想とその造形が天武朝以降、律令制及びその影響の及んだ列島内に波及したものと考えられる。「八」の思想は仏教思想にも見えており（田村一九八四、李二〇〇六）、その普及は単純ではないにしても、列島における道教的信仰が大きく影響していたものと思考される。北東北から出土する一〇、一一世紀の八稜鏡（庄内一九九四、井上二〇一〇）も、八方を意識した道教的信仰の現れと考えられる。

さて、冒頭の「二一八」はどのように理解されるであろうか（図1）。第一に古代表記の二十八ではないこと、次に二と八を乗じた一六には意味を見出し難いこと、さらに刻書「一八」の存在から（青森県二〇〇八）、二と八は個別に意味を持つ数詞が共存した表記を採ったと捉えたい。中村璋八は、『五行大義』では干支と数との関係について「五行が五である理由、及び生数、水一、火二、木三、金四、土五、また成数、水六、火七、木八、金九、土十のそれぞれの意味を説いている。」と述べた（中村二〇〇九）。つまり、様々なものを「木・火・土・金・水」に対応させる五行説では、八が木徳に配当されているのである。木徳の八を刻書した長頸瓶が、木を刻書した長頸瓶と共伴したことは、道教的信仰を示唆するものではないであろうか。

二の解釈はどうであろうか。敢えて推定するならば、八を除く一と二は序数詞の初めと二番目であり、甲と乙ともみなされる。水上静夫は「日本では、十干を、甲（木兄）乙（木弟）丙（火兄）丁（火弟）…壬（水兄）癸（水弟）～五行の徳の「木・火・土・金・水」に対して、おのおの兄弟（陽陰・えと）に分けて配当したものに外ならない。」とした（水上二〇〇三）。先の『五行大義』にも「干則甲丙戊庚壬為陽、乙丁己辛癸為陰。～甲乙寅卯木也。」とある。甲（一）は陽を、乙（二）は陰を意味し、甲・乙は木徳にも配当されているのである。このようにみれば、「二八」の二は陰を意味しつつも八と並べて木徳を強調した表現と見なすことができるかもしれない。

佐藤至輝は、『十八史略』の「天皇氏、以木徳王、歳起摂提」の記述から、天皇を木徳の王と推定している（佐藤一九九五）。五行説で「八」が木徳を意味することから、天皇が「八」を強く意識していたことと、天皇が五行筆頭の木徳の王であったこととは矛盾しない。また、今日も認められる「八」に纏わる事柄にも、七世紀からの伝統を引き継ぐものがあるのではないだろうか。

〔参考文献〕

相賀徹夫　一九八〇『名宝日本の美術』第三巻　小学館
青　森　県　二〇〇八『青森県史資料編　古代二』

青森県教育委員会 一九九九『野木遺跡（第二分冊）』
網干善教 一九七九「八角方墳とその意義」『橿原考古学研究所論集』第五 吉川弘文館
有賀祥隆 一九九三「密教絵画」『日本美術全集』第六巻 学習研究社
池田源太 一九八一「古事記」『日本歴史大辞典』第四巻 河出書房新社
稲垣晋也編 一九七一『日本の美術』第六六号 至文堂
井上雅孝 二〇一〇「岩手県出土の八稜鏡―その受容と背景について―」『芙蓉峰の考古学』六一書房
植木 久 二〇〇〇『難波宮跡』同成社
上原昭一編 一九九三『日本美術全集』第六巻 学習研究社
宇治谷孟 二〇〇七『日本書紀（下）』講談社
宇治谷孟 二〇一〇『続日本紀（上）』講談社
大塚紀宜 二〇一二「福岡市西区元岡古墳群G－6号墳の調査概要」『日本考古学』第三四号 吉川弘文館
大橋泰夫編 二〇一二『古代日本における法倉の研究』
岡田荘司 一九九四『平安時代の国家と祭祀』続群書類従完成会
利部 修 二〇一〇「本州北端の刻書土器―北方域の研究史と系譜―」『北方世界の考古学』すいれん舎
利部 修 二〇一一「本州北端の刻書土器―道教的信仰から見た『木』の考察―」『梅檀林の考古学』大竹憲治先生還暦記念論
文集刊行会
鐘江宏之 二〇〇八「青森県出土の文字資料」『青森県史資料編 古代二』青森県
窪 徳忠 一九七七『道教史』山川出版社
黒板勝美他 一九八三『新訂増補国史大系 交替式・弘仁式・延喜式前篇』吉川弘文館
佐藤至輝 一九九五『呪術・巨大古墳と天皇陵』雄山閣
寺社下博 一九九七「地方の多角形墳」『生産の考古学』同成社
庄内昭男 一九九四「秋田県内出土の古鏡集成」『秋田県埋蔵文化財センター研究紀要』第九号 秋田県埋蔵文化財センター
菅谷文則 一九七三「八角堂の建立を通じてみた古墳終末時の一様相」『論集 終末期古墳』塙書房
竹内理三 一九八一ａ「位階」『日本歴史大辞典』第一巻 河出書房新社
竹内理三 一九八一ｂ「八色姓」『日本歴史大辞典』第八巻 河出書房新社

田村圓澄　一九八一「八角墳と舒明天皇一家の仏教信仰」『仏教史学研究』第二三巻第一号
田村圓澄　一九八四「天武・持統朝の仏教」『東アジアの古代文化』通巻第四〇号　大和書房
出浦　崇　二〇一二「上野国佐位郡衙正倉の法倉―三軒屋遺跡と『上野国交替実録帳』を通じて―」『古代日本における法倉の研究』大橋康夫編
東京国立博物館　一九四八『法隆寺東院に於ける発掘調査報告書』
東京国立博物館　一九九九『法隆寺宝物館』
土井　弘　一九六八『原色日本の美術』第四巻　小学館
中村啓信　一九八〇『新版古事記』角川学芸出版
中村璋八　二〇〇九『五行大義』　明徳出版社
林　陸朗　一九八九『続日本紀（第一分冊）』　現代思潮社
平川　南　二〇〇三『古代地方木簡の研究』　吉川弘文館
福永光司　一九八二a「日本の古代史と中国の道教―天皇の思想と信仰を中心として―」『道教と日本文化』　人文書院
福永光司　一九八二b「八角古墳と八稜鏡―古代日本と八角形の宗教哲学―」『道教と日本文化』　人文書院
福永光司　一九八七a「太安万侶と道教学」『道教と古代日本』　人文書院
福永光司　一九八七b「『天皇』考六題」『道教と古代日本』　人文書院
松田　武　一九八一「八虐」『日本歴史大辞典』第八巻　河出書房新社
丸茂武重　一九八六『古代の道と国』　六興出版
三笠宮崇仁　一九八一「大嘗祭」『日本歴史大辞典』第二巻　河出書房新社
水上静夫　二〇〇三『干支の漢字学』　大修館書店
村井康彦　一九八一「八神殿」『日本歴史大辞典』第八巻　河出書房新社
森　郁夫　一九七二「密教による地鎮・鎮壇具の埋納について」『仏教芸術』八四　毎日新聞社
森田　悌　二〇一〇『天武・持統天皇と律令国家』　同成社
吉村茂樹　一九八一「太政官」『日本歴史大辞典』第六巻　河出書房新社
李　興範　二〇〇六「韓国古代伽藍の造営と思想基盤」『考古学の諸相Ⅱ』　匠出版
渡辺晃宏　二〇〇一『平城京と木簡の世紀』　講談社

第四節　北方域の研究史と系譜

一　はじめに

一〇世紀の青森県域は、その前後の時期も含んで漢字や記号を記した刻書土器が多量に出土し全国的にも注目される地域である。それは、青森県域が日本列島の律令制下で繁栄した墨書土器に代って、刻書を記した刻書土器（土師器・須恵器）が主役を担ったことによる。刻書土器が墨書土器を大きく凌ぐ現象は、青森県域や北海道域では墨・硯・筆・紙等の文房具が普及していなかったことを示しており、漢字を使用する識字層が律令制下の地域に比べて極端に少なかったことを物語っている。

青森県域や北海道域は、中央政府が支配領域拡大の本拠地とした城柵設置地域の北方にあり、律令制下の直接的な支配の及ばない地域であった。しかし青森県域は同時に、秋田県の秋田城や払田柵跡、岩手県の胆沢城や志波城・徳丹城の支配領域と接する地域でもあり、北海道と比較すると律令制下の文物や精神文化を享受しやすい地理的環境にあったことも確かである。律令政府の北方支配戦略が、九世紀初頭以降懐柔政策に転換したことも、その後の交流を徐々に促進させることになった（笹山一九八〇）。

一方、北海道域では擦文土器が濃厚に分布し（大沼一九九六・中田一九九六）、その南域は岩手県や秋田県にまで達する。青森県域では多くの擦文土器が見つかっており（三浦一九九一）、北海道との関係の強さが推し量られる。北海道と青森県域は土師器・須恵器・擦文土器が混在するが、擦文土器が主体を占める北海道に対して、土師器・須恵器が主体を占めるのが青森県域である。つまり青森県域は、列島各地の土師器・須恵器を使用した文化と擦文土器を使用した文化の橋渡しを担った地域と言える。北海道全域に広がりのある須恵器と青森県域の集落から多量に出土する須恵器が、共に日本列島最北端とされる青森県五所川原窯跡群から供給されていることは、そのことを象徴している。特に、刻書を施した須恵器の多くはそれらの窯跡で生産されていた(1)。

本論では、以上の地理的・歴史的背景を基礎に据えて、本州北端における刻書土器の一系譜について論じるが、本州北端と北海道の刻書土器研究の推移を整理することも課題にしている。その際刻書土器を、文字・記号・絵画等を記した土器と定義するが、文様を主として同心円状に展開させる土器には沈(刻)線文土器の表記を用いたい。従って、刻書土器を土器の種類別に刻書土師器・刻書須恵器・刻書擦文土器等と表記する。

二　日本列島北域の刻書土器研究

一九三一年、新岡武彦は土器底部に記された形に、記号としての意義を見出した(新岡一九七七)。新岡は土器底部記号・畚部記号(洞窟遺跡)・樺太出土土器文様とアイヌのイカシシロシ(髭揚箸や墓標等に刻んだ記号)の実測図を掲載し、古代文字論を展開する中で石器時代土器底部記号として触れている。しかし、土器底部に記された形は、図から判断して木葉痕の可能性がある。いずれにしても北海道・東北を通じて土器記号に着目した最初の論考であろう。刻書土器の記号が本格的に論じられるようになったのは、この後約三〇年を経た擦文土器においてである。

北方域刻書土器の研究は、主として青森県域中心の土師器・須恵器と北海道域中心の擦文土器とで独自に進められてきており、以下に一九六〇年代以降の研究を瞥見して両者を分けて記述する。年次順に解説し発掘調査報告書の簡易な考察等は基本的に取り上げない。

（1） 土師器・須恵器

一九七五年新谷武は「青森県前田野目砂田遺跡出土の箆書土器について」を発表した（新谷一九七五）。これを契機に、青森県域を中心にした刻書土器が注目されてきた。D二地点の須恵器窯跡から出土した四八点の刻書土器について一覧表を作成し、刻書を不安要素を含んだ文字（漢字）と記号に分けた解釈を示した。そして、中国古代の刻書土器資料や「×」が降魔招福を意味することを紹介し、窯跡資料を工人の印と解釈した。その後、須恵器窯跡・集落調査の増加と共に刻書土器が注目されていく契機になった。

一九八六年、佐伯有清は「刻字土器「夫」の意義」を発表した（佐伯一九八六）。土師器杯の「夫」の字について、「夷」と表記する場合のあること、またその右に膨らみのある三画目が、「佛」で「佛」と表記されたように「二」で表記される例が知られることから、「夫」を「夷」の異体字と考えた。そして、国史の蝦夷関連記事から「『夫』と刻字されているサクシュコトニ川遺跡出土の土師器は、そうした饗宴の場で用いられたものが、『渡島蝦夷』の手によって、『本郷』すなわち北海道に持ち帰られたのであろう。」とした。この後、小口雅史・宮宏明・鈴木靖民等の肯定論者が資料を追加したのに対して（小口一九九三・宮一九九六・鈴木一九九九）、荒木陽一郎・戸根貴之等は可能性を残しつつも否定的な立場をとった（荒木一九九〇・戸根一九九九）。

二〇〇一年、平川南は「夫」に関する一連の論考を総括して「青森市野木遺跡出土の「夫」墨書土器」を発表した（平川二〇〇一）。野木遺跡の墨書土器「夫」の五点に言及して、「夷」と解釈する通説に再検討を行った。佐伯による先の論拠を整理して、土器に文字を記す本来的意義①、日本列島全体の墨書・刻書土器の流れの中の位置付け②、土器と瓦に記された文字の区別③、墨書と刻書は区別して論ずべき④、の四視点で論を進めた。この四つの視点は、日本列島の刻書土器研究の指針と言えるものであろう。古代列島の一般集落跡における墨書土器の広がりを「祭祀行為いわば神や仏への信仰として広がり」とする考えを前提に、「土器に御馳走を盛り、神や仏にたてまつるという行為そのものの説明として記された」ものと理解した。刻書の字形変化の差別化や製作者の識別表現記号の可能性を指摘した上で、刻書「夫」を「夷」と観るよりも「奉」の記号化された字形と解釈すべきと論じた。前年には、「夫」を中心にした研究発表会が実施されている（青森市教育委員会二〇〇〇）。

二〇〇三年、長内孝幸は「青森県内出土の刻書・墨書土器」を発表した（長内二〇〇三）。土師器・須恵器のうち、一部を除く二〇〇二年までの刻書や墨書を実測・拓本図で表現した資料集で、九三遺跡八四六点（刻書七二二点、墨書一二四点）が掲載されている。青森県出土刻書土器の実態が分布図も添えられて明らかになった労作である。長内は刻書「+」「×」が多く認められること、刻書「+」「×」「|」「=」等画数の少ない類が工人の印に好都合であること、刻書の漢字は運筆が比較的しっかりしていること等を指摘した。

同年、藤原弘明は『五所川原須恵器窯跡群』の「ヘラ記号について」の項目で、五所川原須恵器窯跡群出土の刻書土器を総括した（藤原二〇〇三）。同書の刻書資料一八三点が実測図に表されているのみならず、拓本で客観的に観察できること、また集落出土資料を同定し得る窯跡資料である点において、生産と流通に関する基礎的文献である。藤原は、窯ごとの刻書は多様であるが、縦に一〜三条引いてあるものがどの時期を通じても多く認められるとした。また、刻書が記される位置と器種の関係を、杯は体部下半もしくは底部、鉢は頸部〜体部、壺・甕は頸部〜肩部とし、壺・甕は「MD7号窯までは頸部に記されるのが殆どであるが、MD3・16号窯の時期になると頸部直下の体部に記される個体が優勢を占める」と述べている。

二〇〇八年、青森県が『青森県史資料編　古代二』を刊行した（青森県二〇〇八）。同書の「第I部　青森県出土文字資料」・「第II部　古代北方地域出土文字資料（二）」は、東北六県に新潟県と北海道の出土文字資料を加え集成したもので、遺跡ごとの墨書・刻書土器について釈文・記銘方法・器種・記銘部位と方向・時期・出土遺構の項目を揃え、出典を添えた画期的な基礎文献である。正に青森県内における積年に亘る発掘調査資料の蓄積が結実したものと言えよう。その中で、鐘江宏之は墨書・刻書土器について概観し「青森県域では平安時代に入ってから墨書土器や刻書土器が広く見られるようになり、八世紀までの段階では、まだ文字を墨書する技術が広まっていなかったと見られる。九世紀以降に、刻書の事例が大量に増えるのは、ヘラ記号の書かれる割合が多い五所川原窯産の須恵器が広く分布するようになった結果であろう。」と述べている。また、同書で藤原弘明は五所川原須恵器窯跡群の刻書土器について述べ、窯固有の漢字や記号を摘出している。前年には、平山明寿が「青森県の出土文字資料」を発表し、青森県の墨書・刻書土器の図を網羅しており（平山二〇〇七）、二〇〇〇年代の後半には刻書土器研究の大きな進展が見られた。

以上の他にも・発掘調査資料で得られた刻書資料を墨書資料と共に報告書で纏め、遺跡ごとの解説や考察を行っている事例は多くみられる。

（2）擦文土器

一九六〇年、桜井清彦は九点の資料を掲載してアイヌのイトクパやシロシとの関連を推定した（桜井一九六〇）。奥尻島青苗貝塚の調査で、擦文土器と骨角器に記された刻書記号を見出し、後に札幌西高校郷土研究部所蔵（昭和二五年発見）の同遺跡資料（木村・斎藤一九五九）を確認し得られた成果であった。イトクパは「イナウの頭部や胴部に刻まれてその家の血統を示す大切な記号とされ、また日常品や矢、銛などに刻して家や個人の所有をあらわす記号とされている。」とし、イトクパは元来刻み目シロシは日本語の印であり、「その刻み目は神印ともなり所有印ともなったのであろう。その初原的なものが、この擦文土器に刻された記号ではないだろうか。」と述べた。擦文土器の刻書記号とアイヌの記号の関係に初めて言及した論考である。

一九八六年、宇田川洋は「擦文文化の刻印記号」を発表した（宇田川一九八六）。刻書記号を「擦文土器の底部の底面に焼成前に刻まれた記号状あるいは時には絵画状のもの」と定義し、北海道の刻書記号を集成した。資料は土師器五点を加えた二六二点で、土師器四点を含む二五八点の底部が拓本や実測図で掲載されている。これらをⅠ…一本の直線が基本のもの、Ⅱ…×もしくは＋形が基本のもの、Ⅲ…円形を基本とするもの、Ⅳ…星形を基本とするもの、Ⅴ…ジグザグ文を基本とするもの、Ⅵ…文字状のもの、Ⅶ…弧を組合わせたもの、Ⅷ…絵画的なもの、とⅠ～Ⅷまで大きく分類しさらに細分化した。資料の多い青苗貝塚（九四点）・高砂遺跡（八五点）・札前遺跡（五二点）の分類別項目の出現頻度を検討した結果、高砂遺跡でⅡａが飛び抜けて多い点、それぞれの遺跡でⅡ→Ⅰ→Ⅲ群の順で多かったことが確かめられた。そして年代を擦文前期後半～後期後半の九世紀後半～一二世紀位に想定し、北海道西部に偏在する点を強調した。底部記号を集成・分析し、以降の刻書擦文土器研究の基礎資料となった。

同年、松下亘は「擦文式土器の刻印について」を発表した（松下一九八六）。擦文土器一四遺跡の刻書資料を集成し、高砂遺跡・札前遺跡・青苗遺跡・豊富遺跡・その他の遺跡の模式図を示して対比した。九三種類の図から、直線で構成された四種類の刻書に注目している。二本の直線が直行する刻書、二本の直線が斜交する刻書、これらを合成したような刻書、斜交する二本の線に縦線を加えたような刻書、である。これらの遺跡ごとの出現率を表化し、四種類の刻書が高い出現率であること、高砂遺跡・札前遺跡・青苗遺跡で多く出土すること等を指摘した。また、二本の直線が斜交し四つの先端に返りが付く形を基本形に、バリエーションをもつ刻書（七種二〇点）が高砂遺跡で特徴的に出土することから「高砂パターン」を、直線の両端に単線による矢羽状の刻書が多様化したようなバリエーションを持つ刻書（四種一〇点）が青苗遺跡で特徴的に出土することから「青苗パターン」を、それぞれ提唱した。その他、高砂遺跡の刻書の推移、北海道・東北地方の土師器・須恵器底部の刻書記号との関連、分布の問題、刻書擦文土器の発生と刻書の意義等、多角的な分析視点で論述し、擦文土器の刻書を祭事に用いた記号と結論付けた。擦文土器刻書記号の発生を本州の刻書土師器・刻書須恵器と関連付けた点は重要である(2)。

一九八九年、瀬川拓郎は旭川市域の擦文時代の集落の分析から、サケの大量捕獲と雑穀栽培の食料生産を前提に、鉄関連遺構による専業的工人に関わる分業性を論じ、鍛冶工人を持つ集団とそうでない集団に社会的な格差が生じ徐々に集団間関係の変容を導いたとした。鉄製品を含む本州産品の需要の高まりが、北海道日本海沿岸の交易を活発にし、そこに日本海沿岸集団を想定した。そして、底面に刻書をもつ擦文土器が北海道の日本海側に濃い分布を示すのは、日本海沿岸集団が深く関係した結果であるとした（瀬川一九八九）。さらに「擦文時代に出現した日本海沿岸集団も、本州との活発な商品交換の基地であるにとどまらず、大陸・カラフトとの山丹交易の中継として成立した集団である」と指摘した。刻書土器を商品流通の交易に結びつけた新たな視点として注目される。

一九九四年、宇田川洋は擦文文化の土器底部にある刻書について論じ「北方地域の土器底部の刻印記号論」を発表した（宇田川一九九四ａ）。前掲論文の分布域を、日本海岸北方域、石狩川上流域、石狩川下流域と千歳川流域、更に小樽や余市を加えた地域、日本海岸南方域の四つの地域に分け、北海道西部日本海沿岸でも石狩湾を上陸した地域に遺跡数が多いと論じた。そして、北海道の資料集成を前提に日本海を挟んだ大陸沿岸地域にも目を注ぎ、九～一三世紀頃の女真文化から金代、一二世紀～後期青銅器時代の例を模式図で示し北海道との共通性を探った。また、中国における四世紀初頭～五世紀前半からの諸例を紹介し文字や記号の多様な在り方を諸論文と模式図を提示しながら論じた。さらに、フゴッペ洞窟資料と古代ルーン文字の近年の再評価から、擦文土器の底部にある刻書は、古代ルーン文字と直接結び付けられないが「直接に日本海を渡った文化交流があったと考えることもあながち無理とはいえない」と結んでいる。宇田川よって、北海道の資料が集成され（宇田川一九八六）、大陸の資料が多く提示されたことで、北海道と大陸との理解が大きく深まった。ただし本州島との関連はまだ希薄であった。

二〇〇四年、瀬川拓郎は「刻印記号の意味」を発表している（瀬川二〇〇四）。北海道日本海沿岸で底部にある刻書記号のうち、「こ」「×」「＋」あるいはこれに更に直線を付加した放射状のモチーフを基本とし、そこから「返り」や矢羽が加えられたモチーフに注目した。その結果、矢羽は四七資料のうち青苗遺跡・札前遺跡・静浦

D遺跡の一四例が道南から、返りは高砂遺跡を中心に香川6遺跡を加えた三〇例が道北から出土しており、各々のモチーフで明瞭な地域差のあることを指摘した。更にその中間地帯では末広遺跡・神居古潭B遺跡・余市町出土資料と三点の矢羽モチーフが確認でき、そこで大半を占めるのが道南で一般的な「+」「×」モチーフであるとした。また、擦文土器底部の刻書資料を一〇、一一世紀と考え、道南の集団を緩衝にして「本州土師集団と擦文集団のあいだで行われた日本海交易」が展開したとした（瀬川一九九六）。これら、道北・道南の集団を日本海沿岸集団と呼称し、底部のモチーフは「アイヌが椀の底などに刻んだ家紋（イトクパー）男系の祖印と同様な意味をもち、日本海沿岸集団の同祖関係を示す」と述べて、日本海交易の集団構造を論じた（瀬川二〇〇三）。

以上の他にも、青苗遺跡（奥尻町教育委員会一九八一）・高砂遺跡（小平町教育委員会一九八三）・札前遺跡（松前町教育委員会一九八五）等の刻書記号に関する基本資料やその他報告書の考察も多く認められる。

三　刻書「ㄨ」の検討

青森県から多量に出土する刻書土器については、律令制下の墨書土器との関連で論じられることが多く、北海道の刻書擦文土器と関連させた論考は殆ど見られない。多くの研究は土師器・須恵器と擦文土器の各領域の中で独自に進められてきているのが現状である。青森県産の須恵器が北海道に広く分布することや（山本一九八八・鈴木二〇〇四）、先の瀬川論文の交易関係にあるように、北方域における平安時代の土師器・須恵器と擦文土器の担い手は密接に関連していた。以下に、青森県から出土した刻書の一例を取り上げ、その出自と系譜を考察してみたい。

青森県出土の刻書土師器や刻書須恵器には、これより南の列島各地で律令制下に用いられた漢字・記号の他に、律令制下では認めがたい刻書類が多く存在している。[3] これらの刻書を仮にA種（出自が律令制下の文字）・B種

（出自が律令制下の記号）・C種（出自が律令制下に属さない記号）と概念上区分しておきたい。B種には九字様記号や「井」等、一部に呪術的記号の例も想定されている。また、当地方に多く認められる縦線が順次並列して数を増す、或いはそれに横線が交差する記号についてもB種に含められよう。C種は今のところ明確に論じられていないのが現状である。A種を除く類例をB種とC種に区分する作業が今後必要であるが、この観点から「㐅」の検討を行ってみたい。

「㐅」は漢字の「父」と類似することから、これを漢字の「父」と解釈する立場がある。前掲長内論文においては、石上神社遺跡・山本遺跡・野木遺跡・朝日山（2）遺跡の刻書を「父」と理解しているし、隠川（2）外遺跡の資料にも疑問符を付けながら「父」と表記している（長内二〇〇三）。『新青森市史』の北林八州晴の記述でも蛍沢遺跡・山本遺跡、他も含めて「父」と理解した（北林二〇〇六）。『青森県史資料編 古代二』では、野木（1）遺跡の一資料を記号の可能性があるとしながら「父」と表記している以外は、すべて記号と解釈した表記を行っている（青森県二〇〇八）。ここでは隠川（2）外遺跡の例は取り上げていない。以下に漢字或いは記号「㐅」の類例を列挙し、漢字のA類か記号のB・C類かを検討する。

最新の解釈が盛り込まれている『青森県史資料編 古代二』には、釈文の欄に可能性を含め「父」もしくは「㐅」と解釈されている一二点の資料がある。この中の不確定要素のある資料を除いたのが、図1－1～9である。また、10～14は不確定要をもちながら可能性が示唆されている資料である。10は破損部分が多く特定できない。11は方向を違えた斜線が連続していくようにも見える。12は上位左が破損し特定できない。13は角状の山形に「×」が付加されたように理解される。14は途切れた螺旋のようにも見える。以上10～14は、漢字「父」・記号「㐅」とは切り離して扱うべきと考える。以下、一四資料の出土遺跡名等を示した上で1～9について論じていきたい。

10は土師器と表記されているが、これを除くすべての資料が須恵器である。1・3・6は野木（1）遺跡（青森県

（参考文献より転載）

図１　「㐅」関連資料（1）

埋文センター一九九八・二〇〇〇）、２・４は朝日山（２）遺跡（青森県埋文センター二〇〇一・二〇〇三）、５は山元（１）遺跡（青森県埋蔵文化財調査センター二〇〇五）、７は山本遺跡（青森県教委一九八七）、８は新館城遺跡（平賀町教委二〇〇三）、９は蛍沢遺跡（青森市教委一九七九）である。また対象外の遺跡は、10の野木（１）遺跡（青森県埋文センター一九九九）、11の山元（２）遺跡（青森県埋文センター一九九五）、12の宮田館遺跡（青森市教委二〇〇三）、13の石上神社遺跡（青森県教委一九七七）、14の向田（35）遺跡（青森県埋文センター二〇〇四）の資料である。１〜５と10・11は杯、６・７・12・14は長頸瓶、８・９・13は甕である。

漢字或いは記号であることの前提として、「父」もしくは「㐅」とする他に、倒置の「㐅」が存在しないかの問題がある。漢字は上下が明瞭であるが、記号の場合は上下を常に意識する必要がある。器に刻まれた記号は、一般的に正位に置かれた場合の形を正式とする。しかし、皿や杯のように蓋として使用可能な器もあり、その場合正位とは上下逆に表現される。これを念頭におけば、図１の杯には倒置に使用した器の「㐅」が存在する可能性を考慮する必要がある。従って、「父」或いは「㐅」は、倒置されることの殆どない長頸瓶や甕に明瞭に示されており（６〜９）、現段階では「㐅」の倒置を想定しないで杯は蓋として利用されたものと理解しておく。

「父」表記の特徴は、一画と二画が「ノ」と「、」状の表記で短い線の曲線である（①）。三画と四画が「八」の二つを交差したように曲線が交わる（②）。三画・四画の上位先端が、一画・二画と各々中央辺りで接するような位置関係にある（③）。これに対して「㐅」表記の特徴は、「父」の一画・二画相当箇所は短い直線である（ア）。三画・四画相当箇所も直線で交わる（イ）。三画・四画相当箇所の上位先端が、一画・二画相当箇所の先端で接する（ウ）。従って、①とア・②とイ・③とウの三点で比較すると明瞭な相違点がある。刻書は墨書と異なり、曲線が表現しにくい刻書を施した人物が厳密に表現していない等の要素があるにしても、これら三要素を注視した上で全体の表現を比較すべきであろう。この意味で、１〜９は漢字「父」とはなり得ず「×」に返りが付加された何らかの記号と解すべきである。×の各先端に返りの付く先の記号とは一組の返りが無いだけで類似しており、

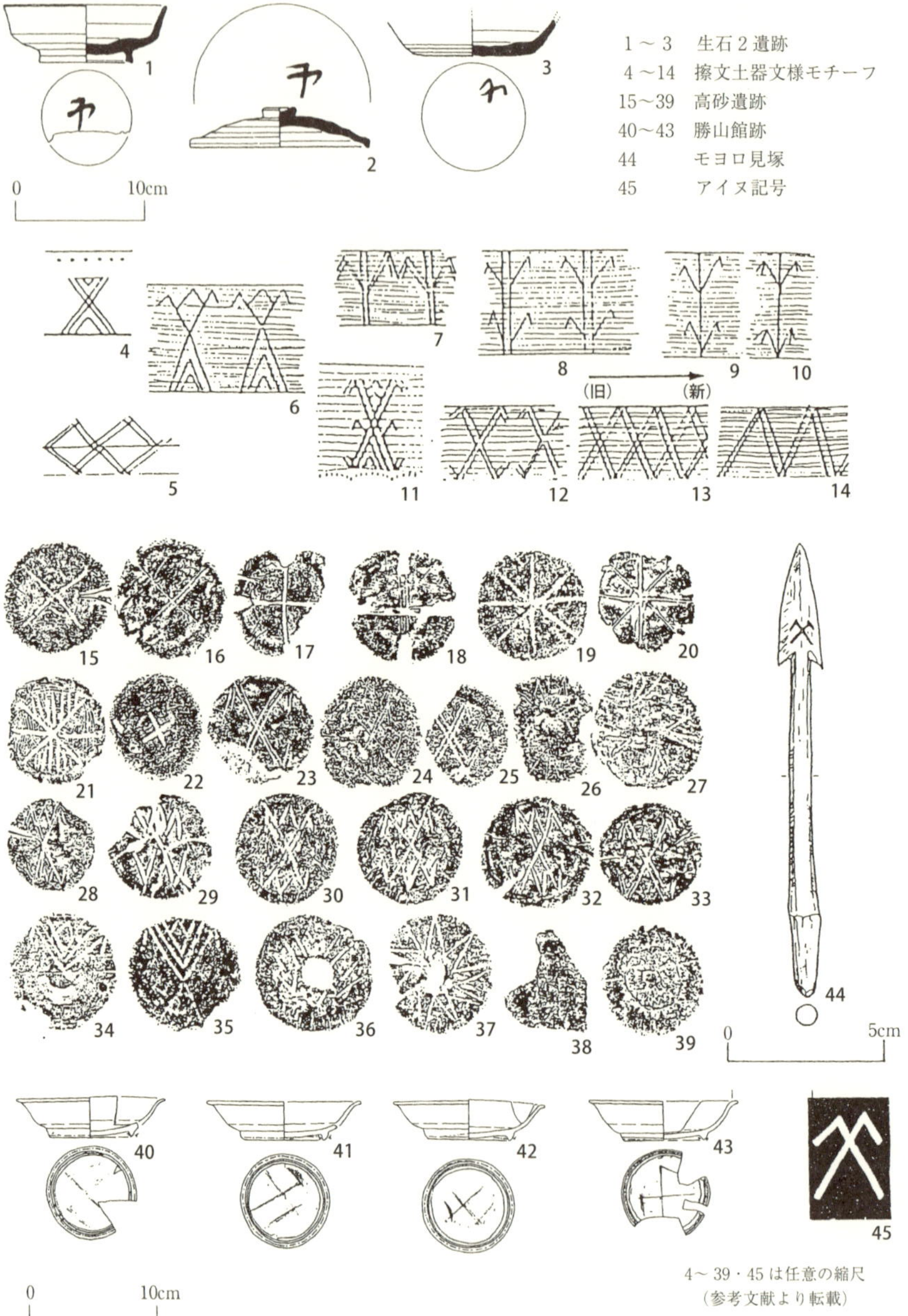
1～3　生石2遺跡
4～14　擦文土器文様モチーフ
15～39　高砂遺跡
40～43　勝山館跡
44　モヨロ貝塚
45　アイヌ記号
0　10cm
(旧)　(新)
0　5cm
0　10cm
4～39・45は任意の縮尺
(参考文献より転載)

図2「父」関連資料 (2)

この点からも記号と解釈される。

では、平安時代の刻書「╳」が、墨書土器も含んで他の地域に見出すことができるであろうか。管見による限り、刻書は1～9以外に類例を見出すことができないが墨書に類似の例がある。山形県生石2遺跡からは三点の土器（図2-1～3）が報告されているが、報告では「五」の記号と解釈されている（山形県教委一九八七）。1～3は須恵器で、1は有台杯・2は蓋・3は杯である。これらを記号「╳」と想定すれば先のア～ウが該当し、しかも返りと想定される部分の左右とこれ以外でも先端が細く表現される部分がある。これより、漢字「父」とはなり得ず墨書の「╳」と解釈される。墨書「╳」は、他に類例を見出すことができないことから、律令制下で主体的に用いられた記号とは考えにくい。

以上より、刻書「╳」は出自が律令制下に属さない本州北方域で独自に考案された記号と考えられ、刻書C種と分類されよう。

四　刻書「╳」の出自と系譜

九点の刻書「╳」資料は、すべてが須恵器で五所川原市や青森市から出土しており、これらは一〇世紀代の資料である。一部は五所川原窯跡群の製品と指摘されているが、すべてが五所川原窯跡群の近傍から出土していることや、一〇世紀代五所川原産須恵器の殆どが刻書須恵器である点から、九点の資料は五所川原窯跡群の製品と考えられる。五所川原窯跡群の生産者に関しては、体部に非ロクロ削りのある東北北部型長頸瓶の分析（利部一九九七）から「蝦夷の系譜にある津軽地域の首長による主体的な操業と考えている」と述べたことがある（利部二〇〇二）。つまり、律令国家または王朝国家による直接的な介入があるとすれば、稚拙なロクロ回転技術を用いることはないと考えられ、東北北部型長頸瓶の量産実態そのものが精巧なロクロを保持していない郡制未施行地域の実情を反映しているものと理解した。以上より刻書「Ⅹ」の須恵器が津軽地方に集中的に出土し、その生産地とみられる五所川原窯跡群で生産され、本州北端より南で確認できないことから、やはり刻書「Ⅹ」には本州北端域での出自が想定される。

刻書「Ⅹ」と類似関係を示しているのが、高砂遺跡から多く出土した基本形が「×」の四先端に返りの付く擦文土器底部の記号「Ⅹ」（松下の高砂パターン）である。これらを比較すると、「×」と上位（上下の一方）先端の返りが共通しており、かなりの類性が指摘できる。一方、これと関連して菊池徹夫は、擦文土器が土師器と続縄文土器との接触の結果生まれたことを前提に、擦文土器を特徴付けている「Y字紋・X字紋・鋸歯紋・斜格子紋など」の源流を北大式さらに後北式（手宮洞窟やフゴッペ洞窟の文様単位）に遡及させて擦文土器の文様モチーフの変遷（図2－4～14）を示した（菊池一九九七）。以下、菊池の擦文土器文様の変遷図を基に「Ⅹ」と「Ⅹ」の関係を検討してみたい。

6に注目したい。左右の文様は一見、「×」の上位に返りの付く「Ⅹ」に、上位中央で逆V字文・下位中央で重畳（二畳）逆V字文の構成と観察される。しかし、右側は上位のV字に返りが付く文様（以下、返りV字文と呼称する。またこれを逆にした場合、逆返りV字文と呼称する。これらを返りV字系文様と総称する。）と下位の重畳逆V字文に分離している。一見直線の交差した「×」に思える交点部分が屈折し、直線で構成されていないこともこれを指示している。この観点で左側を観察すると、一見「×」に見える交点部分が仮想直線の二本とも交点で僅かに屈折しており、右側のように上位の返りV字文と下位の重畳逆V字文が、各々の頂点で連結したものと理解できる。

12はどうであろう。上位の返りV字文と下位の逆返りV字文が頂点で連結しないで、その左右に縁取りを施したものである。11は、二組づつの斜行する直線で「×」を作り、上位の左右と下位の左右に二組の返りを施したもので、上位の返りV字文と下位の逆返りV字文を連結したように表現している。このように返りV字系文様には、上位の返りV字文と下位の逆V字文が頂点で連結もしくは近接するA類型（6）と、上位の返りV字文と下位の逆返りV字文が頂点で連結もしくは近接するB類型（11・12）の二類型のあることを確認しておきたい。

ところで、高砂遺跡の擦文土器底部には、返りV字系文様と関連すると思われる記号がいくつか認められる。35は、上位の返りV字文と下位の逆V字文が接するようにあり、返りV字系文様のA類型に相当する。また、34は上位に返りV字文があり下位には頂点に接するモチーフがない[4]。上位返りV字文で下位に何もないパターンは新たなC類型として把握しておく[5]。

次に23～25・28～33の記号に注目したい（横山一九九〇）。前者は「×」の上下に合わせて四つの返りを持ち、後者はそれを基に上位や下位にV字或いは逆V字文を付加している。後者はあくまで「×」を基調にしたものである。「×」に四つの返りが付く記号は、上下の返りV字文と逆返りV字文が各頂点で連結したように見え、返りV字系文様が合理的に表現されたものと理解できる。つまり、高砂遺跡には、返りV字系文様のA類型（35）、B類型（23～25・28～33）、C類型（34）の、三つの類型が存在することが確認できる。これら三類型は、擦文土器に刻まれた文様を象徴化した記号と判断できる。そして、高砂遺跡では「×」・「+」・「＊」（15～22）の存在も目に付く。これらを中心交差直線記号と総称しておくが、これらは青森県の刻書土器に多用される記号であり、先の返りV字文系記号のB類型（11・12）が「×」を基調に表現された背景には、この中心交差直線記号が大きく影響しているものと考えられる。

先の返りV字文系記号のB類型を、中心交差直線記号「×」を介した返りV字文と逆返りV字文の連結とする分析を踏まえれば、図1の「⊠」の記号も、図2－6のような返りV字文と逆V字文が個別に表現される手法から、「×」を介して上下を連続的に表現した手法に転化したと考えられよう。「×」を採用する契機には、新谷が「×」に降魔招福の意味があると紹介したように、呪符としての特別な意味合いがあったものと推定している[6]。従って、刻書「⊠」は、律令或は王朝文化の影響を受けつつも擦文土器の文様を象徴的に表した記号の一つと認識され、「㐅」を須恵器に刻んだ工人、延いては五所川原窯跡群の経営主体者と擦文土器文化の強い繋がりが想定されよう。

以上の、擦文土器が持つ返りV字系文様モチーフの分析から須恵器の刻書「㐅」に至る経過を辿ってきたが、もう一点擦文土器文様に関して付言しておきたい。図2－9は縦の直線に左右で各々枝状に延び先端が屈折し、両者が対を成すように見られる。これらは、7・8で二本の直線の左右の在り方から、通常左右個別の文様と把握するのが一般的な理解であるが、9を直線文と返りV字文の合体と見てはどうであろうか。(7) 7は縦の直線と上下二つの返りV字文を各々二重の直線で、8は縦の直線のみ二重の直線で表現したと解釈するのである。枝状のモチーフ（返りV字系文様の左右）は単独で用いる場合もあるが、本来的には返りV字系文様から派生したものと考えられる。

さて、図1の「㐅」は一〇世紀の資料であるが、それ以前九世紀の資料はどうであろう。管見では、九世紀の刻書資料は認められないが、唯一、前述した生石2遺跡出土の墨書資料は、須恵器の年代から九世紀と考えられる。「㐅」の墨書は、律令制下での一般的な記号でないこと、刻書「㐅」が青森県域で集中して出土することから、刻書「㐅」が九世紀の郡制未施行地域ですでに使用されていた記号で、律令制下の有力者と蝦夷系首長との交流に際し律令制下内で書き記したものと想定しておきたい。

五　おわりに

本論では、青森県で多量に出土する刻書土器のうち「㐅」を取り上げその系譜を検討した。「㐅」の記号が、漢字の「父」と区別され須恵器に限定的に施されており、これらの須恵器をその特徴や分布域も考慮して本州最北端の五所川原窯跡群の製品であると想定した。次に、擦文土器底部に施した「乂」との類似性を前提に、「乂」

と「╳」は擦文土器文様の古い方の段階を引き継いだもので、返りV字系文様の頂点を上下に近接させる在り方を、呪符記号としての「×」を取り入れて表現したものと解釈した。つまり、出自が律令制下の刻書B種を基に続縄文文化の伝統をもつ刻書C種が作られたとする理解である。結果、「╳」の記号は、擦文土器と強い繋がりのあることが確認でき、「╳」が刻書された須恵器を生産したと想定される五所川原窯跡群の経営主体者（津軽地域の首長）も擦文文化を共有していたと想定できる。なお、本文で須恵器刻書記号と擦文刻書記号を仲介した返りV字系文やV字文・逆V字文等のモチーフは、続縄文文化の「仮装人像」や抽象化された「仮装人像」に見られる「V」・「∨」・「∧」のモチーフを記号化したものではないだろうか（宇田川一九九四a）。

本項の終わりに、平安時代「╳」のその後について触れておきたい（図2－40〜45）。管見では、明確な中世の資料は確認できないが、中世末葉以降の資料は僅かに確認できる。40〜43は、上ノ国町の勝山館跡から出土した白磁皿で、端反の特徴等から一六世紀とされる（上ノ国町教育委員会一九九九）。底部の「×」に二つの返りを書き記したもので、他に同様な破片が三点見られる。溝上位から出土したが中世には収まると考えられる。44は、網走市モヨロ貝塚の土坑墓から出土した北海道アイヌ文化期の資料である（宇田川一九九四b）。骨鏃の先端に「╳」の刻書記号が見られる。近世前半の土坑墓から同類のタイプが出土しており、その頃の時期が想定される。45は、アイヌの髭揚箆（酒箸）に刻まれた祖印の一つである。「灌酒して祖先の神を祭る際には、新しい髭箆の上へこれを刻んで拝する」習わしがあり、この資料も近世以降の類例である（杉山一九九二）。

これら中世以降の「╳」の記号は、白磁の例を除けば直接アイヌに関連した記号であるし、白磁の例にしても勝山館跡の館主側とアイヌ側の交流の現れとも推定される。このように「╳」はアイヌ文化に根付いている記号と評価できる。[8] 今後は、アイヌ祖印と擦文土器以外の土師・須恵器との関連を意識すべきである。

以上、本文では本州北端刻書土器の一記号について、須恵器と擦文土器の観点からその系譜を論じてみた。平安時代・擦文期における刻書について北方域の研究史を紐解くとき、両者を主体的に取り上げた例は松下論文

（松下一九八六）くらいで他に見当たらない。その点で誤った思考をしていないかと危惧するが、一〇世紀の国家に属さない郡制未施行地域に列島最北端の須恵器窯跡が群として存在し、この地域から多くの擦文土器が出土する点からすれば、須恵器と擦文土器をむしろ積極的に関連付けて論じる視点も必要だろう。本州北端で多量に出土する意味不明な記号の個々について、さらに理解を進めていく研究が求められる。

五　おわりに

［註］

（1）刻書土器においては、土器焼成前の刻書行為は工人主導、土器焼成後の刻書行為は使用者主導と概ね理解される。前者の刻書を施す要因として、①製作者や製作工程上の都合に関わる場合、②依頼・注文に関わる場合が想定される。刻書土器の多くは土器製作と密接に関わり、このことが墨書土器との比較において大きく異なる点である。須恵器の刻書土器が一〇世紀青森県域に多量に発見される背景には、①・②に関わる五所川原窯跡群の存在が契機になったものと考えられる。

（2）松下論文（一九八六）は、本州の土師器・須恵器と擦文土器の刻書を関連させて積極的に論じた最初の論文として評価できる。

（3）山田雄正は高屋敷館遺跡の墨書土器と刻書土器について、各々文字を書くもの・文字または文字のようなものを書くもの（A）、記号を書くもの（B）と分けて考察している（山田二〇〇五）。

（4）35・34の実際の天地は不明であるが、6の上下の例から、今のところ35をそれと同じように考えておきたい。また34は、35と同じく返りV字文内に二つの重畳するV字文と小さな逆V字文で構成されることから、35と同じ上下関係を考えておきたい。

（5）返りV字文の頂点に接するモチーフを持たず、返りV字文を僅かに横へずらして三重で表現した単独のモチーフが、美深町紋穂内遺跡の深鉢に認められる（宇田川一九七七）。これもC類型に分類しておく。

（6）中心交差直線記号の「×」は、古来「悪霊を断ち切り自己の安全を守る呪符」と考えられており（岡田二〇〇七）、この呪符記号を取り込んで「〤」を表現したものと考えられる。また「＋」も呪符としての霊験を持つとされる。擦文土器の底部刻書には基本的に呪符としての意味が込められ、祭祀・祖印としても用いられたものではないだろうか。これら呪符に関連した中心交差直線文については改めて論じることにしたい。

（7）直線文と返りV字系文様との合体とする視点は、同時にV字系文様でも用いられた可能性がある。直線の先端が三方向を示すいわゆる「鳥足型」(河野一九九九)は、直線の先端にV字文系モチーフが合体したものではないだろうか。そうであるならば、瀬川が擦文土器底部の刻書のうち、道北集団で象徴的な「外向型刻印」、道央・道南集団で象徴的な「内向型刻印」としたものは(瀬川二〇〇三)、交差直線文を主体にして底部の弧に対するV字系モチーフのそれぞれを表現したものではないだろうか。瀬川の「外向型刻印」に「×」「+」「*」等の中心交差直線文が関わっていることは前述したが、「内向型刻印」の成立にも中心交差直線記号が大きく影響したものと考えられる。

(8) 但し、岐阜県大野郡有巣村の例では「ᛝ」の記号が「デヤマ」と読まれ山から伐採する木材に刻まれたが、このような所有を意味する記号は全国的に用いられており(民俗学研究所一九五五)、注意が必要である。なお、アイヌ文化を理解し、民俗学と考古学を融和させてその基層を擦文文化に求めたのは河野本道である(河野一九九九)。

【参考文献】

青　森　県　二〇〇八『青森県史資料編　古代二』
青森県教育委員会　一九七七『石上神社遺跡発掘調査報告書　県営圃場整備事業予定地内埋蔵文化財調査』
青森県教育委員会　一九八七『山本遺跡発掘調査報告書』
青森県埋蔵文化財調査センター　一九九五『山元(2)遺跡発掘調査報告書―浪岡バイパス建設事業に係る埋蔵文化財発掘調査報告書―』　青森県教育委員会
青森県埋蔵文化財調査センター　一九九八『新町野遺跡・野木遺跡　青森中核工業団地整備事業に伴う遺跡発掘調査報告書』　青森県教育委員会
青森県埋蔵文化財調査センター　一九九九『野木遺跡Ⅱ(第二分冊)青森中核工業団地整備事業に伴う遺跡発掘調査報告』　青森県教育委員会
青森県埋蔵文化財調査センター　二〇〇〇『青森中核工業団地整備事業に伴う遺跡発掘調査報告　野木遺跡Ⅲ(第二分冊)』　青森県教育委員会
青森県埋蔵文化財調査センター　二〇〇一『朝日山(2)遺跡　県道青森浪岡線道路改良事業に伴う遺跡発掘調査報告』　青森県教育委員会
青森県埋蔵文化財調査センター　二〇〇三『朝日山(2)遺跡Ⅶ―県道青森浪岡線道路改良事業に伴う遺跡発掘調査報告書―』　青森県教育委員会

青森県埋蔵文化財調査センター　二〇〇四『向田（35）遺跡（第一分冊）―国道二七九号有戸バイパス建設事業に伴う遺跡発掘調査報告―』　青森県教育委員会

青森県埋蔵文化財調査センター　二〇〇五『山元（1）遺跡―国道七号浪岡バイパス建設事業に伴う遺跡発掘調査報告―』　青森県教育委員会

青森市教育委員会　一九七九『青森市蛍沢遺跡発掘調査報告書』　青森市蛍沢遺跡発掘調査団

青森市教育委員会　二〇〇〇『「縄文講座　北の古代文字世界」資料集』

青森市教育委員会　二〇〇三『市内遺跡発掘調査報告書一一』

荒木陽一郎　一九九〇「篦（墨）書土器『夫』字の考察」『考古学の世界』六　学習院考古会

宇田川洋　一九七七「七、擦文期」『北海道史研究』第一三号　北海道史研究会

宇田川洋　一九八六「擦文文化の刻印記号」『研究紀要』第五号　東京大学文学部考古学研究室

宇田川洋　一九九四a「北方地域の土器底部の刻印記号論」『日本考古学』第一号　日本考古学協会

宇田川洋　一九九四b「アイヌ自製品の研究―矢尻―」『研究紀要』第一二号　東京大学文学部考古学研究室

大沼忠春　一九九六「北海道の古代社会と文化―七～九世紀―」『古代蝦夷の世界と交流』一　名著出版

岡田保造　二〇〇七『魔よけ百科』　丸善株式会社

奥尻町教育委員会　一九八一『奥尻島青苗遺跡―山本台地・三浦地点の住宅建築に係わる記録保存の発掘調査報告―』

長内孝幸　二〇〇三「青森県内出土の刻書・墨書土器」『研究紀要』第六号　青森大学考古学研究所

小口雅史　一九九三「『夫』字篦（墨）書について」『海峡をつなぐ日本史』　三省堂

小平町教育委員会　一九八三『おびらたかさご〔本文編〕小平蘂川河川改修工事に伴う埋蔵文化財包蔵地発掘調査報告書』

利部　修　一九九七「平安時代東北の長頸瓶」『生産の考古学』　倉田芳郎先生古稀記念会

利部　修　二〇〇一「須恵器長頸瓶の系譜と流通―北日本における特質―」『日本考古学』第一二号　日本考古学協会

鐘江宏之　二〇〇八「青森県出土の文字資料」『青森県史資料編　古代二』　青森県

上ノ国町教育委員会　一九九九『史跡上之国勝山館跡XX―平成一〇年度発掘調査環境整備事業概報―』

菊池徹夫　一九九七「岩壁彫刻から土器紋様へ―渡嶋蝦夷の紋章―」『手宮洞窟シンポジウム　波濤を超えた交流―手宮洞窟と北東アジア―記録集』　小樽市教育委員会

北林八洲晴　二〇〇六「第一節　出土文字資料」『新青森市史　資料編一』　青森市

木村英明・斎藤　傑　一九五九「奥尻島、青苗貝塚出土の浅鉢の底について」『黒耀石』七
河野本道　一九九九『「アイヌ」―その再認識』　北海道出版企画センター
五所川原市教育委員会　二〇〇三『五所川原須恵器窯跡群』
佐伯有清　一九八六「Ⅳ―11　刻字土器『夷』の意義」『サクシュコトニ川遺跡　北海道大学構内で発掘された西暦九世紀代の原初的農耕集落「本文編」』　北海道大学
桜井清彦　一九六〇「擦文土器につけられた記号」『民間伝承』第二四巻第四号　六人社
笹山晴生　一九八〇「平安初期の政治改革」『日本歴史』三　岩波書店
新谷　武　一九七五「青森県前田野目砂田遺跡出土の篦書土器について」『北奥古代文化』第七号　北奥古代文化研究会
杉山寿栄男　一九九二『アイヌ文様』　北海道出版企画センター
鈴木琢也　二〇〇四「擦文文化期における須恵器の拡散」『北海道開拓記念館研究紀要』第三二号　北海道開拓記念館
鈴木靖民　一九九九「擦文期の北海道と東北北部の交流」『国史学』第一六九号　国史学会
瀬川拓郎　一九八九「擦文時代における食料生産・分業・交換」『考古学研究』第三六巻第二号　考古学研究会
瀬川拓郎　一九九六「擦文文化の終焉―日本海沿岸集団の形成と日本海交易の展開―」『物質文化』六一　物質文化研究会
瀬川拓郎　二〇〇三「擦文時代の交易体制」『歴史評論』通巻六三九号　校倉書房
瀬川拓郎　二〇〇四「刻印記号の意味」『北方世界からの視点―ローカルからグローバル―』　北海道出版企画センター
中田裕香　一九九六「北海道の古代社会の展開と交流―一〇～一三世紀―」『古代蝦夷の世界と交流』一　名著出版
新岡武彦　一九七七「北海道古代文字論」『樺太・北海道の古文化二』　北海道出版企画センター
戸根貴之　一九九九「古代文字資料にみる蝦夷」『古代』第一〇六号　早稲田大学考古学会
平賀町教育委員会　二〇〇三『新館城遺跡発掘調査報告書』
平川　南　二〇〇一「第五節　青森市野木遺跡出土の「夷」墨書土器」『野木遺跡発掘調査報告書Ⅱ（平安時代遺物・分析・総論編）』　青森市教育委員会
平山明寿　二〇〇七「青森県の出土文字資料」『第五回　東北文字資料研究会資料第一分冊』　東北芸術工科大学文化財保存修復研究センター
藤原弘明　二〇〇三「第二節　ヘラ記号について」『五所川原須恵器窯跡群』　五所川原市教育委員会
藤原弘明　二〇〇八「五所川原須恵器窯跡群の概要」『青森県史資料編　古代二』　青森県

松下　亘　一九八六「擦文式土器の刻印について」『物質文化』四七　物質文化研究会
松前町教育委員会　一九八五『札前　国道二二八号線改良拡幅工事に伴う緊急発掘調査報告書』
三浦圭介　一九九一「本州の擦文文化」『考古学ジャーナル』No.341　ニュー・サイエンス社
宮　宏明　一九九六「余市大川遺跡出土古代の文字資料をめぐって」『北奥古代文化』第二五号　北奥古代文化研究会
民俗学研究所　一九五五『総合日本民族語彙』第一巻　平凡社
山形県教育委員会　一九八七『生石2遺跡発掘調査報告書（三）』
山田雄正　二〇〇五「二　墨書・刻書土器について」『高屋敷館遺跡Ⅲ』　青森県教育委員会
山本哲也　一九八八「擦文文化に於ける須恵器について」『国学院大学考古学資料館紀要』第四集　国学院大学考古学資料館
横山英介　一九九〇『擦文文化』　ニュー・サイエンス社

第二章　東西日本の交流

第一節　東北地方の遠賀川系壺——地蔵田B遺跡と館の上遺跡を中心に——

一　はじめに

東北地方の遠賀川系土器は、弥生時代前期を象徴している西日本遠賀川式土器(1)の影響で成立してきた。この遠賀川系土器が、遠賀川式土器の直接的な影響を受けたのか、関接的な影響によるものかは不明であるが、遠賀川式土器の系譜を持つ東北初期弥生時代を代表する土器として、広義に把握されている。

遠賀川系土器が、北海道を除く東日本各地に広域的な分布を示すことは、主として壺・甕・蓋を通して知られてきた。東北地方においては、主に壺や甕の形態・文様・施文手法等に特徴を見出している。しかしそれらの資料は、破片の数量は多いものの個体の全体が知れる資料に乏しい等、遺跡出土資料としては断片的であり、纏まりに欠けものが殆どであった。

東北地方で用いられている遠賀川系土器の名称は、系を付した名の通り概念が希薄で、いわば東北地方における初期弥生土器に対して、遠賀川式土器の特徴を断片的に見出して使用している。佐原真は、当地遠賀川系土器の技法上の特徴を10項目に纏め、西日本遠賀川式土器に共通する技法とした（佐原一九八七b）。それによって、広範囲に遠賀川式土器の影響が知られるようになったが、依然として各地域の実体（型式内容）が不充分で、地域間で資料を検討するための足掛かりが必要不可欠なのが現状である。

このような状況の中、秋田県の日本海側においては、地蔵田B遺跡（菅原一九八七a、一九八七b）と館の上遺跡（小林・磯村一九九五）から遠賀川系土器が比較的多く出土した。これらは、殆どが土器棺墓として検出されたもので、それと共に在地の伝統を強く受け継ぐ土器も見受けられた。両遺跡は距離的にも近く、個体全体が知れる纏まった資料としては、現時点で東北地方において最も数多い地域と言える。本論では、良好な遠賀川系土器が出土した両遺跡の壺を中心に検討し、西日本遠賀川式土器も視野に入れた比較を通じて、東北地方における遠賀川系壺（遠賀川系土器のうち壺と認識されるもの）の特色を論じてみたい。

なお、東北地方で遠賀川系土器の存在する時期は、主として縄文時代から弥生時代にかけての砂沢式期に当たる。砂沢式の帰属する時期には、晩期終末に位置付ける考え（工藤一九八七）と弥生時代に含む考え（須藤一九八七）があるが、その線引きは難しく、本論では縄文時代終末から弥生時代初頭として扱う。

二　東北北部における研究の歩み

青森県南郷村松石橋遺跡出土の壺が、遠賀川式土器と類似することが確認されたのは一九八二年のことである（市川・木村一九八四）。遠賀川式土器の影響が、東北北部にも確実に及んでいたことの初見であった。当時、弥生時代中期の垂柳遺跡に水田の伴うことが判明し、壺はそれを契機に企画された展示会収集資料中に発見されたものである。本州島の最北端地域に、弥生時代前期の影響が及んでいることで、学会の注目を大いに集めた。その時期は、畿内第Ⅰ様式の中段階に比定されている。

一九八二・一九八三年に調査された秋田県若美町の横長根A遺跡からは、壺・甕・蓋の遠賀川系土器やそれと関連する纏まった資料が得られた。一九八四年に刊行された報告書では、遠賀川系土器としては表現されなかったものの、多方面に整理された考察からは（児玉一九八四）、前期弥生土器を意識していたことが窺われる。遠賀川系土器と考えられる壺や蓋の文様について、当時すでに畿内第Ⅰ様式土器の赤彩文や箆描き文様の系譜を予測している。

一九八五年、伊藤信雄は籾痕土器や垂柳遺跡の水田から、東北全体に弥生時代稲作の存在が確認されることを述べた（伊藤一九八五）。そして、前期の籾痕土器の存在と共に東北一円の遠賀川系壺を取り上げ、畿内第Ⅰ様式中段階頃に南部は勿論のこと東北北端まで稲作農耕文化が伝播している、と唱えた。

一九八七年には『弥生文化の研究』第四巻が出版され、補稿の中で須藤隆と佐原真が、遠賀川系土器について各々述べている。

須藤は、山形県酒田市生石2遺跡における遠賀川系土器と砂沢式土器の共伴関係から、晩期Ⅵ期（大洞A）直後の砂沢式が畿内第Ⅰ様式中段階の土器型式と併行するとした（須藤一九八七）。砂沢式の甕や蓋は、亀ヶ岡式土器には見られない器種構成であり、西日本前期農耕文化の影響と見たのである。そして、西日本の製作技術による遠賀川系土器と、在地色の強い折衷型遠賀川系土器に区分した。氏は砂沢式土器を、遠賀川系土器と別系統とする従来の立場をとった。

佐原は、砂沢式土器に見られる遠賀川系土器を砂沢式土器の構成要素と捉え、亀ヶ岡系土器・遠賀川系土器・両者の特徴を備える折衷土器の三者を砂沢式土器とすることを主張した（佐原一九八七c）。その上で遠賀川系土器と折衷土器には、遠賀川式土器に共通する技法として、砂の混和・ヨコナデ・ハケメ・ヘラ磨き・ヘラ描き沈線紋・木目沈線紋・木目列点紋・木目刻目紋・黒斑・黒塗が認められるとした。時期を技法や形態の特徴から、遠賀川式土器を古・中・新と分けたうちの、中段階に認められると説いた。

同年（一九八七）工楽善通は、列島の弥生時代前期後半を、西日本の遠賀川式土器、東日本の水神平式土器

（条痕文系土器）・砂沢式土器の三相として捉え、東日本における遠賀川式土器との関わりについて述べた（工楽一九八七ａ）。東北日本海側の遠賀川系土器は、遠賀川式土器が在地文化に接し変容したもので、砂沢式土器に伴う遠賀川系土器を西日本前期弥生土器の中段階に対応するとしたのである。

三つの論文によって、遠賀川系土器の在地土器との関わりや技法の特徴、列島における位置付け等が明らかになってきた。これらの研究成果の深化は、同時に砂沢式の時代設定、砂沢式前後の型式内容の関わり、在地系土器との技法上の分離等の問題点を改めて浮き彫りにした。

同じ一九八七年青森県弘前市砂沢遺跡において、砂沢式期の水田跡が初めて検出された（弘前市教委一九九一）。水田跡を区画する畦畔と溝が砂沢式土器の包含層に覆われていたのである。一九八四～一九八八年の五次に亘る調査で、他に水路状溝や土坑、多くの当該土器が出土した。そこに僅かな遠賀川系土器も出土したが、その在り方は、砂沢式の佐原の概念を占う上で今後問題になるだろう。そして、水田の発見は砂沢式を弥生時代とする大きな根拠になったのである。

在地系土器と遠賀川系土器の在り方で、砂沢遺跡と対称的なのが山形県酒田市生石2遺跡である（阿部・伊藤一九八七）。一九八四～一九八六年の調査結果は、C区の一括土器群とE区の土器群が、砂沢系土器と遠賀川系土器、折衷系土器が共伴するというものであった。砂沢系土器に対する遠賀川系土器の比率が高く、調査者は「3系統の土器は相互に補完関係にある」としている。生石2遺跡と砂沢遺跡は、東北西部の南北における砂沢期遠賀川系土器の大局的な在り方を、示唆しているものと理解される。

一九八五年には、砂沢遺跡と生石2遺跡の中間に位置する秋田市地蔵田B遺跡が調査された（菅原・安田他一九八六）。各々重複する1～4号までの竪穴住居跡やそれを囲う柵木跡、土坑墓群と土器棺墓群（25基）が見つかった。集落の全体像を知ることができ、土器棺墓出土資料を中心に個体の全容が知れる多くの遠賀川系壺が出土したことは、大きな驚きであった。ここでの、砂沢式土器に対する遠賀川系土器の出土比率は高い。

一九八〇年代半ばに相次いで調査された、砂沢遺跡・生石2遺跡・地蔵田B遺跡の三遺跡は、前期弥生時代に関わる東北地方の重要な遺跡である。これらの成果は、前述の須藤・佐原・工楽の論文に大きく反映している。一九八八年、鈴木克彦は、須藤・佐原の砂沢式土器と遠賀川系土器に関わる認識の違いを整理した上で、条痕文土器など遠賀川系土器以外の異系統土器の存在を指摘した（鈴木一九八八）。鈴木は、青森県名川町剣吉荒町遺跡・同八戸市是川中居遺跡から砂沢遺跡への変遷が辿れるとし、前者の大洞A′段階に遠賀川系土器が伴い、その特徴が同化し型式を構成したのが砂沢式土器である、と解釈した。

東北北部における遠賀川系土器とこれに関わる在地土器との関連は、一九八〇年代までに基本的な考えは出揃い、九〇年代はこれらに追随した形をとる。

一九九三年、秋田県八竜町館の上遺跡から地蔵田B遺跡の土器棺墓群に匹敵する土器棺墓群（24基）が検出され、注目されるところとなった（小林・磯村一九九五）。遠賀川系土器を伴う土器棺墓群に土坑墓群も併存し、地蔵田B遺跡との類似性が指摘できる遺跡である。この調査成果は紆余曲折を経て、二〇〇〇年三月に報告書として纏まったが、不足の部分が多く不備が目立つ（利部二〇〇〇）。

以上の研究を概観すると、遠賀川系土器を畿内第I様式や砂沢式に対応させることの当否やその分布領域の問題、遠賀川式土器と対比した文様や技法の特徴等が中心的に論じられてきたと言える。

本論は、これらの研究内容を逸脱するものではないが、形態や文様について検討し易い壺を取り上げ、少しでも遠賀川系土器に関する研究内容を深めたいと意図したものである。以下では、器の全体像が理解できる程度纏まった個体数が得られた秋田県の地域資料を限定的に扱い、これらを中心に据えた論の展開を図りたい。

三　壺の分類とその広がり

（1）　壺の形態

遠賀川系土器における壺と甕の分類表記は、研究者により異なり、器種組成の問題に大きく影響する。一九八八年の前掲鈴木論文で、これらを「大型長胴壺甕型」と言わしめたことは、壺と甕の分離の困難さを表現したもので、まさに今日的な課題と言える。

遠賀川系土器の壺と甕の分類に際しては、縄文時代深鉢の機能が弥生時代甕に転換したとする考え（佐原一九八七a）からしても、在地における該期深鉢（亀ヶ岡式の伝統から漸移的変化を遂げた深鉢）との関係も考慮すべきであり[2]、これら三器種の相関の中で、壺と甕の形態に関する分類基準を設定してみたい。

器を形作る基本要素には底部・胴部・口縁部があり、これらの在り方が様々な形態を生み出すが、これを三器種に当て嵌めると、口縁や頸部の大きさや変化が深鉢・甕・壺をイメージするのに最も適した要素と考えられる。一般に、深鉢は頸部の強い括れを持たず口縁部は大きく開口する。甕は頸部に括れを持ち、口縁部は大きめに開口する。壺は無頸壺を除いて、口縁部が大きめに開口するものから、それの小さなものまである。口縁部や頸部の変化は、器として見れば細部に関わる要素で、入れ物の基礎を構成している胴部や底部とは根本的に異なる。つまり三器種の分類基準では、底部や体部の大きさに対する口縁部の開口度が、分類指標として有効な視点と考えられるのである。

ここでは、体部の窄まる状態を重要視することから、開口度を頸部径に代用させ、頸部径に対する胴部径と底部径の割合から、壺と甕の分類を行う。

①壺は、胴部最大径が頸部径の約二倍かそれ以上で、底部径は頸部径より小さくその半分以上。
②甕は、胴部最大径が頸部径の約一・五倍以下で、底部はその約半分以下。

と規定するが、僅かに当てはまらないものもある。また、甕と深鉢の関係が不明瞭なので、深鉢は胴部最大径と口頸部径が同等かそれと近く、底部はそれらの約半分前後、と付け加えておきたい。

　このように壺・甕・深鉢を分離した上で壺の形態を示せば、口縁部は頸部から外反し、最大径が胴部上位にあり、肩部は外に丸く張り出す特徴がある。胴部（肩部＋胴部下半）は卵倒形のイメージである。遠賀川系甕の胴部も、遠賀川系壺の形態と同様の特徴を持つ。

　以上と遠賀川式壺とを比較すれば、口縁部が頸部から外反し頸部径が底部径より大きい共通点がある。遠賀川式壺では、胴部（頸部を含む）最大径が中央もしくはやや下位に位置し、遠賀川系壺の肩部に対応する頸部と、胴部下位では、僅かに反りを示す相違点がある。その胴部は、算盤玉形のイメージである。

（菅原・安田他 1986 より）

図１　地蔵田Ｂ遺跡の壺・甕・深鉢

（2）文様による分類

前項で述べた遠賀川系壺の形態を基準に、その文様の在り方から遠賀川系壺の分類を行う。筆者は、遠賀川系壺の文様構成が、遠賀川式壺の文様構成から強い影響を受けていると考えており、はじめに遠賀川式土器の文様構成の基本形を示し、その相関に基づく分類を試みたい。

遠賀川式壺の文様要素は多岐に亘るが、文様構成には大枠としての基本構成がある。佐原は、遠賀川式壺（畿内第Ⅰ様式壺）における文様構成を、その遡源である板付Ⅰ式土器の壺に求め「段をも紋様のなかにふくめ、口縁部と頸部とを区分する紋様を、口頸区分紋様、頸部と胴部とを区分する紋様を頸胴区分紋様とよび」とし、区分の役割を担った成形の段が遠賀川式壺の箆描き直線文や突帯文に置き替ったとした（佐原一九六七）。事実、多くの類例がそのことを示しており、遠賀川式壺におけるそれら

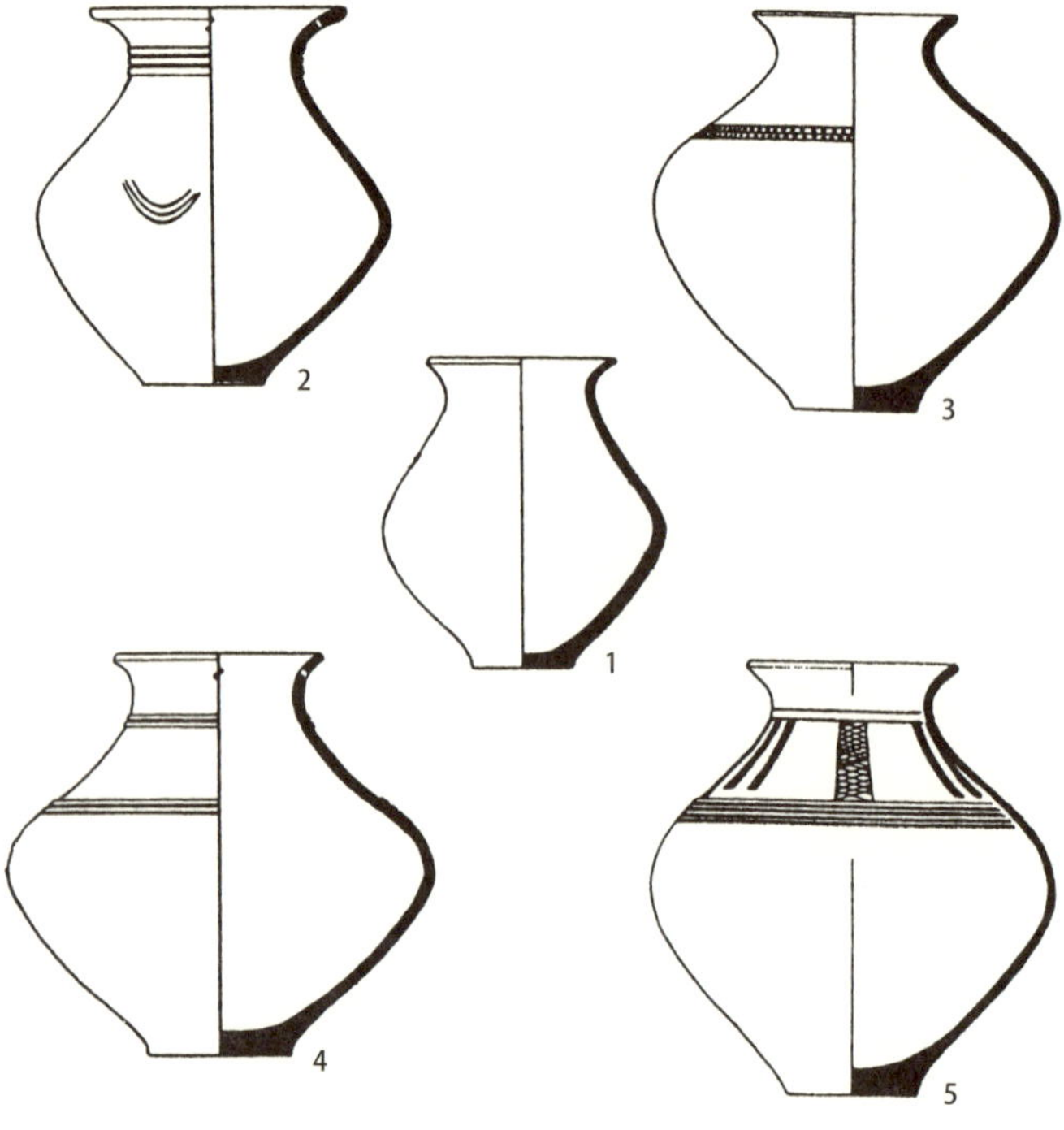

図２　奈良県唐古遺跡の遠賀川式壺（小林・末永・藤岡 1976 より）

の部位を、それぞれ口頸部界と頸胴部界とした。

この箆描き直線文や直線の突帯文等の、直線文による区分文様の在り方に、それのない無文の状態を加え、遠賀川式壺における五つの基本文様構成パターンを、奈良県唐古遺跡（図2-1~5）を例に挙げて提示する（小林・末永・藤岡一九七六）。

a類…口頸部界と頸胴部界に文様を施さない（1）。

b類…口頸部界に箆描き直線文があり、頸胴部界にはそれがない（2）。

c類…頸胴部界に箆描き直線文があり、口頸部界にはそれがない（3）。

d類…口頸部界と頸胴部界に箆描き直線文がある（4）。

e類…口頸部界と頸胴界に箆描き直線文があり、それらで形成される区画帯を、縦位の直線文で四辺形に区画した文様がある（5）。

e類の文様は、遠賀川式の赤彩文壺等によく見受けられ、縦の直線文は箆描き直線文で表現される場合も多い。以上は、前期弥生土器に特徴的に認められる文様で、遠賀川式土器の形態に付随した文様構成類型の基本形と捉えたい。

a~e類は、板付式土器の壺に見られる口頸部界と頸胴部界の段に、あくまで基準を置き、特徴的な縦位の直線文の要素を加えて五つに分類したものである。この他遠賀川式土器には、d類に胴部最大径部やや下位の部分、同じくd類頸部に独立した横位の箆描き直線文を加える例もあり、これらを準基本形と捉えておきたい。

このような、遠賀川式土器の基本的な文様構成を、秋田県地方の遠賀川系壺の中に当て嵌めて類型化してみる（図3―1~3・図4―4・5）。この場合口頸部界は頸部に、頸胴部界は胴部最大径部やや上位に、頸部は肩部にそれぞれ対応させ、箆描き直線文は平行沈線文に置き替える。

A類…頸部と胴部最大径部やや上位に、平行沈線文等の文様がない（1）。

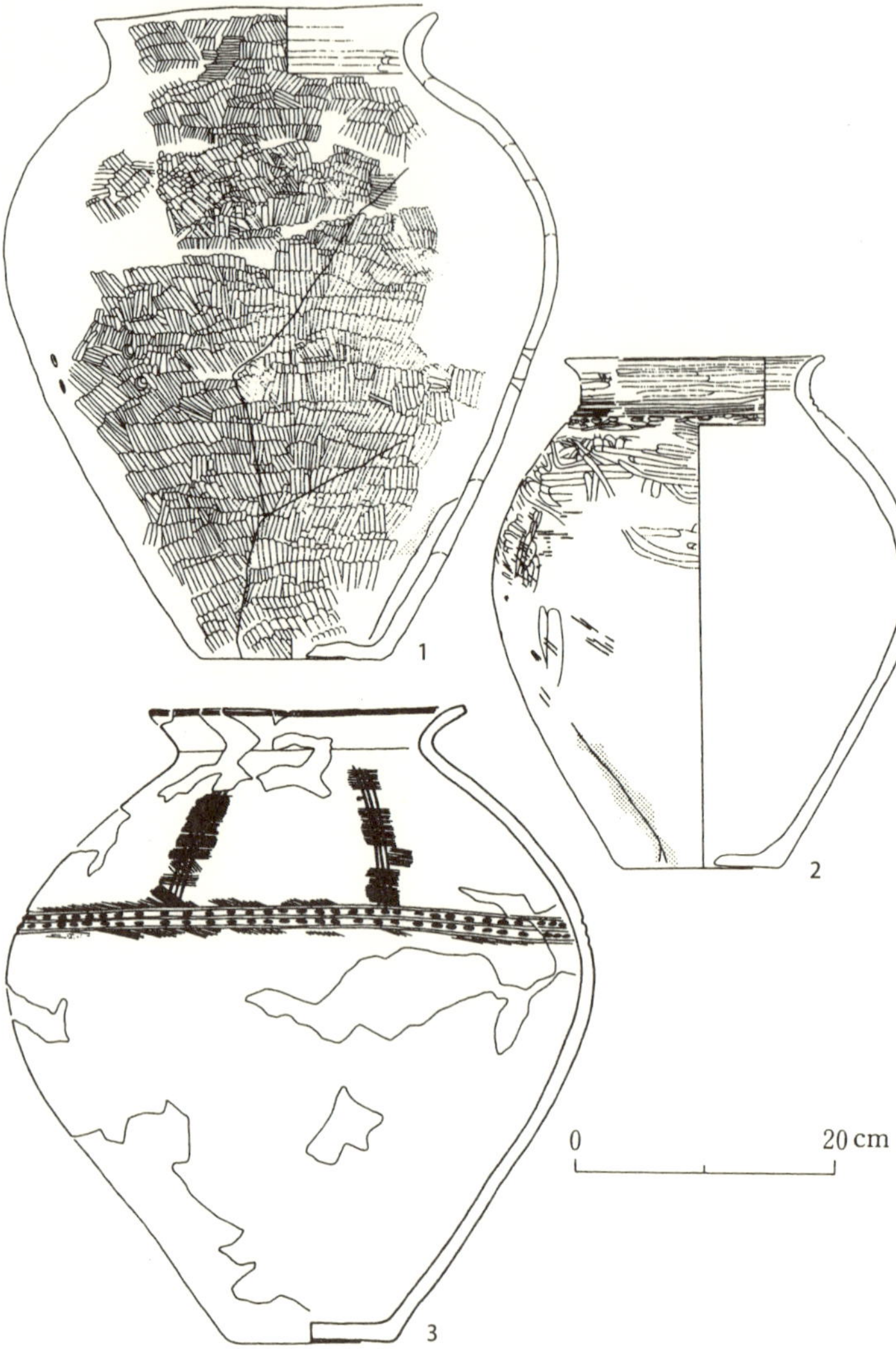

（参考文献より転載）

図３　秋田県地方の遠賀川系壺（1）

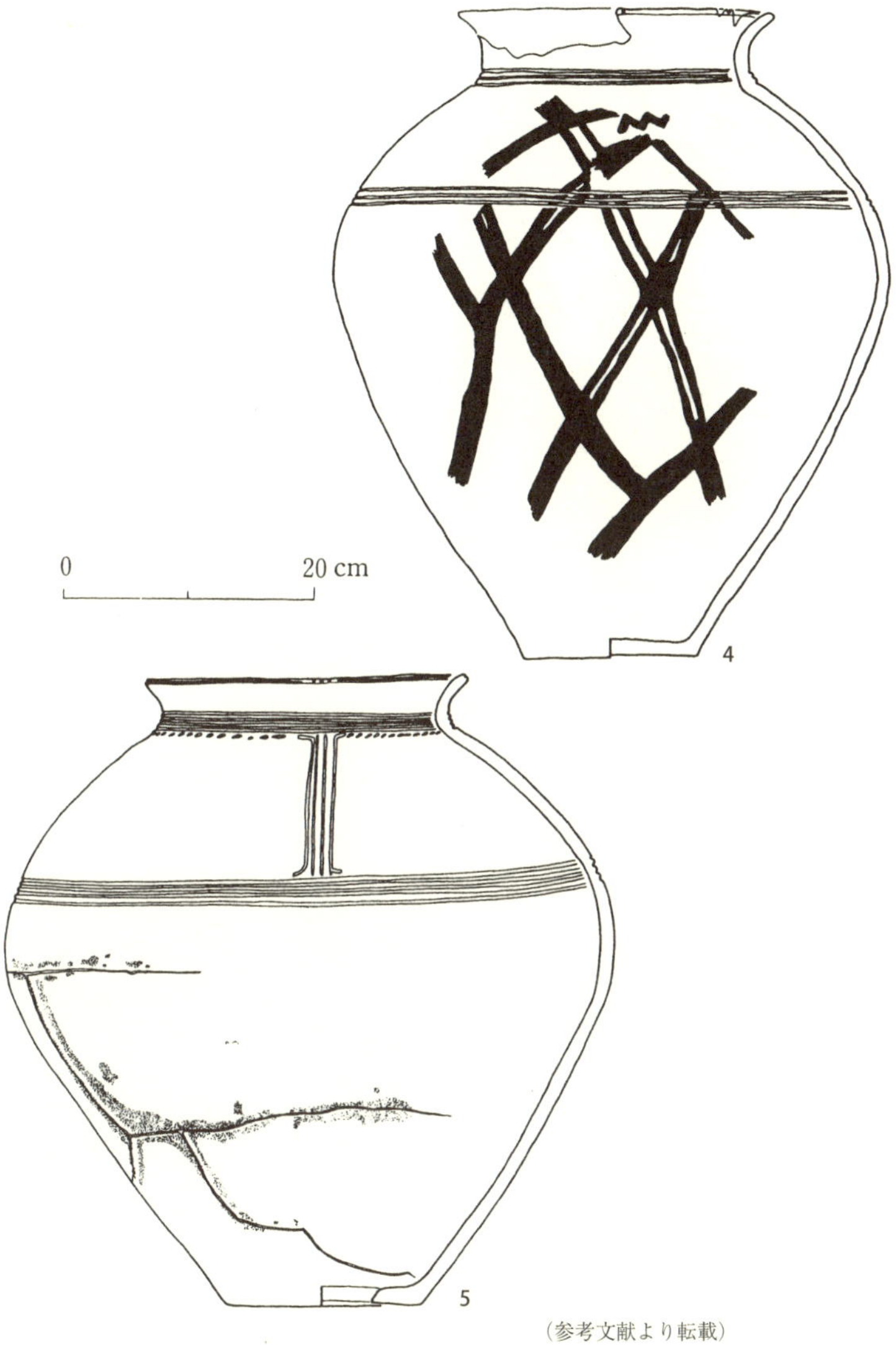

（参考文献より転載）

図４　秋田県地方の遠賀川系壺（2）

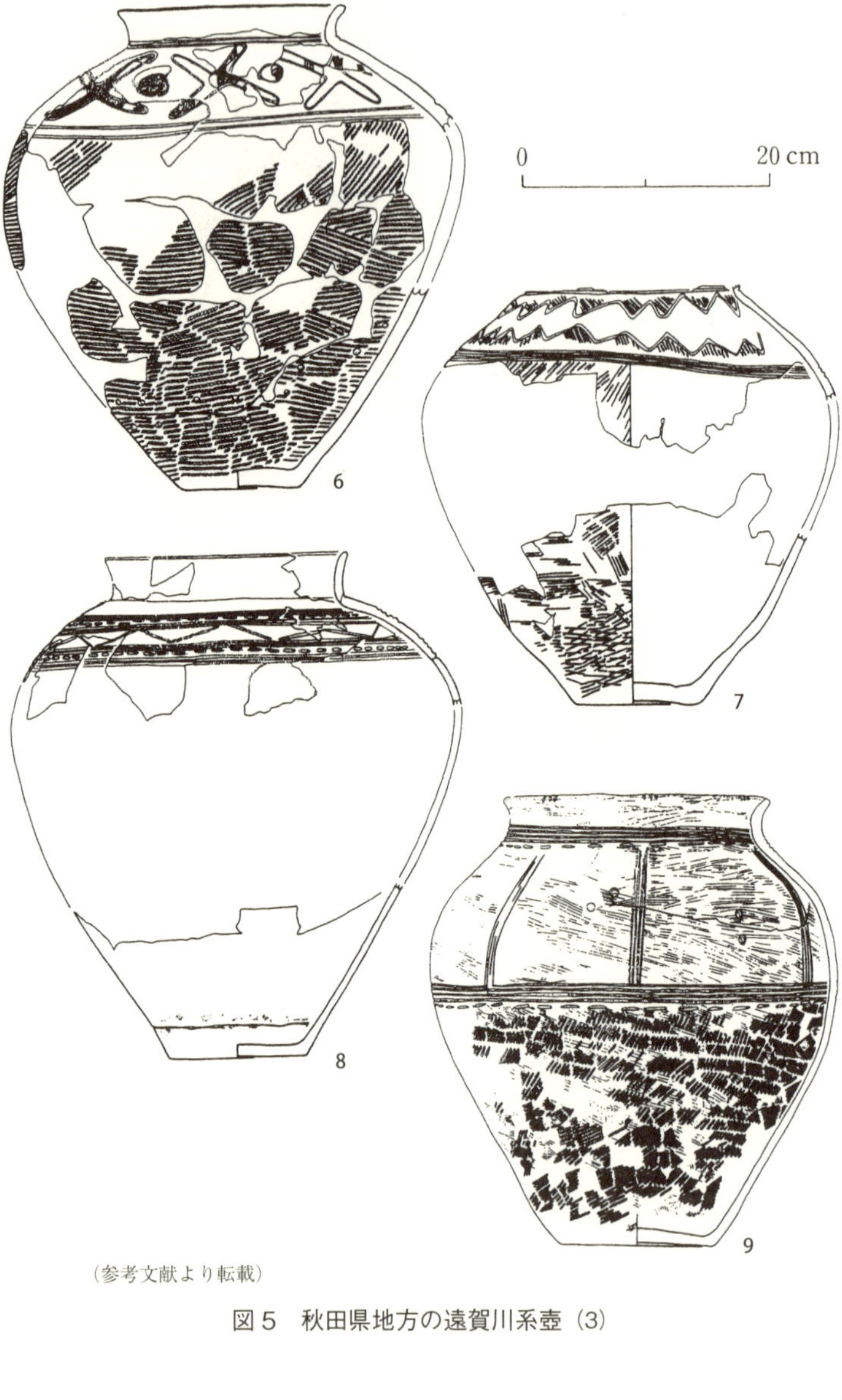

（参考文献より転載）

図５　秋田県地方の遠賀川系壺（3）

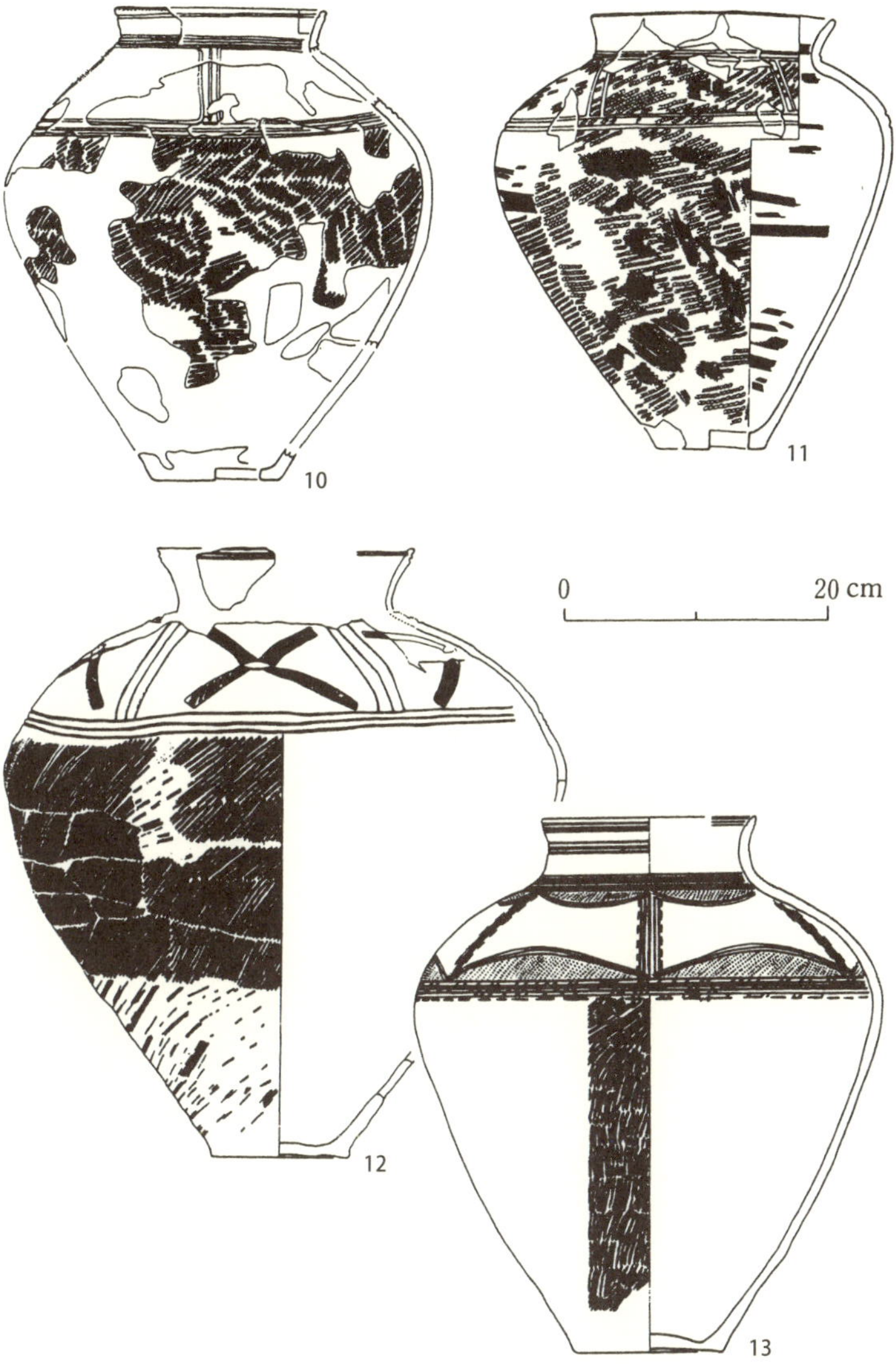

（参考文献より転載）

図６　秋田県地方の遠賀川系壺（4）

B類…頸部に平行沈線文があり、胴部最大径部やや上位にはそれがない（2）。
C類…胴部最大径部やや上位に平行沈線文があり、頸部にはそれがない（3）。
D類…頸部と胴部最大径部やや上位に平行沈線文がある（4）。
E類…頸部と胴部最大径部やや上位に平行沈線文があり、それらで形成される区画帯を、縦位の沈線文で四辺形に区画した文様がある（5）。

以上のように対比すれば、西日本の遠賀川式壺に見られる大枠としての基本文様が、秋田県地方の遠賀川系壺の中に強く反映していることが理解される。

（3）文様の基本分類の類例

遠賀川式土器は、口頸部界や頸胴部界の文様を基調にして、様々な文様が展開するが、その地文の基本型は無文である。遠賀川系壺の文様A～E類で掲載した事例は、遠賀川式土器の地文を意識したものであるが、A～E類には地文が縄文など在地色の濃厚なものもある。ここでは先の例も含んで秋田県地方におけるA～E類の類例を取り上げ（図3－6－1～13）、東北地方の他の例も併せて提示する（東日本埋蔵文化財研究会一九九一）。

A類の1（館の上遺跡）は、地文が無文である。今のところ、館の上遺跡に二例地蔵田B遺跡に一例認められる。頸部の窄まりの強い形態であるが、岩手県二戸市金田一川遺跡の例もこの類に含まれる。頸部と胴部最大径部に、平行沈線文がなく列点文を配しているものには、青森県尾上町五輪野遺跡の例がある。壺形で縄文のみを施すものはない。

B類の2（館の上遺跡）は、地文が無文である。類例が少なく、他では福島県霊山町根小屋遺跡の例が挙げられる。地文が縄文で頸部に平行沈線文やそれと列点文を組み合わせた例は、地蔵田B遺跡に認められる。館の上遺跡では、分類からは逸脱するが、甕形に近く縄文地に平行沈線文を施すもの、形態は甕形で無文地に平行沈線文と列点文を組み合わせた例もある。壺と甕の特徴の近い例として挙げておく。

Ｃ類の３（地蔵田Ｂ遺跡）は希な例である。この場合、頸部が強く屈曲するため、屈曲線を頸部の文様として代用した可能性がある。東北地方全般に類例が少なく、破片資料で頸部に列点文を配す例が是川中居遺跡、宮城県名取市山居遺跡にある。

Ｄ類の４（地蔵田Ｂ遺跡）は地文が無文のもので、秋田県地方では館の上遺跡と共に一例づつ認められ、他に五輪野遺跡にも認められる。破片では生石２遺跡に数例ある他、宮城県名取市十三塚遺跡でも見つかっている。６・７（地蔵田Ｂ遺跡）は地文が縄文で、秋田県地方以外では福島県石川町鳥内遺跡の例が辛うじて該当しようか。これは、肩部は無文で胴部下半に縄文を施し、胴部最大径部やや上位の文様が、やや幅広で平行沈線文間に二重の連続する鋸歯文を施すものである。６・７は、平行沈線文だけで区画された中に、各々独自の文様を持つ例である。６は、縄文を充愼した×印状文と〇印状文を沈線で表し、それらを交互に配置している。７は上下に縄文を充順した鋸歯文を表し、中央部を無文帯にしている。

８（地蔵田Ｂ遺跡）は、頸部の区画文様がやや下降した位置にあり、区画帯を狭めたもので、そこには鋸歯文が展開する。これは、Ａ～Ｅ類の分類基準を逸脱するが、基本類型Ｄ類に準ずる位置付けをしておきたい。

Ｅ類の５（地蔵田Ｂ遺跡）は、地文が無文のもので、このタイプの明瞭な例としては唯一である。地文が縄文を持つ例は、館の上遺跡を含んで数例ある。Ｅ類を特徴付ける縦位の沈線文は、破片資料として横長根Ａ遺跡、秋田市湯ノ沢Ａ遺跡、生石２遺跡、砂沢遺跡に認められる。10～13は地文が縄文の例である（10・11が地蔵田Ｂ遺跡、12が湯ノ沢Ａ遺跡、13が横長根Ａ遺跡）。水平な数条の平行沈線文と、いくつかの縦位の沈線文で形成された区画帯に、10では無文状態を作り、11～13ではそれぞれ縄文・×印状文様・連弧状文様を施している。×印状文様は、小さな〇印状文様を中心に置いた帯状の×印状文様をそれぞれ沈線で描き、〇印状文様以外を縄文で充塡する。連弧状文様は、上下に弧線を沈線で描き、中をやはり縄文で充塡する。

9（館の上遺跡）は、胴部最大径部やや上位の区画文様が、胴部最大径部やや下位に下降したものである。これもA～E類の分類基準を逸脱するが、基本類型E類に準ずる位置付けをしておく。

以上A～E類の事例を、秋田県地方とこれ以外の東北地方において瞥見してみた。特にD・E類のバリエーションや遠賀川式土器の影響は、秋田県地方において特に卓越していると言えよう。

四　文様の系譜

ここでは、遠賀川系壺に施されている文様のうち、6（地蔵田B遺跡）・12（湯ノ沢A遺跡）の×印状文様と13（横長根A遺跡）[3]の連弧状文様、7・8（地蔵田B遺跡）の連続鋸歯文を取り上げる。

12の×印状文様は、頸部と胴部最大径やや上位で作る区画帯と縦位の沈線文で区画した四辺形の中に配置している。この文様の在り方は、遠賀川式壺の文様構成と類似することは前述の通りである。遠賀川式壺の頸部や頸胴部界を装飾する代表的な文様には木葉文（図7－1）があり、12の×印状文様は、その器に占める位置と形状とが共通している。

工楽は、木葉文を「＋木葉文」と「×木葉文」に分け、後者を「上下が画された文様帯を、原則として縦線で区切った四辺形の中に、X字状の対角線を引き、これを軸にして各交点に向け弧線で囲った木葉文」としている（工楽一九八三）。また、同論文には壺蓋の篦描木葉文について「外周近くと、円中央の通気孔周囲の円周区画の中を、おおむねX状に四等分するかたちで、木葉文の1単位を描いたものが多い。」と述べている。

12の、×印状文様の中心にある小さな○印状文様は、壺蓋におけるX木葉文の通気孔に対応する文様と考えられる。このように、器における文様配置・文様自体の形状・中心にある細部文様の解釈から、12の×印状文様は木葉文をあしらったものと考えられる。6の×印状文様は、X木葉文の変種形態と考えられよう。

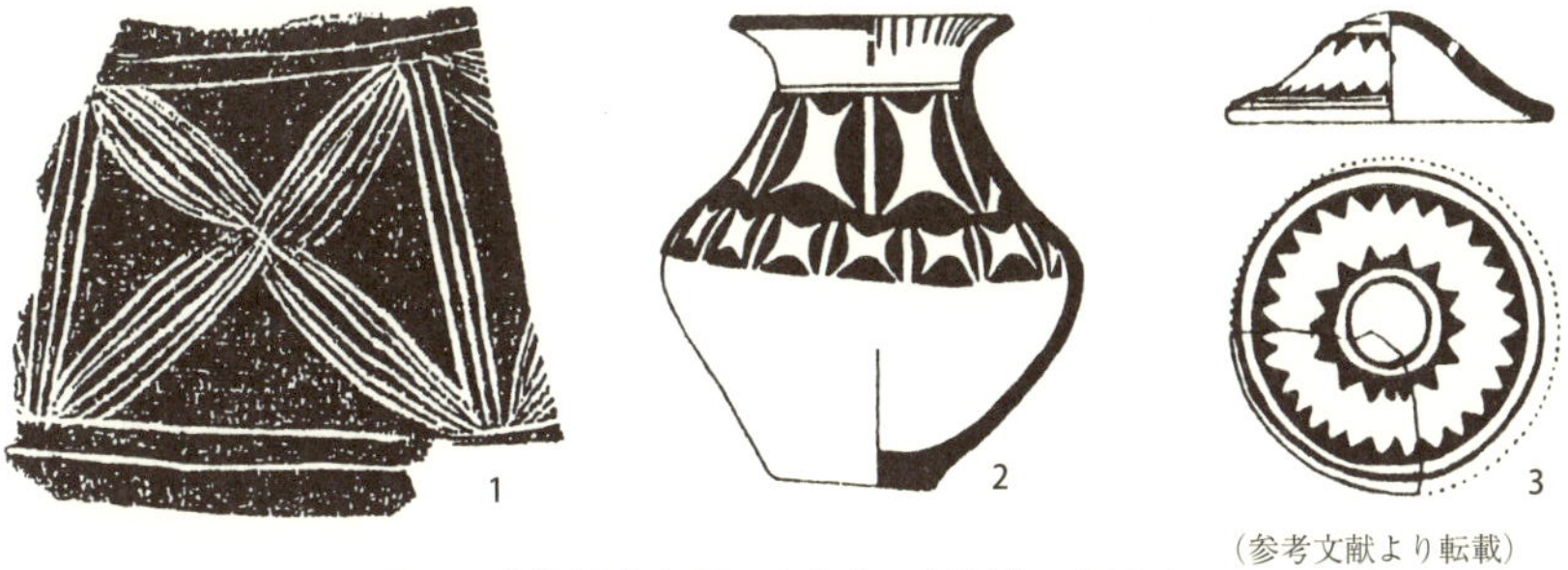

（参考文献より転載）

図７　遠賀川式土器の木葉文・対弧文・鋸歯文

13の連弧状文様も、12と同様遠賀川式壺の文様構成と類似し、連弧状文様は四辺形の区画内を上下に相対して配置される。工楽はこのような状態を対弧文と呼び、「壺の上胴部に、界線で画した一定幅の文様帯に木葉文を描くのと同じく、原則的には一定間隔をおいて1～3本の縦の区画線で区切り、この区画線および文様帯の界線に向って、弧形を連続対置させて文様帯を構成する」と規定し、変形木葉文と捉えた。図7－2は、その代表的な例である。

主な在り方（a～g）のうちのcでは、「縦の区画線には弧線を伴なわず、横位のみの弧線を横へ連続させて描いたもの」と述べている（工楽一九八三）。13の連弧状文様の在り方はそれと一致しており、連弧状文様は変形木葉文の対弧文に該当すると考えられる。

鋸歯文は、東北弥生時代の文様として間々散見するが、その出自が問題になっている（利部一九九〇）。遠賀川式土器における鋸歯文は、箆描き文として安定的に見出され、赤彩文としても採用されている。7は、上下の平行沈線文で画した区画帯を、各々の区画線に沿いながら連続鋸歯文を配したものである。平行沈線文と連続鋸歯文間には縄文が充填し、上下の鋸歯文の間は無文である。

この対比資料として、赤彩文を施した弥生前期唐古遺跡出土の蓋を取り上げたい（図7－3）。この上面観の中央と周辺には圏線が巡り、それらで区画された領域に、各々の圏線に沿いながら赤彩文の連続鋸歯文が向かい、その中間は無文帯を呈する。7は、区画線に沿う連続鋸歯文の類似のみならず、無文帯を形成する連続鋸歯文の在り方としても共通する。大阪府安満遺跡の畿内第Ⅰ

様式中段階の壺の場合は、対峙する赤彩鋸歯文の頂部を交互にずらしごく狭い無文帯（鋸歯状）を形成する文様を重畳させている例もある（森田一九九〇）。以上より7の文様は、西日本遠賀川式土器からの影響と見るのが妥当であろう。7とほぼ同時期と考えられる、8の連続鋸歯文や福島県鳥内遺跡出土の遠賀川系壺の連続鋸歯文も、遠賀川式土器の影響が考えられよう。

6や12の×印状文様・13の連弧状文様・7の連続鋸歯文は、どれも縄文を充填しており、線の描画を面として表現している。このことが、赤彩文の平塗りを意識した描出とするなら、赤彩文の盛行した弥生時代前期に近い時期が想定され（工楽一九八七b）、前述遠賀川式の影響をさらに補強することになる。

五　おわりに

前述したように、東北地方における初期弥生土器の追求は、主に遠賀川式土器の壺や甕における形態や文様手法の諸要素を摘出し、二器種を包括した形で進められてきた場合が多い。それは、遠賀川系土器の出土遺跡が少ないこと、器形全体が理解できる資料に乏しかったこと、壺・甕・深鉢の器種や文様が砂沢式土器と分離しにくかったこと等による、当然の帰結であった。

本論で遠賀川系壺を秋田県地方出土資料に限定して扱ったのは、地域において遠賀川系壺が比較的纏まって見つかったことの特異性のみならず、壺の持つ形態や特に文様によって型式学的特性を把握したかったからである。この意味で地域の特色を捉え、それと本場の遠賀川式壺・東北一円の遠賀川系壺と比較した結果、ある程度の見通しが得られたものと思う。

具体的には、秋田県地方の遠賀川系壺と西日本遠賀川式壺の文様構成に相関関係が認められ、その分類項目による東北地方の類例にも類似性が確認できた。更に秋田県地方で認められた、×印状文様・連弧状文様の特異な

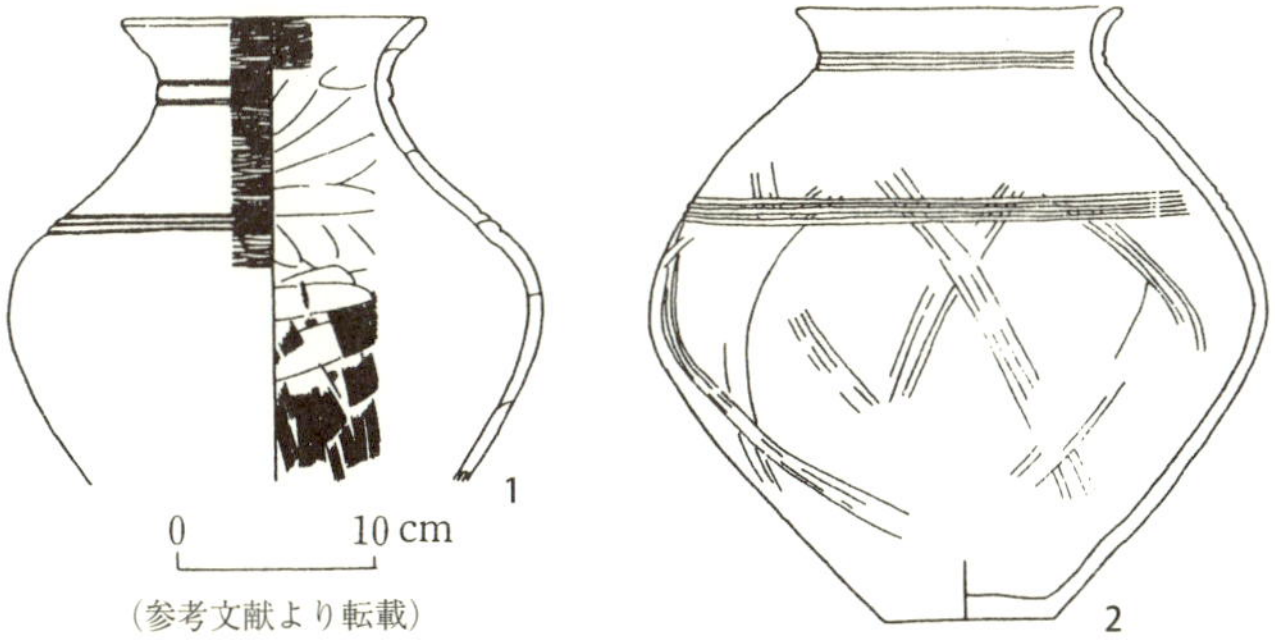

（参考文献より転載）

図８　東北地方の遠賀川系（式）壺

文様や連続鋸歯文を、遠賀川式土器に採用された木葉文・対弧文・鋸歯文に、その出自を求めたことである。そして、赤彩文土器との関わりを強調しておきたい。

一九八二年に確認された松石橋遺跡出土の壺は、高さが二八・八センチと小型であった（図8－2）。同様の形態を持ち、無文の特徴も併せ持つ根小屋遺跡出土の二つ壺も小型である（大竹他、一九八六）。更に、板付式土器系列で推定の高さが三〇センチに満たない壺が（図8－1）、福島県荒屋敷遺跡で発見されている（小柴一九八七）。これらは、体部中央が最大径で遠賀川式土器に近似しており、畿内第I様式中段階に把握されている。本文で、秋田県地方の遠賀川系壺として扱ったものは、四〇センチ以上の大型のものが主流であった。この形態と法量の相違が、東北地方の中でどのような関わりを持つのかが[4]、東北遠賀川系壺の発生母胎を追求するのに大事な視点になるだろう。

最後に東北遠賀川系（式）壺の変遷について若干触れたい。秋田県地方の遠賀川系壺は、基本的な文様から五つに分類された。これらは、地文を無文にするものと縄文を施すものとに分けられ、地文に縄文を持つものほど、肩部文様のバリエーションが目に付く。先の小型遠賀川系（式）壺の地文が無文で、文様がシンプルであることからすれば、小型遠賀川系（式）壺→地文が無文の大型遠賀川系壺→地文が縄文の大型遠賀川系壺と、大まかな変遷が想定されないであろうか[5]。良好な資料の積み上げが待たれるところである。

〔註〕

（1）遠賀川式土器は、東限を伊勢湾沿岸や奥丹後半島までの西日本全域に及び、それより東に遠賀川系土器が分布する、と考えられている（工楽一九八七a）。しかし、遠賀川式土器を「上記の特徴をもつ東北部九州地域の板付Ⅱ式に併行する土器に限定するべき」と考えている研究者もいる（平井一九九五）。ここでは、東北遠賀川系土器との混乱を避けるため、前者の立場で述べる。

（2）林謙作は、続縄文の概念を提示した上で粗製深鉢の変遷を示し、弥生の開始を桝形囲式もしくはこれと併行する型式に求めている（林一九八七）。

（3）冨樫泰時は、この壺を秋田県の弥生時代土器編年表の中期に含め、地蔵田B遺跡出土の壺等を含む前期と区別している（冨樫一九八七）。筆者は、後述することから、この表の前期に含めて考えたい。

（4）東北の遠賀川系壺に対比して、縄文時代末葉頃の大型壺の存在が注意される。これは、肩部が張り胴部上位が最大径になる共通の特徴を持つが、底部径は頸部径を凌ぐ傾向が強く、相違点と言える。

（5）小型遠賀川式（系）壺から大型遠賀川系壺の変遷が認められるとすれば、小型から大型への容量変化が注目されることになろう。北日本の甕・深鉢の容量変化を追求したのに佐藤由紀男の論文があり（佐藤二〇〇二）、この観点で壺を検討する視点が必要になるだろう。

〔参考文献〕

阿部　実・伊藤邦弘　一九八七『生石2遺跡発掘調査報告書（3）』山形県教育委員会

市川金丸・木村鉄次郎　一九八四「青森県松石橋遺跡から出土した弥生時代前期の土器」『考古学雑誌』第六九巻第三号　日本考古学協会

伊藤信雄　一九八五「東北地方における稲作農耕の成立」『日本史の黎明』八幡一郎先生公寿記念論文集　六興出版

大竹憲治他　一九八六『霊山根小屋遺跡の研究』霊山根小屋遺跡調査団

利部　修　一九九〇「諏訪台C遺跡のⅠ・Ⅱ類土器群―土器の観察を通して―」『秋田県埋蔵文化財センター研究紀要』第五号　秋田県埋蔵文化財センター

利部　修　二〇〇〇『館の上遺跡―一般国道七号琴丘能代道路建設事業に係る埋蔵文化財発掘調査報告書Ⅷ―』秋田県文化財調査報告書第二九八集　秋田県教育委員会

工藤竹久　一九八七「東北北部における亀ヶ岡式土器の終末」『考古学雑誌』第七二巻第四号　日本考古学協会
工楽善通　一九八三「遠賀川式土器における木葉文の展開」『文化財論叢』　同朋舎出版
工楽善通　一九八七ａ「遠賀川・砂沢・水神平」『季刊考古学』第一九号　雄山閣出版
工楽善通　一九八七ｂ「赤彩紋」『弥生文化の研究』第三巻　雄山閣出版
小柴吉男　一九八七「大沼郡三島町荒屋敷遺跡の畿内第Ⅰ様式の壺」『福島考古』第二八号　福島県考古学会
児玉　準　一九八四「第Ⅳ章考察」『横長根Ａ遺跡―秋田県南秋田郡若美町横長根Ａ遺跡の調査報告―』　秋田県若美町教育委員会
小林行雄・末永雅雄・藤岡謙二郎　一九七六『大和唐古弥生式遺跡の研究』　臨川書店
小林　克・磯村　亨　一九九五「五　秋田県山本郡八竜町館の上遺跡」『日本考古学年報』四六　日本考古学協会
佐藤由紀雄　二〇〇二「煮炊き用土器の容量変化からみた本州北部の縄文／弥生」『日本考古学』第一三号　日本考古学協会
佐原　真　一九六七「山城における弥生式文化の成立―畿内第Ⅰ様式の細別と雲ノ宮遺跡出土土器の占める位置―」『史林』第五〇巻第五号　史学研究会
佐原　真　一九八七ａ「世界の中の弥生土器」『季刊考古学』第一九号　雄山閣出版
佐原　真　一九八七ｂ「みちのくの遠賀川」『東アジアの考古と歴史』中　岡崎敬先生退官記念論集　同朋舎出版
佐原　真　一九八七ｃ「東北地方における遠賀川系土器」『弥生文化の研究』第四巻　雄山閣出版
菅原俊行・安田忠市他　一九八六『秋田新都市開発整備事業関係埋蔵文化財発掘調査報告書―地蔵田Ｂ遺跡・台Ａ遺跡・湯ノ沢Ⅰ遺跡・湯ノ沢Ｆ遺跡―』　秋田市教育委員会
菅原俊行　一九八七ａ「秋田県地蔵田Ｂ遺跡」『日本考古学年報』三八　日本考古学協会
菅原俊行　一九八七ｂ「地蔵田Ｂ遺跡」『考古学ジャーナル』No.273　ニュー・サイエンス社
鈴木克彦　一九八八「本州北端における異系統土器の波及と展開」『國史研究』第八四号　弘前大学
須藤　隆　一九八七「東日本における弥生文化の成立と展開」『弥生文化の研究』第四巻　雄山閣出版
冨樫泰時　一九八七「稲作りの始まり」『図説秋田県の歴史』　河出書房新社
平井　勝　一九九五「岡山平野における遠賀川系土器の出現―津島遺跡南池地点出土土器の再検討―」『古代吉備』第一七集　古代吉備研究会
林　謙作　一九八七「続縄紋のひろがり」『季刊考古学』第一九号　雄山閣出版
東日本埋蔵文化財研究会　一九九一『東日本における稲作の受容―第Ⅱ分冊東北・関東地方―』

弘前市教育委員会　一九九一『砂沢遺跡発掘調査報告書―本文編―』
森田克行　一九九〇「七　摂津地域」『弥生土器の様式と編年―近畿編Ⅱ―』　木耳社

第二節　日本列島の×形文図像──本州北端域を意識して──

一　はじめに

奈良・平安時代の律令制下の土器には、「篦記号」の一種と見なされる「×」を刻んだ資料が間々散見される。「×」は、土器以外にも見出すことができ、後述するように「×印」・「X字文」・「斜め十字文」等と記述されている。本文では「×」をばつと読むことから、「×形文」と呼称していく。

律令制度の定着しなかった秋田・岩手県北部から北の地域でも、北陸・関東以西に見られるように、平安時代の土師器や須恵器に×形文（刻書・墨書）を見出すことができる。本州北端域の青森県では、長内論文によってその概要を知ることができる（長内二〇〇三）。内容は、青森県域の一部を除く二〇〇三年三月までの報告を網羅し、刻書・墨書が表記された八四六点の須恵器・土師器（九、一〇世紀が主体）の図を掲載したものである。

長内は、その掲載資料の大半を占める刻書記号のうち、多く認められるのが「×」と「+」（以下、+〈ぷらす〉形文と呼称）の記号であること、両者の判断がつきにくい例のあること等を指摘した。また、在地研究者である新谷武の論文を踏まえた上で（新谷一九七五）、総体論として刻書・墨書には「工人の都合」・「使用者の都合」によるものとがあると述べている。因みに×形文は三〇遺跡六三例（内墨書が二例）、+形文（疑問符表記を除く）は三六遺跡七二例（内墨書が七例）である。この後、二〇〇八年にも一八九遺跡の資料集成が行われ今日に至っており（青森県二〇〇八）、青森県域の刻書・墨書の×形文は相当数に上るであろう。

新谷は、一九七五年段階で砂田窯跡（須恵器窯跡）出土の篦記号資料四八片を分類し二七種に識別した（新谷一九七五）。中国西安半坡から出土した彩陶土器と青森県砂田窯跡出土の刻書須恵器を比較し、×形文を含む両者に共通した五種類の記号を紹介している。また、沢田由治が中世の×形文で降魔招福と解釈した論文にも触れているが、加藤唐九郎による共同窯における工人製品の識別用途の記述から、砂田窯跡資料を工人の識別記号と解釈した。青森県における、×形文に関する須恵器窯跡資料の一端を示したものであった。

二〇〇八年、鈴木靖民は北海道擦文期の土器を取り上げ、×形文についての解釈を行った。鈴木は、千歳市美々8遺跡出土の「井」の付く墨書土器を「本州でも平安期に見られる一般的な九字・ドーマン記号と称される道教起源の陰陽道の呪図（印点）であり～魔除け、除災の意味をもち、延命・招福をもたらすとされる。」とした（鈴木二〇〇八）。そして、余市町大川遺跡より出土した「大」と「×」か「七」の墨書土器の解釈から、×形文にも同様の意味があるとしている。土器に記された×形文の、広範な在り方を述べたもので注目すべき視点である。

以下では、本州北端における平安時代の刻書×形文の解釈を、日本列島の×形文の類例を辿りながら論じてみたい。

二　×形文を含む刻書土器論

土器に施した刻書土器の解釈は昭和三〇年頃には行われていた。

昭和三一年（一九五六）、大川清は平安時代と考えられる栃木県滝ノ入窯跡の報告の中で、刻書土器について「このようなヘラ記号については、一般に窯印と称する向きもあるが、～むしろ製作に従う工人たちの仕訳とか識別に利点が存することからなされたものであろう」と述べた（大川・滝口一九五六）。

昭和三三年（一九五八）、久永春男は『刈谷市の古窯』の中で「三、記号状刻文について」の項を設けて述べた。

そこでは「窯印」について、生産者の識別に役立ち生産者が誇示して印する屋号的性格のもので（「屋号的窯印なら一種類あれば事足りる」）、窯印でない刻書土器は「使用者が自己の占用であることを示すため、または一定の用途に占属する器物であることを示すために、生産者にあらかじめ依嘱した記号」とした（久永一九五八）。

以上は土器に関する箆記号の代表的な解釈である。

昭和五六年（一九八一）、『須恵器大成』を著した田辺昭三は、その著書に「五　箆記号について」の項目を設け旧稿を採録した。田辺は須恵邑窯跡群の箆記号を分析し、記号の分類（加藤修中心）等より一〇の特徴を述べたが結論は見出せず、前述両氏の説にも従えないとした。そして、箆記号を「ヘラ記号をしるす段階の厳密な限定と～たとえば集落址や古墳でどのようなあり方をしめすか」と、二点について述べ将来の方向性を指摘した（田辺一九八一）。

また田辺は、大川・久永の説以降箆記号の論考は多く見られるが解決に至っていないと述べており、一九八〇年頃の箆記号に対する認識が示されている。これ以降も、土器の箆記号については二極論（「工人の都合」と「使用者の都合」）で議論されることが多く受けられる。以下に田辺が述べた消費地での観点も考慮して、×形文が関係する生産地と消費地の二つの考察を取り上げることにしたい。

一つは生産地における中村浩の論文である（中村一九七七）。中村は、和泉陶邑窯跡MT206号窯跡（陶器山）の焼成部上方で焼成中に崩落し、一部が放置された甕とその周りの蓋杯一六〇個体の解釈を示した。大半が杯身を下にして蓋が合わせ口の状態で、杯身底部に「+」（三九個体）・「|」（三個体）・「×」（一二個体）が刻まれ、記号間ごとの製作手法の相違が認められるとした（図1-②）。結果「異なる工人あるいは工人群が同時焼成を行っていた」として、箆記号を「生産者が、類似製品の区別のために使用された記号」とし、工人の都合によって箆記号が付された立場を採った。

工人の識別記号とした場合、×形文にも関連して二つの疑問が想定される。一つは、目の肥えた工人が箆記号

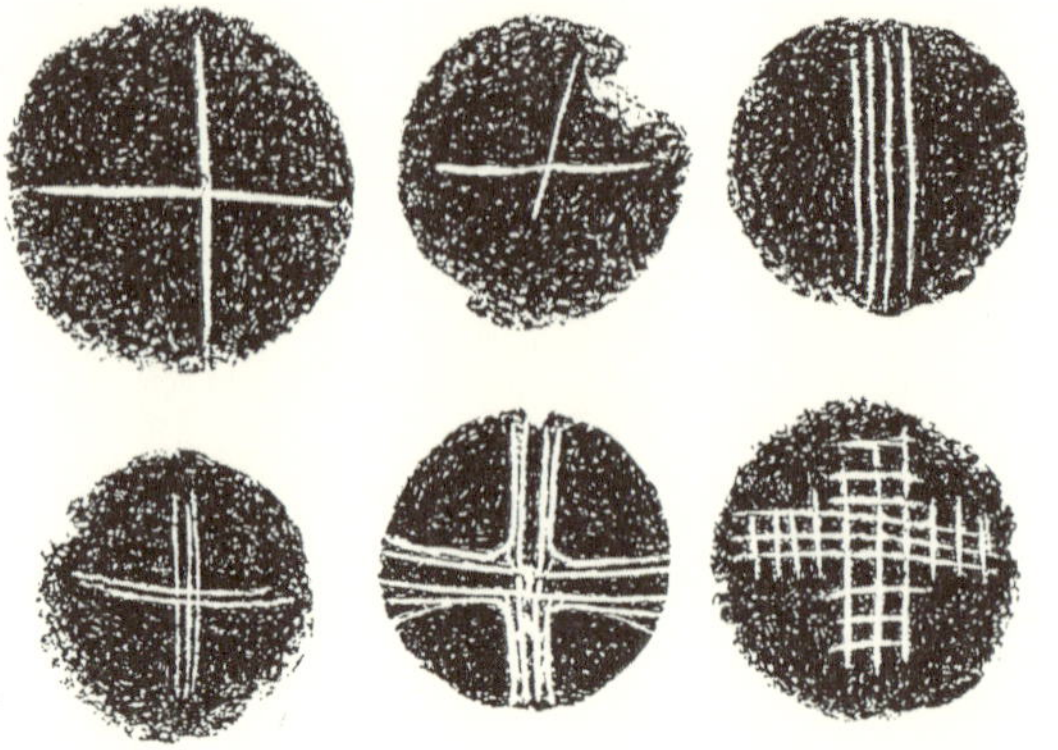

(春成 1991 より)　0　10cm　①

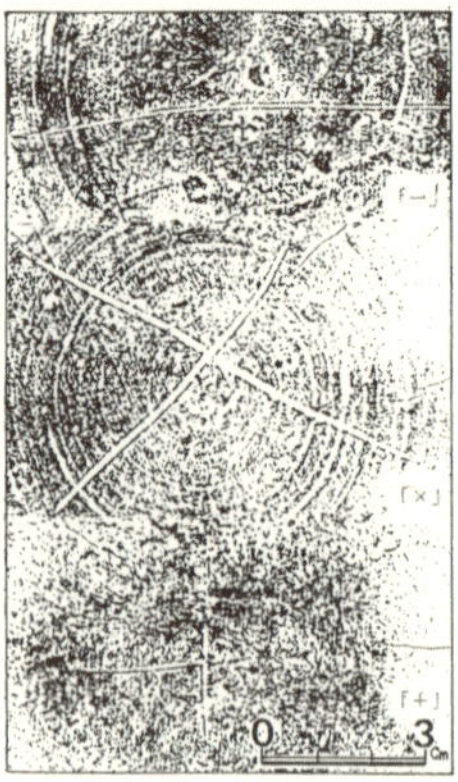

(中村 1977 より)　②

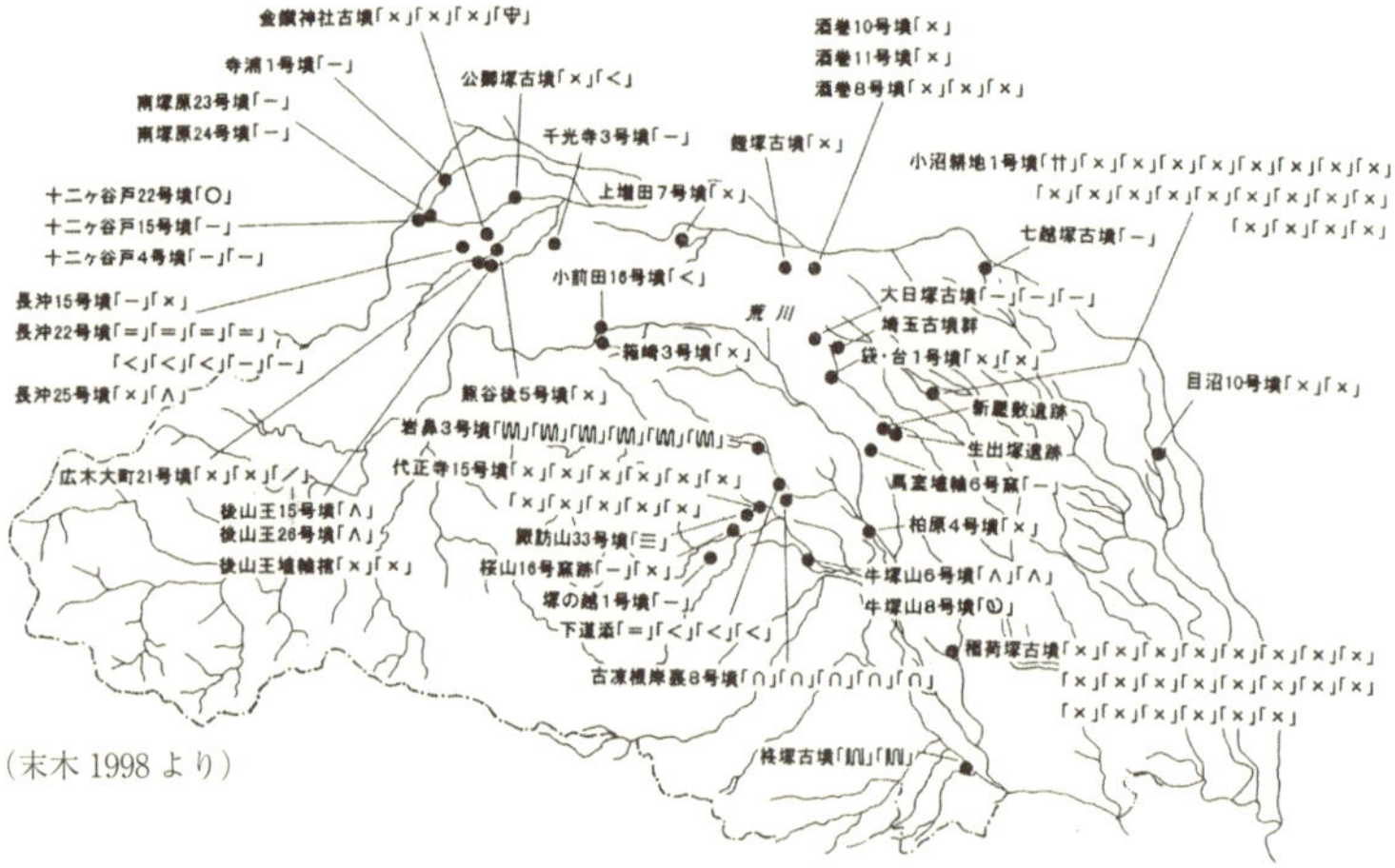

(末木 1998 より)

新屋敷遺跡
新屋敷(A区)8号墳「×」「θ」
新屋敷(A区)12号墳「<」
新屋敷(B区)15号墳「×」「×」「×」「×」「×」「×」「×」
「×」「×」「×」「×」「×」「×」「×」
「×」「×」「×」「×」「×」「×」「×」
「×」「×」「×」「×」
新屋敷(B区)17号墳「卄」「卌」「朩」「朩」
新屋敷4号墳「Ѡ」「Ѡ」「Ѡ」「Ѡ」
新屋敷表採「一」

埼玉古墳群
稲荷山古墳「×」「×」「×」「×」「×」「×」「×」「×」「×」「×」「×」
「×」「×」「×」「×」「×」「<」「<」「<」「一」「∩」
瓦塚古墳「×」「×」「×」「×」「×」「×」「×」「×」「×」「×」「×」
「一」「一」
二子山古墳「×」「×」「／」「／」「井」
奥の山古墳「三」「三」

生出塚遺跡
生出塚14・15号窯跡「三」
生出塚D地点2号墳「○」
生出塚D地点「井」「井」「井」「井」「井」「井」「井」「井」「井」
「井」「井」「井」「井」「井」「井」「井」「井」「井」
「井」「三」「三」「＝」「＝」「一」「Ѡ」「Ω」「Ѡ」

〈埼玉県における埴輪のヘラ記号分布〉　③

図１　×形文の類例（1）

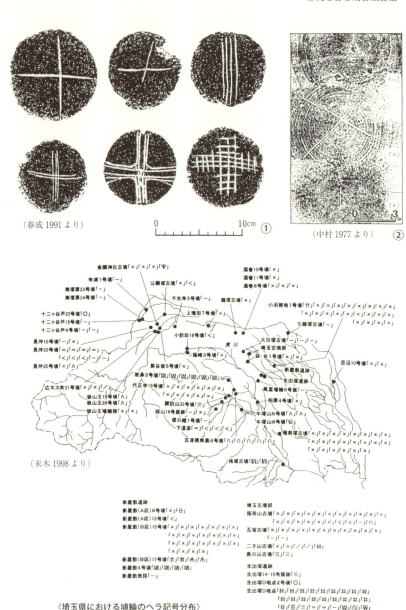

を殊更大きく底面に刻む必要があるのか。また二つには、工人の都合による記号を付した製品が消費地に供給された場合に、使用者にとっては目障りな存在として映るのではないか、という疑問である。

次は消費地における末木啓介の論文である（末木一九九八）。末木は、武蔵国の領域における箆記号の土器を、古墳時代・八世紀前半（供膳具）・八世紀後半（供膳具）・九世紀前半（供膳具）・九世紀後半（供膳具）・一〇世紀（供膳具）と時期区分し、古墳時代では箆記号、他では箆記号・文字について分布する遺跡とその数量を示した。そして、「記号が数量把握や仕訳など日常的な作業に不可欠なものであったのに対して、文字が供給先を表すものである」と推定している。また、埼玉県下の埴輪に刻んだ箆記号の分布する遺跡と数量を示し、顕著に見られる「×」「—」等の記号が後の時代にも引き継がれることを指摘し、やはり「数量の把握や仕訳作業を目的とする」としている（図1-③）。

ここでも、×形文に関連して二つの疑問を提示しておく。一つは、古墳時代も含む六時期の中に×形文が必ず含まれ、八世紀前半～九世紀後半にかけて他の記号数を上回る特徴がある。工人の都合による箆記号の形が、広範な地域と時代を超えて共有される必然性があるだろうか。二つには、前述の疑問点に包括されるが、神聖な古墳祭祀に伴う埴輪に、工人の都合による箆記号の付いたものを利用するだろうか、という疑問である。

以下では、土器や埴輪等の生産と供給の関係に限定しないで、×形文の図像が施されている資料を検討する。この場合、単なる装飾文様と判断される例は扱わない。

三　日本列島の×形文

ここでは日本列島における×形文の図像を垣間見ることにしたい。

（1）縄文・弥生時代

縄文時代の×形文は、早期の可能性が指摘される資料もあるが[1]、少なくとも縄文時代後期・晩期には安定的に認められる。角田真也は、石棒・石剣・石刀を石棒類で括り細形石棒と太形石棒の上位分類を目指す中で、頭部に×形文を刻んだ関東の資料をいくつか取り上げている。そこでは、「後期後葉から晩期前葉にはX字文や横位沈線が、晩期前葉から中葉には二重X字文や連続X字文が中心だった」と×形系文様の変遷を述べた（角田一九九八）。また骨角器の資料としては、茨城県広畑貝塚から出土した鹿角製の垂飾品がある。長さが五センチ程で頭部が幅広く先端が尖り、頭部の片面に×形文が刻まれている（藤本一九八八）。

これらの×形文は、施文した遺物の器種から単なる装飾文ではなく、権威ある者の所有物として特別な意味を持つ文様と言えよう。

弥生時代はどうであろうか。はじめに金属器の銅鐸を取り上げる。春成秀爾は最古の銅鐸として、東京国立博物館35509号銅鐸について述べている。a面には、身の中央やや上の両端に孔があり、そのすぐ上のやや内寄りに×形文（右）と×形状文がある。b面にも同じ位置に孔がありやはり上内寄りに×形状文があり、左は摩滅している。×形文を持つ銅鐸の最古例である。後の井向2号銅鐸では、同じ位置の孔の上に鹿やトンボ等が描かれ、×形文や×形状文も農耕祭祀に関連した重要な記号であった（春成一九八四）。

島根県加茂岩倉遺跡では、工事中に発見された埋納坑や動いた土から合計三九個の銅鐸が見つかった。そのうち、坑内に入れ子状に残った29号銅鐸は、鈕に人面が描かれたものでその反対側に×形文が見つかった。この例も含め、一二個の銅鐸紐部分に×形文が線刻されている（勝部一九九八）。これらの×形文も銅鐸及び人面と関連した特別な意味を持つことは間違いない。また同論文で約三キロ離れた荒神谷遺跡についても述べ、三五八本の銅剣が四列隙間なく並べられ、そのうちの実に三四四本の茎に線刻した×形文が認められたとしている。

加茂岩倉遺跡と荒神谷遺跡のシンポジウムでは、×形文について、渡辺貞幸が春成秀爾の「霊魂をつなぎ留め、結びつける」解釈に反対の立場をとり、勝部は両遺跡の×形文を「悪霊の鎮めや除災など呪いの印」と捉えている（佐原他一九九八）。

大阪府の東奈良遺跡からは、粘土に型押ししたと考えられる銅戈の鋳型が出土した。身の直下に、四角の区画いっぱいに×形文を施す（田代・奥井・藤沢一九七五）。また長崎県タカマツノダンからは、他の記号と×形文[2]が並んだ状態の小形内行花文鏡が出土している（増田一九六三）。

弥生土器では、春成が「土器と青銅器の記号」の項目を設けて奈良県唐古遺跡の資料を紹介している（春成一九九二）。春成は底部に刻まれた五つの記号を十字形（一例は斜めに交差する）と表記するが、十字形も後述するが×形文として把握すべきと考えられる（図1-①）。同論文には大阪府亀井遺跡の底部×形文も掲載している。

また山口県宮ケ久保遺跡では、細頸形壺の鍔広状で外へ少し垂れ下がる口縁部に×形文が貼付され（中村一九七九）、東京都亀山遺跡の同形壺胴部上半には六つの方形区画内に、ハケ目で×形文を描いた例もある（小川・谷川・寺田・比田井一九八三）。福岡県須玖岡本遺跡の支石墓実測図には、合口甕棺の一つに×形文が認められる（松尾一九五三）。

（2）古代

はじめに、『埴輪と絵画の古代学』の中で×形文の解釈を示した辰巳和弘の論文を、古代×形文の類例示しながら取り上げる（辰巳一九九二）。

辰巳はこの中で、斜め十字文（×形）について論じている。埼玉県金鑽神社古墳出土円筒埴輪の、突帯間にある透かし孔と×形文の交点が重複する資料を提示し、意図的な組み合わせと理解した。また、栃木県塚山古墳出土円筒埴輪では、突帯を挟んで上に鹿の群れ下に×形文が描かれ、前述の資料も含んで呪術的記号と捉えた。ここでは「除魔的性格を備える」直弧文や向い鱗文（二つの三角の頂点が接した文様）の骨格をなしていることも指

①

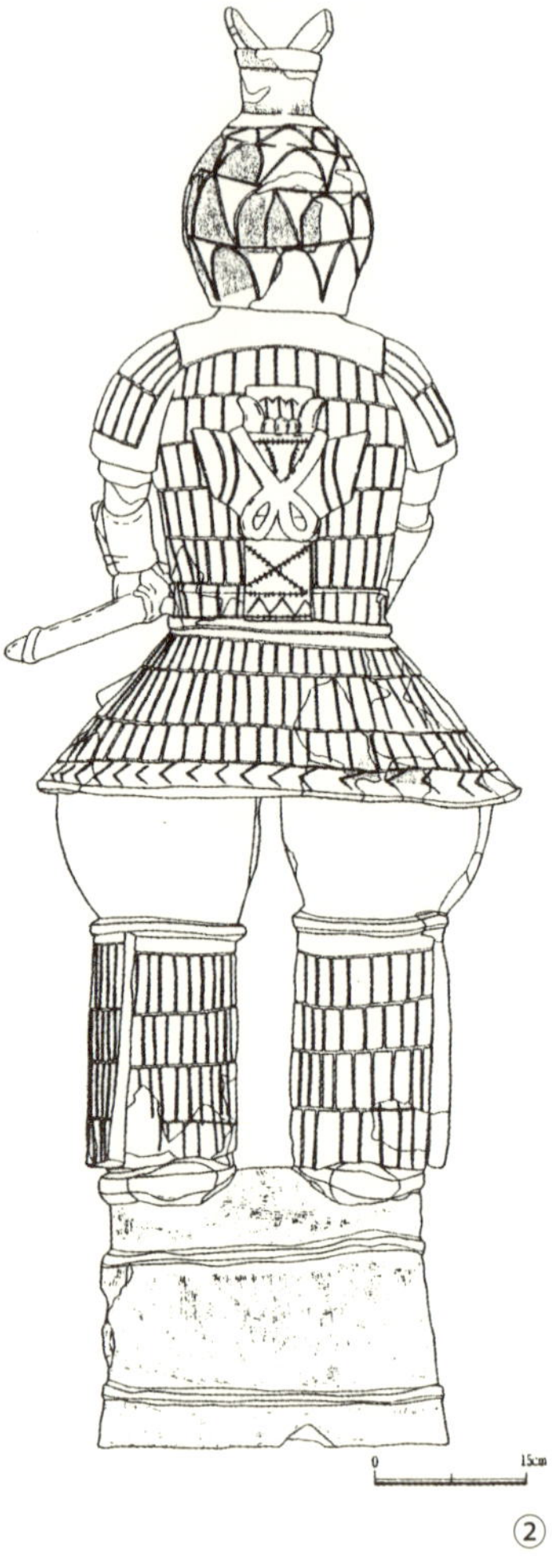

②

（群馬県埋蔵文化財調査事業団 1998 より）

図２　×形文の類例（2）

摘している。

更に京都府音如ヶ谷遺跡の例を提示している。四つの突帯を持つ円筒埴輪の、上下にある二つの突帯間に透かし孔があり、二孔の軸線上の口唇直下に×形文を持つものである。この×形文に呪術的意味合いがあると解釈した。また栃木県塚山古墳の円筒埴輪にある、大きな×形文の上位に四頭の鹿が線刻された例、埼玉県宮下遺跡の「むねかた」のある人物埴輪にも×形文と鹿が並んで線刻された例を示し、これらの×形文を除魔・辟邪の呪的意味合いに解釈している。

この他の埴輪の例として、群馬県綿貫観音山の人物埴輪を取り上げたい（群馬県埋文事業団一九九八）。図2－①の人物埴輪は、塚田良道が第一形式から第五形式と人物埴輪の配列構造を示したうちの第一形式（座像）、古墳被葬者に相当する身分の高い人物である（塚田二〇〇七）。この合掌する両手の甲には、×形文の粘土を付して手甲を表現している。また手首から肘寄りの籠手に、刺突を伴う×形文の沈線がある（同図の下）。更に胡座を組んだ左足の先端残存部にも、刺突を施した×形文がある。右足に見られないのは復原実測によるためである（同図の下）。図2－②は、鎧を纏った武人像である。三本の矢が収まる靫を背負うが、その下方にも刺突を伴う沈線による×形文がある。

武器に×形文を施したものに、やはり群馬県塚廻り4号墳出土の大刀形埴輪がある。全長一二五・二センチ、把の長さは三〇センチ、断面直径は七センチである。把を握る拳を護る長さ四五センチ勾金には、六つの三輪玉が付く。三輪玉の下から一つ目と二つ目の間に長短の直線による×形文が、二つ目と三つ目の間には同じ長さで中央で交わる×形文が線刻されている（石塚一九八〇）。

壁画古墳の石室に×形文を描いたと考えられる例に、茨城県花園3号墳の装飾古墳がある（大塚二〇〇四）。奥壁上部の慢幕直下に、四つの靫を描いたもので左端の靫が該当する。×形文は黒で描かれ、左右の三角は白色で鱗文形になる。これを上下の鱗文状態も含んで赤色で縁取っている。更に東側壁中央には、船や武器類の図柄と共に×形文が黒色で描かれている。大塚はこれらの特徴から九州的な壁画と捉えている。

×形文が神像に用いられている例として、七、八世紀にかけての奈良県薬師寺金堂の薬師如来坐像に施された青龍や、同じく奈良県高松塚古墳の壁画に描かれた青龍がある。また正倉院の礼服御冠残欠鳳凰にも×形文が見られる（網干二〇〇六）。これらは朝鮮半島や中国にも広く認められる。白虎や玄武の亀を除く四神図（青龍・朱雀・玄武の蛇）や鳳凰図では、細い頸部に限定されており姿態の急所を護る意味があったと考えられる。

本論の主題である土器はどうであろうか。古墳時代と奈良時代の例を取り上げる。静岡県藤上原三遺跡内の古坂北古墳群3号墳では、横穴式石室を持つ隅丸方形状の古墳である（磐田市埋文センター一九八九）。周溝から須恵器平瓶や土師器等七世紀の土器が出土した。その中に、底部面と天井部面に×形文を描いた、どちらの口径も一〇センチ程の杯身と杯蓋が一点づつ出土し、セット関係と考えられる。×形文の交点は二つ共、土器の中心部から縁辺側に片寄っている。前述したように、被葬者の祭儀に当たって用いる器に工人の都合による記号を付した器を用いることは考え難い。

これと類似した例に、須恵器の杯身四点と杯蓋四点が、鉄斧、金銅鈴片・勾玉等と出土した島根県隠岐島の東笠根1号古墳がある。＋印は四点が朱書きされ、その内の二点がセット関係にある（勝部一九八〇）。勝部は「地祭鎮の時カワラケに砂を入れそれを紙で包み墨で＋の印をし、封をしてから地中に埋める」とする石塚尊俊博士の教示から、『万葉集』の「「紐結び」と同様に霊が遊離するのを封ずる、霊をこめるなどの意味」とした。＋印は四五度ずらせば×形になるのであり、×形文の多さから朱書きの＋印を×形文と考えても良いのではないだろうか。なお、青森県田面木平（1）遺跡の第58号竪穴住居跡からは、七世紀の内底面に大きく線刻された×形文（＋印状）が、同様に外底面にも同じように線刻されたものと共伴しており（藤田一九八九）、「霊封じ込め」案の反証例といえる。[3] 図1－①・②の＋印も×形文と理解したい。

奈良時代の例として、千葉県上原台遺跡の方形周溝状遺構がある（田中一九八八）。A地区第15号遺構からは、底面に×形文の線刻があり上半部中心に釉の掛かった長頸瓶が出土した。またA地区第50号遺構からは、底面に×形文の線刻がありやはり上半部に釉の掛かる短頸壺が出土している。これらは火葬を伴った区画墓で「古墳の埋葬施設を放棄し、新たな埋葬施設の採用へと推移した改葬系の区画墓」、改葬系区画墓とされている（木對一九九七）。同様な時期の例には、岡山県中央町から出土した線刻を持つ小型陶棺がある（間壁一九六九）。

この他、奈良時代の×形文を施した特異な類例には、線刻の×形文が体部に並んだ尾崎大平第一号窯の長頸瓶・方形区画に×形文を持つ柄山瓦窯跡群平瓦・同心円文中央に小さな×形文が線刻された美濃須衛古窯跡群の陶製当具（各務原市教委一九八三）等もある。

四　おわりに

前項では、日本列島における×形文の図像を縄文時代から奈良時代にわたり列挙してきた。これらの×形文は、宝器的な器物に認められたり、葬送儀礼や特殊な状況下で付加されており、決して工人の識別等の都合で付けられたものではない。縄文時代の石器や骨角器の素材や施文方法が、時代を追う毎に弥生時代の土器・鋳型・金属器、古墳時代の土器・埴輪・金属器・彫刻・壁画へと拡張し、それと共に葬送儀礼や祭祀・宗教・芸術・生産等の分野で×形文を必要とする領域も拡大している。

以上のような状況を踏まえると、縄文・弥生・古墳時代の×形文は、工人の都合によるものではなく、一義的には、埴輪で辰巳が論じたように呪術的な記号と解釈するのが妥当と考えられる。古墳時代を含む奈良・平安時代の土器にある、これらの呪術的意味を持つと考えられる×形文が、無関係だったとは考えられない。むしろ、古墳時代から奈良・平安時代にかけての土器に呪的な意味を込める行為は、律令制下の規範への反発や天災等の回避を願って、増加して行ったものと思考される。

以上の理解に立つならば、土器に付される×形文に関して中村論文で示した疑問（①工人の識別記号が大きい。②使用者にとって不都合。）は解消される。同じく、末木論文で示した疑問（①各時期、広範にわたり共通した工人識別記号が存在する。②神聖な場面でも、工人識別記号の付されたものを用いるか。）も解消できる。

藤澤一夫は、呪詛について「〝まじない〟と呼ばれる善用の面と、〝のろい〟と称される悪用の面とがあるように思われる」とした上で、古代における皇族の呪詛が正史に、「飛鳥・奈良・平安の各時代に亘って見えている。」と述べている（藤澤一九六八）。ましてや、庶民層の簡易な事柄の呪術的行為は頻繁に行われていた考えられるのである。土器に印を付す行為は簡便であり、その一端を×形文が担っていたとしても可笑しくはない。冒頭に総体論として、本州北端の律令制が及ばない地域に相当数の×形文が出土していることを述べた。この解釈として「工人の都合」・「使用者の都合」の二者択一を迫るとすれば、城柵設置以南の漢字文化を伴う制度と共に、×形文が呪術的意味を持って北方域に招来されたと解釈するべきで、×形文を、一義的には「使用者の都合」で土器に付されたものと理解できる。先の鈴木による×形文の解釈は、当を得たものと言えるであろう。

中国の河南省仰韶遺跡出土の甕に、魚を銜えた鳥と共に×形文のある斧が描かれ、それが彩陶文化の仰韶文化早期（半坡類型）に属す資料であることは良く知られている（寺澤一九九四）。河南省からは、弓を引く人の袖口に×形文が施された漢代の画像磚が出土し（大庭二〇〇〇）、古墳時代の人物埴輪手甲に見られた×形文と類似性がある。×形文については、今後東アジア的視点での考古学的研究が望まれると同時に、日本の中世・近世にも×形文の資料が見られ（栗山・中島・酒井一九八八、岡田二〇〇八）、民俗学的視点も併せて検討する必要がある。

［註］

（1）江坂輝弥が、岐阜県ひじ山遺跡表採品の扁平な線刻礫（縦約四センチ、横は最大が両側縁中央部の約二・五センチで、上下・左右が対称形を示す）を紹介し、縄文時代早期の可能性に触れているが、時期が特定できていない（江坂一九六六）。資料は両側縁の中央が窪み、それを結んだ平行線の上に二つの×形文、下に一つの×形文と下端側に三角の山形文が五つ纏まる。

（2）その後、小形仿製鏡について論じた高倉洋彰も記号を十字形と記述しているが（高倉一九七二）、鈕のアーチを縦もしくは横にした場合に×を示すので、筆者は×形文と把握したい。

（3）青森県域で墨書の「+」や刻書の「+」が見られるのは、九世紀後半から一〇世紀の類例が多く、それ以南では八・九世紀の類例が多い（利部二〇一〇）。いずれにしても奈良・平安時代に「+印」が目立つが、仏教等の思想的背景が影響していると考えられる。

〔参考文献〕

青　森　県　二〇〇八『青森県史資料編　古代二　出土文字資料』
網干善教　二〇〇六『壁画古墳の研究』　学生社
石塚久則　一九八〇「古墳篇」『塚廻り古墳群』　群馬県教育委員会
磐田市埋蔵文化財センター　一九八九『昭和六三年度　坂上遺跡・藤上原3遺跡発掘調査報告書』　磐田市文化財保存顕彰会
江坂輝弥　一九六六「岐阜県江名子ひじ山遺跡発見の線刻石製品」『考古学雑誌』第五一巻第三号　日本考古学会
大川　清・滝口　宏　一九五六「栃木県益子町栗生滝ノ入窯址調査概報」『古代』第一九・二〇合併号　早稲田大学考古学会
大庭　脩　二〇〇〇「第一章　中国漢代の装飾墓」『残されたキャンバス』　大阪府立近つ飛鳥博物館
小川貴司・谷川章雄・寺田良喜・比田井克仁　一九八三「東京都北区の埋もれた考古資料—故五十嵐重作氏の収集資料を中心に—」『考古学雑誌』第六九巻第一号　日本考古学会
大塚初重　二〇〇四「古代東国の壁画古墳とその問題点」『季刊考古学』別冊一三　雄山閣
岡田保造　二〇〇八『魔よけ百科・世界編』　丸善
長内孝幸　二〇〇三「青森県内出土の刻書・墨書土器」『研究紀要』第六号　青森大学考古学研究所
利部　修　二〇一〇「本州北端の刻書土器—数字様記号について—」『芙蓉峰の考古学』　六一書房
各務原市教育委員会　一九八三『各務原市史』　各務原市
角田真也　一九九八「細形石棒の研究」『考古学資料館紀要』第一五集　国学院大学考古学資料館
木對和紀　一九九七「房総における改葬系区画墓の出現期Ⅱ」『生産の考古学』　同成社
勝部　昭　一九八〇「+印のある土器」『古代学研究』第九四号　古代学研究会

勝部　昭　一九九八「加茂岩倉遺跡の調査」『季刊考古学』別冊七　雄山閣
久永春男　一九五八「第五章　後論」『刈谷市の古窯』刈谷市誌編纂委員会
栗山欣也・中島　宏・酒井清治　一九八八「中世石造遺物調査（三）—寄居町正竜寺・岩槻市芳林寺の宝篋印塔—」『研究紀要』第一〇号　埼玉県立歴史資料館
群馬県埋蔵文化財調査事業団　一九九八『綿貫観音山古墳Ⅰ—墳丘・埴輪編—』
佐原　真他　一九九八「シンポジウム　加茂岩倉遺跡と古代出雲」『季刊考古学』別冊七　雄山閣
新谷　武　一九七五「青森県前田野目砂田遺跡出土の篦書土器について」『北奥古代文化』第七号　北奥古代文化研究会
末木啓介　一九九八「集落出土のヘラ記号からみる須恵器の生産と流通—武蔵国の場合—」『研究紀要』第一四号　埼玉県埋蔵文化財調査事業団
鈴木靖民　二〇〇八「古代北海道の無文字社会と文字・記号、そして信仰—擦文社会と異文化間交流—」『古代日本の異文化交流』勉誠出版
高倉洋彰　一九七二「弥生時代小形仿製鏡について」『考古学雑誌』第五八巻第三号　日本考古学会
田代克己・奥井哲秀・藤沢真依　一九七五「東奈良遺跡出土の銅鐸鎔笵について」『考古学雑誌』第六一巻第一号　日本考古学会
田中清美　一九八八「八・奉免上原遺跡」『市原市文化財センター年報』（財）市原市文化財センター
田辺昭三　一九八一『須恵器大成』角川書店
辰巳和弘　一九九二『埴輪と絵画の考古学』白水社
塚田良道　二〇〇七『人物埴輪の文化史的研究』雄山閣
寺澤　薫　一九九四「鷺とシャーマンと—銅鐸の図像考（Ⅰ）—」『考古学と信仰』同志社大学考古学シリーズ刊行会
中村徹也　一九七九「木製動物群と土器に陽飾された動物文」『考古学雑誌』第六五巻第三号　日本考古学会
中村　浩　一九七七「須恵器生産に関する一試考—和泉陶邑窯における陶工組織について—」『考古学雑誌』第六三巻第一号　日本考古学会
春成秀爾　一九八四「最古の銅鐸」『考古学雑誌』第七〇巻第一号　日本考古学会
春成秀爾　一九九一「絵画から記号へ—弥生時代における農耕儀礼の盛衰—」『国立歴史民俗博物館研究報告』第三五集　国立歴史民俗博物館

藤澤一夫　一九六八「古代の呪詛とその遺物」『帝塚山考古学』No.1　帝塚山大学考古学研究室
藤田亮一　一九八九「第Ⅲ章　検出遺構」『八戸新都市区域内埋蔵文化財発掘調査報告書Ⅷ―田面木平（1）遺跡―』八戸市教育委員会
藤本弥城　一九八八「茨城県広畑貝塚出土の晩期縄文土器」『考古学雑誌』第七三巻第四号　日本考古学会
間壁葭子　一九六九「岡山県久米郡中央町出土の小型陶棺」『考古学雑誌』第五四巻第三号　日本考古学会
増田精一　一九六三「長崎県対馬調査報告（一）」『考古学雑誌』第四九巻一号　日本考古学会
松尾禎作　一九五三「葉山尻支石墓調査概報」『考古学雑誌』第三九巻第一号　日本考古学会

第三節　秋田城跡出土の龍絵塼と人物絵塼の評価

一　はじめに

秋田城跡の第二五次発掘調査において、龍の描かれた塼が見つかったのが昭和五三年（一九七八）のことである。塼は、SE406井戸跡の井筒底部の部材として使用されていたもので、近くからは、弓矢を構えたり、矢で射貫かれた人物が描かれた塼も同時に出土した。秋田城跡は、律令国家の東北経営の拠点として、また大陸に近く日本海側北方域の玄関口として機能した（図1）。このように重要な遺跡の中にあって、特に人間の生命に欠くことのできない水に関わる井戸から、鮮明な龍の絵が見つかったことは大きな驚きである。

東北・北海道はもとより、関東・北陸地方においても古代の龍の絵が見つかった例は管見になく、その希少価値は高い。まして、国家が主導した秋田城跡に付随しており、全国的に見ても古代の精神文化を解明する資料として重要である。

以下では、日本における龍の来歴を伝製品や考古学資料から簡潔に辿り、その上で、秋田城跡から出土した龍の絵について、井戸の立地や人物の絵も考慮に入れて総体的に検討してみたい。

二　龍について

図像による表現には、リアルとデフォルメの大きく二つの視点がある。日本における龍の写実的な表現は、玉

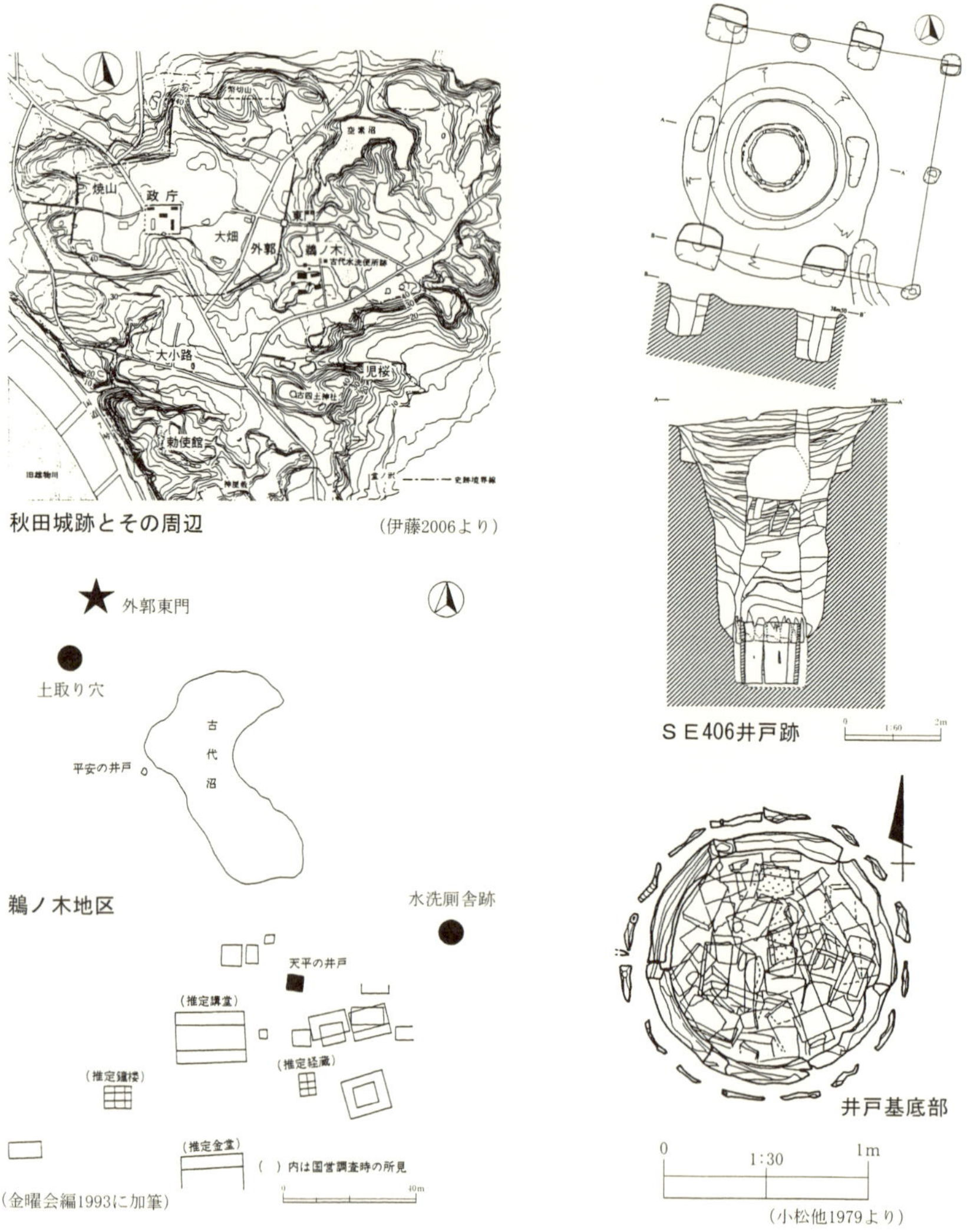

図１　秋田城跡と鵜ノ木地区の井戸跡

図２　薬師寺金堂薬師如来像台座の青龍（加藤 2009 より）

虫厨子海龍王宮図、キトラ古墳や高松塚古墳の壁画、薬師寺金堂の薬師如来像台座（図２）、正倉院南倉の十二支八卦背円鏡等があり、七、八世紀における双龍や四神図の青龍として認められる（加藤二〇〇九）。古墳時代に太刀や鏡に認められる龍は簡略化され、今日的な龍形は飛鳥から始まり奈良時代には定着している。以来、写実的な龍は近現代に至る絵画や彫刻に見出せる他、民俗例の中にも残存している（齋藤二〇〇〇）。

一方、弥生時代には主観的に表現された龍が土器に描かれている。春成秀爾は、近畿地方の弥生時代後期（弥生Ⅴ期）初出の簡略化した龍が記号化する過程を述べた。そして、同期に抽象的な図像（記号）が発達する他の絵画と共に、後期末（Ⅵ期）には消滅するとした（春成一九九一）。簡略化した龍は、鰭状の突起がS字形にくねらせた姿態の特徴を佐賀県桜馬場遺跡等の方格規矩四神鏡の龍と比較したもので、記号に至る過程は岡山県天瀬遺跡の大型器台形土器に描かれた複数の図から導き出したものである。

春成は同論文で、弥生土器の龍について「水あるいは雨の象徴と考えるべきなのであろう」としている。簡略化した龍のうち大阪府池上遺跡の龍は、頸が長く底部が小さく突出する壺形土器の胴部上位に描かれ、それが井戸から出土した水神の象徴とされている。天瀬遺跡の龍も、祭祀関連遺物や瀬戸内を臨む立地等から海神と龍の関係が想定されている（出宮一九七九）。また、弥生時代における龍研究の先鞭ともいえる大阪府船橋遺跡の龍は、森浩一による拓本と実測図が示されている（森一九六六）。先の池上遺跡の壺と同形で同じ場所に龍が描かれており、同じ祭祀的な機能が考えられる。このように、弥生時代における龍は水に関連した水神信仰の主体をなしていたと考えられる。

日本の龍は中国から伝播したものである。中国における龍の遡源は、殷代の青銅器更には新石器時代の遺跡でも見出されている。しかし、中国における写実的な龍は、その性格も含んで漢代に定型化したと考えられている（林一九九三）。

渡辺素舟は「漢代に至って次第に完全な四つ足獣になる」と指摘している。また渡辺は、前漢の『淮南子』に「万物、羽、毛、鱗、介、皆祖於龍」とある記事より、羽の鳥類、毛の獣類、鱗の魚類、介の甲類が龍を祖先とし、このことが「漢民族の思想を代表する龍の象徴的意味」であると述べ、中国では龍が生き物の頂点に立つとした（渡辺一九七一）。

このように中国における龍は、漢代において帝を補佐する動物界の頂点にあり、帝の権威を象徴するシンボルでもあった。日本でも、袞冕という「唐の天子の礼服を模したもの」があり、孝明天皇の礼服の両袖に頭を上に尾を下にした龍が描かれた（日野西編一九六八）。

三　秋田城跡の井戸とその立地

井戸（SE406）と塼が見つかった井筒の状況は以下の通りである（小松他一九七九）。井戸は、「平面プランは掘り込み面で径四・三〜四・五メートルのほぼ円形を呈する。掘り方は上面から深さ一・五メートルまで約四五度の傾斜角を有し、それより下方はほぼ垂直に二・七メートルで井筒の上端に達する。したがって、井筒部分の掘り方は、きわめて狭く掘り込まれている。井筒の高さは一・二三メートルであるから井戸の深さは約五・五メートルである。」と報告されている。ここからは、井戸を覆う南北二間（二・七＋二・七メートル）×東西一間（二・七メートルと東に庇）の掘立柱建物跡が見つかった（図1）。井戸からは、土師器、須恵器、瓦以外に多量の木製品が出土したが、井筒内から「天平六年月」「勝宝五年調米」と記した紀年銘のある木簡が出土し、八世紀前半〜半ば頃に使用されていたと考えられている。

井筒に関しては、「井筒は計六枚の部材で構成され～表面は手斧による整然とした亀甲削りで仕上げ～側面は中心方向に向けて成形され互いに密着させ～側面の上、中、下の三ヶ所に枘穴が穿たれ～枘板で接合されている。」と記述している。また「井筒の外面に接して一六枚の井戸部材が検出された。」としている。

塼については、「底面には塼、瓦、石が約三段に敷き並べられている。すなわち上面には井筒の円に沿って塼の長軸を向けて並べ、その間隙には瓦、拳大の河原石を詰め込んでいる。中段、下段はやや不規則であるが、上面と同様に塼、瓦が敷き並べられ、その最下段からは中央部で「龍」、北側で「人物」が墨書された塼が出土した。」の記述がある。

SE406の井戸には井屋が付随し、掘り方が四メートル以上の規模を持ち深さも五メートルを越える大規模なものである。井筒も六枚の部材で平面を円形に作り、底面に塼を三段に積み上げている。この井戸枠は円形縦板組型といえるもので、このタイプでは古く位置付けられるようである。井戸の断面は漏斗状をなし、関東で七世紀以降に見られる漏斗状井戸と類似し（鐘方二〇〇三）、律令制下における井戸掘削技術の伝播も想定される。

井戸が見つかった鵜ノ木地区は、外郭東門の東に推定された東西大路の南側にある（図1）。鵜ノ木地区は南が最も高く北と東に緩く傾斜し、湿地を挟んだ北に比高差二～一〇メートルの高さで推定大路に至る。南側の高所と北の緩斜面にかけての一帯には、大型の掘立柱建物跡が多数存在し、国営調査では四天王寺にも推定された。井戸は、この北の低位面に位置している（小松二〇〇一a）。四天王寺は、『類聚国史』天長七年（八三〇）正月二十八癸卯の条に、「鎮秋田城国司正六位上行介藤原朝臣行則の今月三日酉の時の牒に偁く、今日辰の刻、大地震動し、響くこと雷霆の如し。登時に城墩・官舎幷びに四天王寺の丈六の仏像、四王の堂舎等、皆悉く顚倒す。城内の屋仆れ、撃死せる百姓十五人、支体折損の類は一百余人なり。」とある（渡部他二〇〇一）。

鵜ノ木地区北側のSG463沼跡では、人形・矢羽根形・斎串・刺串等、外郭東門城外隣接地では人面墨書土器が出土している。更に、鵜ノ木地区北西の外郭東門南隣接地SG1031土取り穴からは斎串・刺串・舟形・刀形・

鏃形・馬形・陽物形木製品等が出土した（小松二〇〇一b）。SG463の南岸部分では、「寺」「□□寺」と書かれた墨書土器が纏まって出土し、周辺に寺院跡が推定されている。

また、鵜ノ木地区の北東側低位面では東西三間×南北三間で南側一間の庇が付く総柱建物跡があり、このうちの北側に三つの暗渠を伴った沈殿槽が見つかった。古代の水洗厠舎跡であり、沈殿槽からは約一五〇点の籌木・種実・寄生虫卵等が見つかった。ここから、豚を常食することで感染する有鈎条虫卵が纏まって検出されたことで、大陸（渤海）の人間が使用したとする考えもある（日野二〇〇一）。

このように、SE406の位置する鵜ノ木地区は、仏教信仰やまじないの他、迎賓館としての機能を持った地区と言うことができる。この空間域に存在する大規模な井戸は、塼を使用する格調の高さからしても、国府に推定されている秋田城跡に相応しい特徴を備えていると言えよう（伊藤二〇〇六）。

四　龍絵と人物絵

前述のように井戸中央から龍を墨書した塼、その北側より人物を墨書した塼が出土した（図3）。前者を龍絵塼、後者を人物絵塼と『史跡秋田城跡』の記載に倣って仮称する（金曜会編一九九三）。報告によれば塼の大きさは、三九枚の完形品による平均値では長辺二八センチ、短辺一三・九二センチ、厚さ六センチとしている（小松他一九七九）。

（1）　龍絵塼

龍絵塼の観察は以下のようである（小松一九七九）。塼の上半分に墨書された龍は、「顔面は右向き、首から胴部にかけては左斜下方向に、尾と考えられる部分は胴部下端から右に直角に折れ曲がっている。」、尾から下方に

図３　秋田城跡の龍絵塼と人物絵塼（小松他 1979 より）

かけの墨痕は不明としている。「頭部には三角状の突起、首から胴部には列点を付しウロコ状文様をあらわしている。」と記述する。また下半分では、「首を垂れ下げた鳥（左）と、逆に首を持たげた二羽の鶴」の可能性を指摘した。この上半分の絵が龍絵であることを前提に、三つの解釈を考えてみた。

一つは顔の向きについてである。首の中央にある小さい丸は目と考えられる。報告では大きく丸いものには言及していないが、右を口と解釈している。筆者は、左の一番下の突起を龍の下顎、上の三番目を上顎、中間の線だけの表現を舌と考えたい。龍の両顎は、それぞれ外側に反って描かれる場合があり、上顎は異なるが下顎はその特徴を表現しているように思う。その口元にある二つの点は、顎髭か鰭を表すものではないだろうか。図2は薬師寺の薬師像の台座にある四神の青龍であるが、その下顎と口元の顎髭が参考になる。しかし、目の左上にある水平線を角と考えると、薬師寺の例が後頭部側になびく表現に対して逆向きになり、矛盾するようにも見える。

二つ目は、首右側にある突起に挟まれるように丸く描かれたものの理解である。筆者はこれを珠と考えたい。龍には希に珠を意識した図像があり、珠の在り方が龍の意味合いを決定付ける場合がある。「龍珠」は龍の吐く珠のことで、中国南北朝時代の『述

星座の青龍と帝（左）
青龍の星座と龍（右）

図4　古代中国の乗龍図像（林1993より）

異記』巻上に「珠に龍珠がある。龍が吐くものである。」とあり（袁一九九九）、龍珠の可能性も一応は考慮される。一方、薬師寺の龍は、頸と後ろ足の根本付近の背に宝珠を戴き、口内珠とは異なっている。宝珠が頸の後ろや後頭部付近に添えられる例は、奈良時代〜中世の梵鐘等に付く竜頭に多く認められる（奈文研一九九三）。いわゆる摩尼宝珠である。摩尼宝珠は仏教用語であり如意宝珠でもある。宝珠の形状には球形と中央が尖る尖頭宝珠があり、龍絵塼の宝珠は前者に属する（斎木二〇〇三）。日本では、仏塔をはじめ仏教関連遺構や遺物に宝珠が多用されることからすれば、龍絵塼の宝珠は、中国伝来の出自を持つ口から吐き出す珠ではなく[1]、仏教に関連した宝珠と考えるのが妥当であろう。

三つ目は胴体の形状についてである。頸は右上に短く傾き、それより下方の胴体は右上に傾いて凹形を呈している。凹形の左端は垂直にやや先端が窄まり、極端な角度を成して右上へ直線的に延びている。直線的に長く延びる部分は、列点の描写がなく薄くなっており、龍の下半分を表しているとは考えにくく、別の意味合いを示すと思われる。凹形は、龍を乗り物とした図像の表現と共通している。

図4の左は、前四世紀頃の戦国時代の墓から出土した絹に、

龍の凹に人物を乗せて空中を駆ける様子を描いた絵である。同図の右は前一～後一世紀の漢代像塼で、同じく龍の凹に人物が乗り併せて星座も表現している（林一九九三）。龍絵塼の龍体凹の腹部は、斜めになり空中を駆ける表現と見られ、その下の部分は雲気等を表現した可能性がある。(2) 一つ目の解釈で、あるいは角のなびく方向は、本体の動きと連動した表現を採ったものかもしれない。

中国の龍について袁は、後漢代『説文解字』の「幽にも明にも、細にも巨にも、短にも長にもなることができ、春分に天に登り、秋分に淵に潜る」の文を紹介し、「むかしは、神人は龍に乗ることが多かった。」としている（袁一九九九）。龍絵塼の龍が、塼の下にいる動物より高い空中にいる前提に立てば、水に関する浄化以外の威力も期待されていた可能性がある。報告では古代龍神と井戸との関連から「井戸の清浄そして火災防護などを願望した呪事的性格に用いられた」としている（小松他一九七九）。

水野正好は、大阪府阿久都神社南の平安時代井戸から墨書されて見つかった二枚の皿から、井水の浄化と枯渇を避ける水と火の解釈を行った（水野一九八五）。ここでの火の理解と、先の火災防護は直接的には結び付かないようであるが、井戸水の浄化は共通の呪い事であった。水野は「井戸に関するまじなひ世界は多岐にわたり実に複雑であります」とも述べている。

（2）人物絵塼

人物絵塼の観察は以下のようである（小松他一九七九）。塼の中央に配置された人間は、官人的服装をまとい両腕を正面に曲げている。報告では、「足は左右に開き、つま先は二つに割れやや下方を向いている。しかも左・下（正面）からは六張の弓矢が人物の数ヶ所を狙い定めており、その放たれた三本の矢は人体を貫通している。すなわち首、腹、足と人間の主要部を射抜いているのである。」と記述している。また、顔は「左・右向きと正面向き～いくつかの見方が可能である。」としている。

弓矢として描かれた以外に、首の左前に傾いた矢と頭上に屈折した矢が、他と方向を揃えて左から右に放たれている。足を射貫いた矢は二本のようにも見える。また、これらの矢と反対方向に、人物の右肘あたりから小さな矢が放たれているようにも見える。人物側の僅かな抵抗を表すものかもしれない。いずれにしても、報告にあるように「弓矢の的は人間であれば敵を意味し～精神的な面では悪霊、災を意味する。」もので（小松他一九七九）、一見すれば呪いの描写とも理解される。

人物の図像を弓の矢で射貫く具体的な例は、中世の巻物には認められるものの、日本古代においては類例を見い出せない。しかし、矢と異なる凶器で人物を射貫くもしくは突き刺す状態は、呪いの行為としていくつか知られている。平城宮跡では、墨で目・鼻等を描いた人形の両目と胸部に木釘が打ち込んであり、同じく人形の心臓部に鉄釘が打ち込まれていた例がある（和田一九八二）。また、文献史料でも飛鳥から平安時代にわたる正史の中に、それと関連する記述が認められている（藤澤一九六八）。

藤澤は呪詛を善用と悪用に区分した。秋田城跡の人物絵塼は、一人の人物に対して多くの矢が射貫かれた残忍な絵画であるが、公共施設の井戸と龍とが関連していると思われることから、一人に対する一過性のものでなく、公的かつ恒常的な意図で描かれた善用としてのまじないと言えよう。

（3）　龍と弓の共存

報告では、龍神としての龍絵塼と人物絵塼が井戸底の構造物に近接して位置することから、両塼は関連して設置されたと捉えている。後述するが筆者も同じ意見である。

報告で引用した資料の中に、静岡県伊場遺跡の大溝から出土した「百怪呪符」木簡がある（図5）。表面と考えられる面（A面）には、「百怪咒符百々怪宣受不解和西怪□□令疾三神□□□　宣天岡直符左□当不左□急々如律令」とあり、その左上に龍の絵がある。龍の下位には、漢字で弓、龍神、隣には人山の下に龍が二つ並ぶ。

裏面と考えられる面（B面）には、最上に線で囲われた戌が横に三つ並び、下右に虵子…、左にヨを挟んで弓の漢字が上下に位置する。

芝田文雄は、A面の解釈を「竜神よ、神梯を昇って山に入れ（昇天せよ）、すなわち「雨よやめ」という意味」とした。B面の解釈を、戌を「北西の鈎の首位を占め、天帝を象徴する」考え等から、同じく止雨祈願の意味とした。これらを呪符の祭文と捉えた。そして、報告書では八世紀後半～一〇世紀中頃の年代としているが、七世紀末～八世紀前葉を主張した（芝田一九八一）。

この木簡について、和田萃は「この呪符木簡の本質は、百怪を除く、とりわけ疾神三神とあることから、疾病の除去にあると考えられる。」とし、年代は平安時代がより適切という見解を示した（和田一九八二）。斎藤忠は、「中国の道教思想の中に、人間の体内に三つの悪い神がおり、これを退治することによって、疾が平癒され

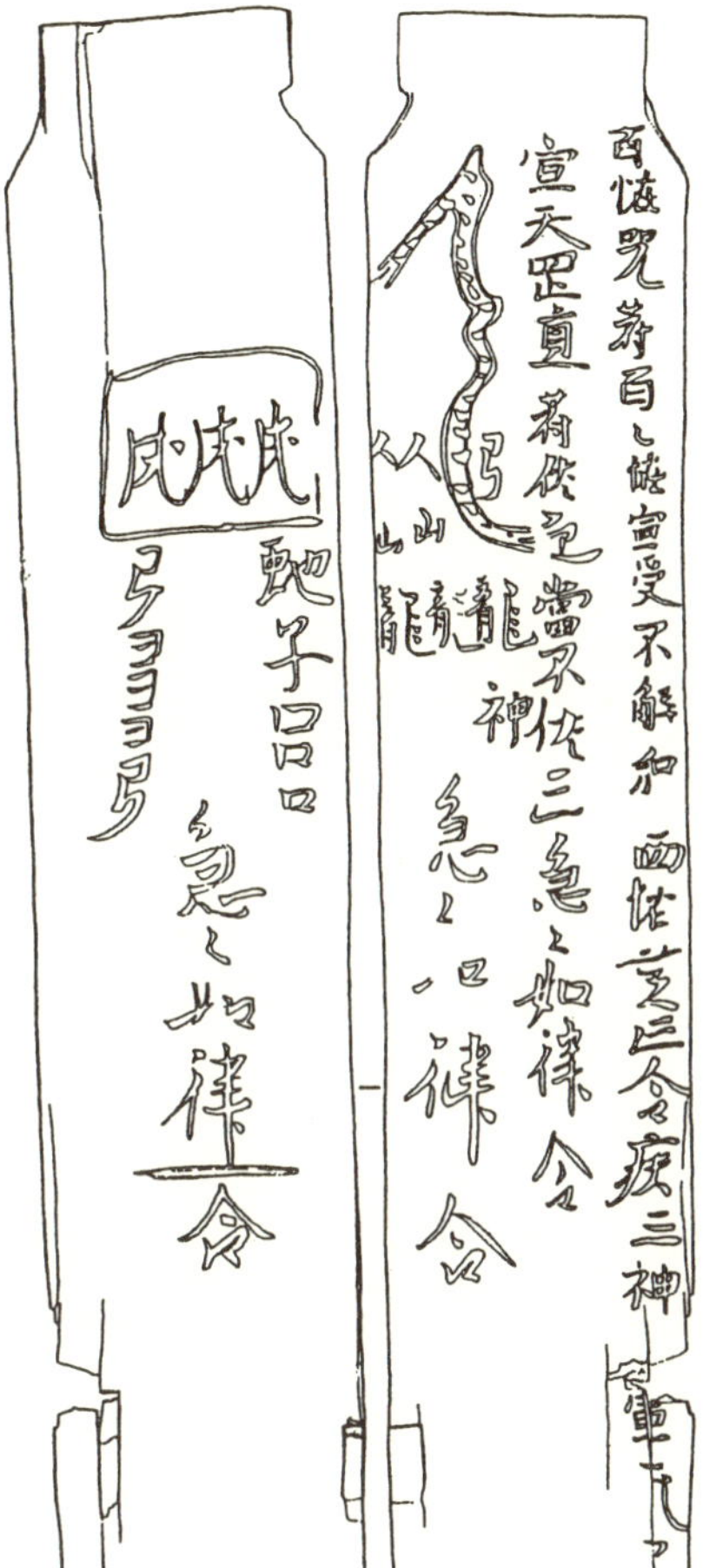

図５　伊場遺跡の呪符木簡（斎藤 1997 より）

る」という考えに立ち、後の庚申信仰の先駆と考えた（斎藤一九九七）。また田中勝弘は、「我国における道術の存在を実証する確実な資料として注意すべきである。」とし、「墨書人面土器の場合も木札を土器にかえたもので、符籙の一種とし得る」と述べた。つまり呪符木簡も墨書土器も、道教系の呪的性格を持つとしたのである（田中一九七三）。

注目したいのは、呪符木簡の「急々如律令」に、A・B両面共に龍・虵子と弓が伴っており、秋田城跡の龍絵と弓矢で射られた人物絵にも、龍と弓の共時性が見られる点である。呪符木簡のA面は「急々如律令[3]」と墨書し、天岡（北辰もしくは北斗）に龍を介して願いを伝え、その祈願を成就するのに弓が添えられた。B面も、天門とされる北西に対して、同じような意味で虵子と弓が並べられたものと解釈される。

龍と弓が関連し「急々如律令」が伴う呪術的行為に、現在も残されている奈良県桜井市の綱掛祭の神事がある。旧正月四日に祭文が読み上げられ、弓射ちが蛇形の綱に向かって行うことを、奥野義雄が紹介している（奥野一九九七）。祭文は「謹請東方青帝竜王　謹請南方赤帝竜王　謹請西方白帝竜王　謹請北方黒帝竜王　謹請中央黄帝竜王～」の文言で、更に弓矢を的に射る際に「東方唵阿修羅提莎訶　除去邪魔悪喼々如律令～」と唱える。この五方の五竜王に請い願う祭文（文言）は、奈良県田原本町の華鎮祭にも見られ、的に弓矢を射る。奥野は、これらの弓射ち神事の祭文に共通様式を見出せるとし、「急々如律令」を含む文言に、中世祭文の系譜が求められるとした。

弓については、鈴木靖民が「弓矢の呪力と祭祀・信仰」の項目を設けて、記紀や『出雲国風土記』等に見える弓矢の呪力をはじめ、墨書の「神矢」など考古・民俗学にわたる類例を取り上げている（鈴木二〇〇八）。

秋田城跡の龍は、天に向かうことで北斗等に関係した可能性があり、人物絵の弓には祈願を成就する意味合いが込められていたものと解釈される。これらの絵画には、「急々如律令」の文言はないものの、龍絵と人物絵（弓矢）の両者が一体となって、祭文のような役割を果たしたものではないか、と考えられる。

五　おわりに

本論では、秋田城跡の井戸から出土した龍絵塼と弓矢で射貫かれた人物絵塼について、その塼の井戸における在り方や井戸の遺跡における在り方を含んで、検討してきた。

龍絵は、井戸の中央に位置することから龍神と捉えたが、空中に向かって昇天する姿とも解釈した。井戸の北側に位置する人物絵は、複数の弓矢に構えられ、複数の矢で射貫かれていた。人物絵は、足の先が割れて顔が不気味な形相からしても、悪霊もしくは災いの象徴と捉えたが、恒常的な願いを込めた善用のまじないと理解した。また、龍絵の龍と人物絵の弓の在り方が、伊場遺跡の「百怪呪符」木簡にある龍絵と弓文字の在り方に共通の呪的な意味があると推定した。

秋田城跡の龍と弓は共に絵画で表現されるが、伊場遺跡の木簡は龍が絵画と漢字、弓も図文として漢字で表し、「天岡」に対する「急々如律令」の呪文を墨書している。後者の絵画や図文は祭文と解釈され、前者の絵画にも祭文としての可能性を指摘したが、そこで、「天岡」や「急々如律令」を意味するような言葉が唱えられていた可能性がないだろうか。そうであれば、伊場遺跡の木簡の稚拙な龍のように、秋田城跡の龍や人物絵が稚拙にデフォルメされた絵画で表現されたとしても納得がいく。

墨書人面土器は、疫病等を除去する呪術的行為とされるが（田中一九七三）、この場合も稚拙な絵画として描かれることが多く、ここでも呪文が唱えられたものと想定される。このように仮定すると、呪文の文言を唱えたり字や図文を書き込むことが大事で、絵画そのもののリアルさには重きが置かれなかったと考えることができる。秋田城跡の絵画が稚拙なのは、龍絵では龍・宝珠・昇天の状態等、人物絵では悪霊の官人・弓矢・矢で射た状態等、主要な主題が絵画に盛り込まれていれば事足りていた、と理解される。祭文や絵画を描いて呪術的行為を行う場合、精密な絵画は必要ではなかったのだろう。同時に、呪術に関する墨書人面土器や絵画等が、その場所で描かれた可能性も考慮する必要があろう。龍絵の角の在り方は、それほど問題にならなかったのではないだろうか。

また、中国では道教成立時点から仏教的要素が認められており（窪田一九七七）、同じように皇天上帝を頂点とする日本の道教的信仰において（増尾一九八四）、龍絵に仏教要素が含まれていたとしてもおかしくはない。先の薬師寺金堂薬師如来像台座の四神と薬師如来像は神仏の融合そのものである。

以上のように、秋田城跡の井戸から出土した絵画を伴う塼は、道教系の呪術に関わる内容を示したものと考えられる。その呪力を高めるために、龍絵に摩尼宝珠を描いたものであろう。人物絵の弓矢は、北方の入口である秋田城跡から侵入する異国の悪霊や疫病を阻止する役目も担ったものと考えられる。護国鎮護の四天王寺や迎賓館的施設が想定され、宗教的エリアとも目される鵜ノ木地区の龍絵と人物絵には、律令政府の並々ならぬ思いが込められているのである。龍絵と人物絵の描かれた塼は、年代が限定されており、古代の歴史資料として、その価値を更に押し上げていく必要がある。

［註］

（1）漢代には、珠玉を連続して吐き出している鳳凰やそれを戴いたりしている仙人の図像がある。山本忠尚は、「仙人が鳳凰の連続的に吐き出す玉を受け取っていることは間違いない。玉というのは今の日本語で、漢代には珠と呼ばれた。」と述べている（山本二〇〇八）。

（2）神仙思想や不老長生等の理論書とされる『抱朴子 内篇』（三一七年完成）には、「秘飛龍に手綱をつけて雲に乗り」とか「羨門は雲を呼び龍に乗ることができた。」の表現がある。また、乗龍を表す内容には「蹻の乗る術を会得すれば、山河にかかわらず天下を思うままに飛んで歩ける。蹻に乗る法には三つある。一つは龍蹻、二つには虎蹻、三つには鹿盧蹻である。」の表記があり、「飛距離は龍蹻が一番遠い。」とも述べている（葛一九九〇）。

（3）「急々如律令」の語句は中国道教の呪文とされ、後漢末期頃から使用されたと推定されている。また、天岡は天罡とも表記され、古来中国では北辰（北極星）もしくは北斗（北斗七星）を意味した（増尾一九八四）。

[参考文献]

伊藤　武　二〇〇六『秋田城跡』同成社
袁　珂　一九九九『中国神話・伝説大事典』大修舘書店
奥野義雄　一九九七『まじない習俗の文化史』岩田書院
葛　洪　一九九〇『抱朴子 内篇』平凡社
加藤真二　二〇〇九「I．キトラ古墳壁画四神―青龍白虎―」『キトラ古墳壁画四神―青龍白虎―』飛鳥資料館
鐘方正樹　二〇〇三『井戸の考古学』同成社
金曜会編　一九九三『史跡秋田城跡―発掘調査二〇周年記念 史跡指定から環境整備まで―』秋田城を語る友の会
窪　徳忠　一九七七『道教史』山川出版社
小松正夫　二〇〇一a「五　鵜ノ木地区の調査―南半の遺構―」『秋田市史』第七巻　秋田市
小松正夫　二〇〇一b「七　祭祀遺物」『秋田市史』第七巻　秋田市
小松正夫　一九七九「(三)「人物」、「龍」の絵画のある墨書塼について」『秋田城跡　昭和五三年度秋田城跡発掘調査概報』秋田市教育委員
小松正夫他　一九七九『秋田城跡　昭和五三年度秋田城跡発掘調査概報』秋田市教育委員会
斎木　勝　二〇〇三「宝珠」『仏教考古学事典』雄山閣
斎藤　忠　一九九七『斎藤忠著作選集』第五巻　雄山閣出版
齋藤基生　二〇〇〇「龍頭異聞」『大塚初重先生頌寿記念考古学論集』頌寿記念会
芝田文雄　一九八一「百怪呪符」『伊場木簡の研究』東京堂出版
鈴木靖民　二〇〇八「古代北海道の無文字社会と文字・記号、そして信仰―擦文社会の異文化間交流―」『古代日本の異文化交流』勉誠出版
田中勝弘　一九七三「墨書人面土器について」『考古学雑誌』第五八巻第四号　日本考古学会
出宮徳尚　一九七九「竜を祭った遺跡」『月刊文化財』四月号　第一法規出版
奈良文化財研究所　一九九三『梵鐘実測図集成』(上)　青燈書房
春成秀爾　一九九一「絵画から記号へ―弥生時代における農耕儀礼の盛衰―」『国立歴史民俗博物館研究報告』第三五集　国立歴史民俗博物館

林　巳奈夫　一九九三『龍の話』中央公論社
日野西資孝編　一九六八『日本の美術』第二六号　至文堂
日野　久　二〇〇一「五　鵜ノ木地区の調査―北半・東半の遺構」『秋田市史』第七巻　秋田市
藤澤一夫　一九六八「古代の呪詛とその遺物」『帝塚山考古学』一号　帝塚山大学考古学研究室
増尾伸一郎　一九八四「〈天罡〉呪符の成立―日本古代における北辰・北斗信仰の受容過程をめぐって―」『信濃』第三六巻第一二号　信濃史学会
水野正好　一九八五「招福・除災―その考古学―」『国立歴史民俗博物館研究報告』第七集　国立歴史民俗博物館
森　浩一　一九六六「大阪府船橋出土の弥生式土器の絵画」『古代学研究』第四五号　古代学研究会
山本忠尚　二〇〇八『日中美術考古学研究』吉川弘文館
和田　萃　一九八二「呪符木簡の系譜」『木簡研究』第四号　木簡学会
渡部育子他　二〇〇一「第二節　古代国家の変容と秋田」『秋田市史』第七巻　秋田市
渡辺素舟　一九七一『東洋文様史』冨山房

第四節　三巴文の概要と展開―瓦当文と図像の検討から―

一　はじめに

巴文はその数によりいくつかの種類がある。中でも三巴文は、後述するように中世武家社会から今日まで隆盛を極めた文様の一つである。特に建築物に用いられた三巴文瓦（軒丸瓦・軒平瓦等）は、膨大な数量が存在すると推定される。今日認められる三巴文瓦は、少なくとも江戸時代の伝統を留める寺社や城、街道筋の建築物に多く認められ、特権階層や商家等に帰属する。現代住宅建築物においても、棟端飾り獅子口上部の三巴文丸瓦、獅子口や鬼瓦手前の三巴文丸瓦、棟や降り棟の端にある三巴文丸瓦等が見られる。

巴文は、弓を射る際に弦が撥ねて腕を打つのを防いだ武具の、左手手首に巻いた鞆に由来する説がある（後藤一九七九）。字体は「巴の篆字が鞆の形に似ているのでこの字が用いられた。」と解釈されている（池田一九七九）。池田はまた「巴紋は八幡宮の神紋で～武士が多く家紋としたので、菊・桐について最も多く用いられた。」とも述べている。ついてのては、での誤記と思われる。

高澤等は巴文の由来について、鞆説を筆頭に七つの説を纏めた。一「弓を引く時に弓手に装着する鞆」。二「水の渦巻きを象った」。三「ヘビがとぐろを巻いている姿を表している」。四「稲光を表した」。五「勾玉を象った」。六「雲を象った」。七「胎児を表した」。その上で高澤は、長保四年（一〇〇二）の「御神楽ノ儀」で用いたであろう大太鼓の巴文が、公家に大きな影響を与えたと考えた。太鼓の音は雷鳴を想起させることからインド・中国の雷神と結び付け、「雷が巴文様となった」と自説を述べた（高澤二〇〇八）。

巴文の由来を含め、その発生・構造・変容等について述べたのが藤澤典彦である。「巴文様の変容」の論文では、古代の蓮花文から中・近世の巴文への変換を概観した上で、室町時代の尖頭巴から円頭巴への変換を「気」から「水」への変化と意味付ける等、文様変化から歴史性を見出そうとした。この前提として巴文の通史について述べており、巴文に関する基礎文献でもある（藤澤二〇〇九）。

本論では、蓮花文から三巴文に変換する時期の瓦を検討し、一二世紀を通じた三巴文の意味付けを考察してみたい。

二　三巴文瓦の発生と拡散

古代から中世（一一〜一三世紀）の瓦いついて、その詳細な変遷について述べたのは上原真人である。上原は一九七八年に、中央官衙系瓦の編年とそれに関連した地方の瓦生産の検討を行った（上原一九七八）。その中で、中央官衙（平安京及びその周辺）系瓦について、第Ⅰ期（一一世紀前半）、第Ⅱ期（一一世紀後半）、第Ⅲ期（一二世紀前半）、第Ⅳ期（一二世紀中葉）、第Ⅴ期（一二世紀後半〜一三世紀初頭）の変遷を示した。そこでは「第Ⅲ期の軒平瓦群の瓦当文様はいずれも唐草文で、第Ⅳ・Ⅴ期に巴文系軒平瓦・剣頭文系軒平瓦が主体をなすのと対照的である。」と述べ、三巴文を陽刻した巴文軒平瓦や剣頭文を刻んだ軒平瓦が、それまでの唐草文を凌ぐ在り方を指摘した。

その中の第Ⅳ期を代表する資料として、発掘された醍醐栢杜遺跡八角円堂跡を取り上げた。八角円堂は、『醍醐雑事記』の「大蔵卿堂」＝「大蔵卿栢杜堂」に該当して久寿二年（一一五五）に供養されていることから、軒瓦の年代を一二世紀中葉を大きく外れないとしている。瓦における三巴文の発生は一二世紀中葉にあり、Ⅳ期八角円堂は三巴文瓦の発生期を象徴する遺跡である。

第Ⅴ期は、三巴文瓦が東国に拡散していく時期として留意しておきたい。上原は第Ⅴ期を特徴付けるものとして、木村捷三郎が指摘した「完成した段階の折り曲げ造り」の軒平瓦を指標にした。第Ⅲ・Ⅳ期の中央官衙系軒平瓦のように、平瓦一枚作りの凸面広端側に別粘土で瓦当面を作るのではなく、折り曲げによって成形する技法とした。中央官衙及びその周辺、更にそれらと関連を持つ地域に、三巴文瓦が急速にが波及していく様子が窺える。

静岡県の願成就院は、『吾妻鏡』によれば文治五年（一一八九）に立柱上棟・供養が行われ、同院南傍の塔婆が承元元年（一二〇七）に建立されている（上原一九七八）。発掘調査によって、巴文軒丸瓦や剣頭文軒平瓦等が出土した。また、鎌倉の鶴岡八幡宮境内や二階堂永福寺跡からも剣頭文軒平瓦が出土し、治承四年（一一八〇）～建久三年（一一九二）の年代が推定された（矢崎一九六四）。これらの軒平瓦は完成した折り曲げ作りの技法による。つまり、鎌倉政権樹立によって三巴文瓦が東国に伝播したことを物語る。中央官衙系瓦の地方伝播において注目されるのが、鎌倉幕府以前の岩手県平泉文化である。これについては後述する。

次に、古代から現代まで瓦を使用している例を取り上げる。法隆寺では平安時代後葉から江戸時代、更には今日まで、一貫して三巴文軒丸瓦が用いられた。この諸堂・子院の修理や発掘調査で得られた瓦の記録を、飛鳥時代から江戸時代に亘って纏めたのが『法隆寺の至宝―昭和資財帳―』第一二巻である（奈文研一九九二）。

本文に関連する三巴文軒丸瓦が葺かれた時代は、平安時代の後期Ⅲ（一一四六～一一九二）、鎌倉時代の前期（一一九二～一二六一）、後期（一二六一～一三三三）、室町時代の前期Ⅰ（一三三三～一三六一）、前期Ⅱ（一三六一～一三九七）、中期Ⅰ（一三九七～一四三六）、中期Ⅱ（一四三六～一四九五）、後期Ⅰ（一四九五～一五四八）、後期Ⅱ（一五四八～一六〇三）、江戸時代の前期Ⅰ（一六〇三～一六五〇）、前期Ⅱ（一六五〇～一七〇四）、中期（一七〇四～一八〇二）、後期（一八〇二～一八六七）までの一三期である。平安時代を毛利光俊彦、以降を佐川正敏が担当した。軒丸瓦の文様主体が、蓮花文から三巴文に移行する状況を見事に反映している。この成果を一覧できるように纏

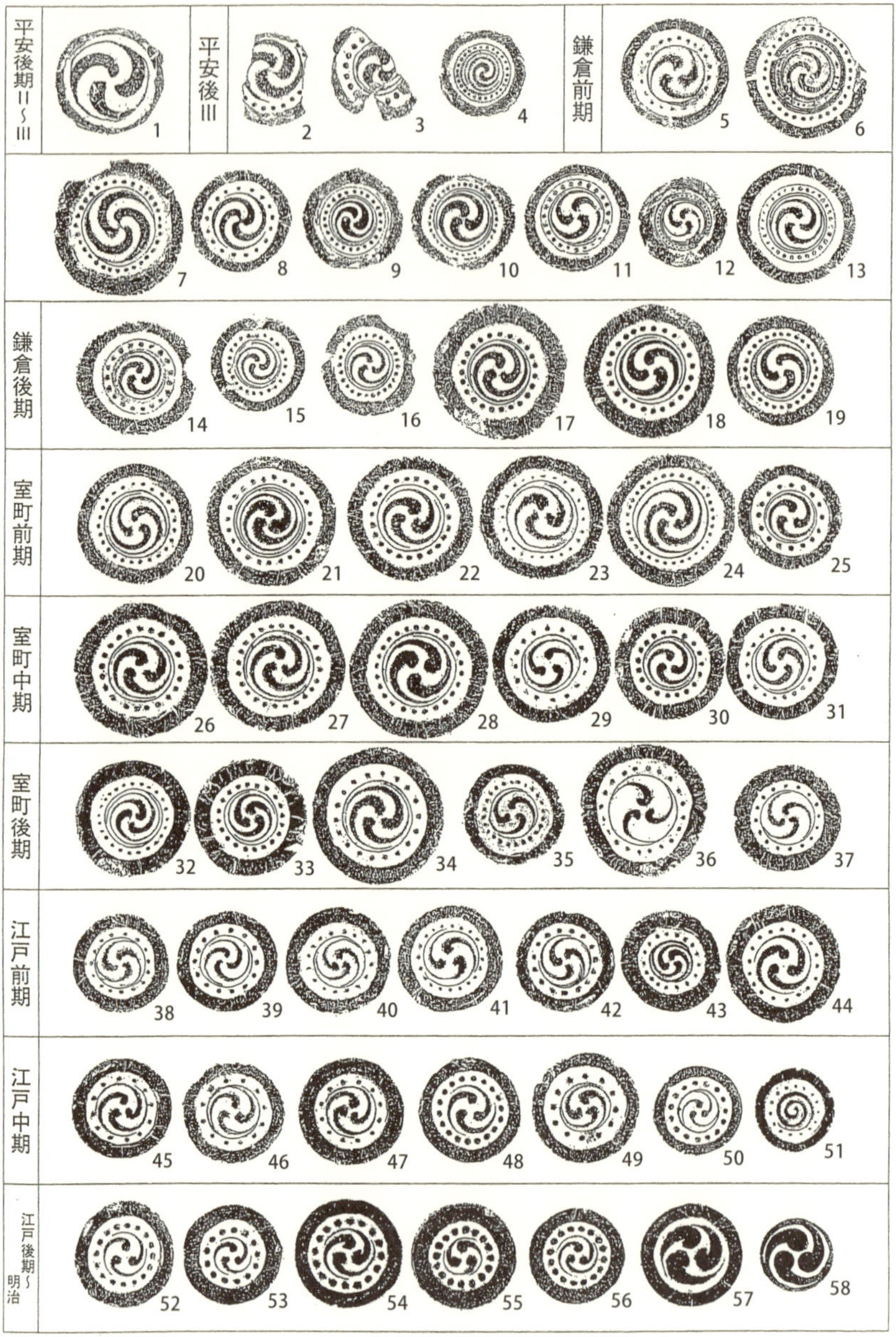

図1　法隆寺出土軒丸瓦（藤澤 2009 より）

めたのが藤澤である（図1）。古代から残る名刹では、蓮花文から三巴文へのスムーズな移行が推し量られる。

一九九五年、佐川正敏は軒平瓦の三種段顎の製作と文様の検討から鎌倉時代軒平瓦の編年を行い、三巴文の様式が関東や九州まで到達していることを論じた（佐川一九九五）。そこでは「古代・中世を通じて、瓦を葺く建物は寺院、貴族の邸宅の甍棟、築地にほぼ限られる。城郭への使用は一六世紀第4四半期以降のことである。とはいえ、中世の瓦は日本の東北地方から沖縄まで広く分布し」と述べ、瓦の使用場所と分布域を短く概説した。三巴文瓦が、日本列島の各地に分布域を拡大していく状況が読みとれる。

三　図像に見える三巴文

（1）　三巴文の民俗例

冒頭、江戸時代の三巴文について、寺社や城の特権階層や商家等の建築物を通じて述べた。ここでは、庶民の伝統を今日に伝える民俗芸能を通じて、三巴文の在り方を垣間見ておく。中近世以降の三巴文が、庶民生活にいかに根差していたかを確認しておきたいからである。昭和三八年に刊行された『秋田県の民俗芸能』には、三巴文の用例がいくつか認められており（秋田県教委一九六三）、簡潔に記載しておく。

能代市母体字母体の檜山舞（母体舞）は、母体部落の鎮守八幡神社の社殿正面玄関で実施された。拝殿内手前に舞台を仕切る幕を張るが、その幕に三巴文を大きく左右に描いている。幕は昭和二七年頃の製作とされる。

平鹿郡十文字町仁井田の仁井田番楽は、大日如来を祭神にした地元新山神社の芸能である。出羽三山湯殿山の神霊を祀ったとされる。番楽の中心とされるのが獅子舞で、その獅子頭の祭壇下前面に三巴を描いたものが写真に収まっている。

大館市鉄砲場の大下町獅子舞は、水戸の佐竹侯移封の際に本県に伝わり、大館侯の「抱え獅子」として伝承されてきた。稲荷神社に豊年祈願として奉納した。芸能に用いる楽器には笛と大太鼓があり、大太鼓に三巴が描いてある。

鹿角郡尾去沢町尾去沢の大森親山獅子大権現舞は、尾去沢字新山の出羽神社社殿内及び境内で実施された。芸能を担う人達は、尾去沢部落にある八幡神社社務所に集合し、舞の当日、舞人↓旗↓剣持ち↓幣束↓洞の貝↓桶持ち↓横笛↓太鼓↓手拍子↓権現様（獅子頭）の行列を組んで進む。その旗の八幡神社と書かれた上に三巴文が記されている。

なお、本資料の北秋田郡阿仁町根子の根ツ子番楽では、露払いや鞍馬を演じる芸人の烏帽子や胴巻きに、それぞれ二巴文が見られる。

以上は、昭和三〇年代秋田県の民俗芸能における三巴文の類例である。庶民と関わる三巴文を民俗例一班として取り上げたもので、都道府県に拡大して解釈すると、日本全国では相当数の類例を拾い上げることができる。

（2）　三巴文と絵画

古代から中世にかけて、三巴文の描かれた絵巻物や来迎図について検討する。はじめに三巴文が描かれた絵巻物を、『原色日本の美術』第八巻（秋山一九九七）から拾い上げる。

『源氏物語絵巻』は、一一世紀初頭の紫式部による『源氏物語』を絵画化したものである。その「御法」における詞書第一紙には、ひらがな混じりの文章の下地に、金銀の切箔、植物の海松や蝶と共に三巴文が描いてある。製作は一二世紀前半とされている。

『紫式部日記絵巻』は、一条天皇の后である彰子に仕えていた紫式部による『紫式部日記』を絵画化した。新造した竜頭鷁首の竜首船に大きな三巴文を描いた大太鼓があり、藤原道長が検分している。製作は一三世紀前半とされる。

『駒競行幸絵巻』は、『栄花物語』の「こまくらべの巻」を基に絵画化した。寝殿と中島の舞台、その間に竜頭鷁首の船楽の様子を描く。舞台中央の大太鼓と両船に乗せた各大太鼓の一つに大きく三巴文を描く。製作は一三世紀末から一四世紀初頭とされる。

『吉備大臣入唐絵巻』は、大江匡房の『江談抄』にもある説話で、吉備真備が唐で楼門に幽閉され唐人が食事を運んでいる。楼閣の階段や建物の基盤を縁取るように、連続する剣頭文と交互に三巴文が配置される。製作は一二世紀末から一三世紀初頭とされる。

『慕帰絵』は、本願寺第三世の覚如の伝記を絵画化したもので、覚如は親鸞の曾孫である。覚如の坊舎で日野俊光らと歌を興じている。庶民生活の場面に、三巴文の太鼓を運ぶ僧を描いている。観応二年（一三五一）に製作された。

『平治物語』は、藤原信頼が平治元年（一一五九）に後白川上皇の御所を夜襲、それに反撃した平清盛の戦争描写を絵画化したもので、平家の覇権が確立された。源氏を追撃する兵士の袴に三巴文が描かれている。製作は一三世紀中頃～後半とされる。

『天狗草紙（東寺の巻）』は七巻が存在し、驕慢我執の七寺を天狗に喩えて皮肉ったもので、東寺の巻は真言四ヵ寺を対象にしたうちの醍醐寺の場面。桜会の稚児の舞台を、僧侶が声援をおくる堕落ぶりを風刺したものである。大太鼓に三巴文が描かれる。永仁四年（一二九六）に製作された。

『東征伝絵巻』は、唐僧鑑真の生涯を絵画化したもので、第一〇回遣唐使船が唐土に到着した光景である。遣唐使船に設えた高台に三巴文を描いた太鼓が見える。永仁六年（一二九八）に製作された。

『伴大納言絵巻』は、貞観八年（八六六）の応天門の火災と大納言伴善男の失脚を絵画化した。民衆の躍動的な動きの中で、裸足で逃げ惑う女性の着衣のうち、帯より上に多くの三巴文をあしらう。また、検非違使一行の随兵着衣の上半身着衣に三巴文一つが認められる。一一六〇～一一八〇年頃の製作と考えられている。

以上九つの資料を拾い上げたが、一二世紀〜一三世紀にかけて三巴文が、詞書・大太鼓・太鼓・建築物・兵士や民衆の着衣と、様々に用いられた実態が確認できる。また大太鼓中心部の三巴文は四つ、太鼓の三巴文は二つあり、舞楽等に用いる太鼓の打面に三巴文が多用されている。

太鼓打面部における三巴文の在り方は、臨終に際して極楽浄土に導くため阿弥陀仏と諸菩薩が天空から迎えに来る来迎図においても確認できる。『来迎図の美術』（中野一九八五）には、京都府平等院鳳凰堂の一二世紀末期の補修とされる中品中生壁画及び下品中生壁画、鎌倉時代・阿弥陀二十五菩薩来迎図、平安時代後期・滋賀県浄厳院の阿弥陀聖衆来迎図、鎌倉時代・和歌山県有志八幡講十八箇院の阿弥陀聖衆来迎図、鎌倉時代・奈良県興福院の阿弥陀聖衆来迎図、鎌倉時代・京都府三千院の阿弥陀聖衆来迎図、鎌倉時代・滋賀県安楽律院の阿弥陀聖衆来迎図等が取り上げられている。

上記事例は平安時代後期から鎌倉時代にかけての八つの類例である。以降、来迎図の奏楽における大太鼓打面部の文様は、時代を問わず多くは三巴文である。平安時代に始まる太鼓打面部の文様は、絵巻物や絵画、今日の民俗例等においても三巴文が多用され、雅楽に見られるような陰陽に関連した二巴文の例を除くと（遠藤二〇一三）、太鼓打面部の文様として定型化してきた。

以上、全国的な規模でこの種の調査を実施すれば、三巴文の数多くの類例が掘り起こされることであろう。

四　一二世紀三巴文の様相

（1）　変換期の三巴文瓦

一二世紀は、軒丸瓦の文様がそれまでの蓮花文から三巴文に代わる変革期である。この前後を含んだ時期は、古代から中世の移行期として重視される。時の政権と関わる律令制消滅期（九世紀後半〜一〇世紀初頭）、摂関期

（一〇世紀～一一世紀中葉）、院政期（一一世紀～一三世紀後葉）の時期区分を念頭に置いて（河音二〇〇三）、以下を論じてみたい。

巴文は、通常は徐々に細長くなる尾部（尾）と、その反対の端を頭部（頭）と表現する。頭の丸いものを一般に巴文と呼び、そうでないものをなめくじ巴と呼んだりする。藤澤は頭の特徴を円頭・尖頭と分けて、法隆寺出土軒丸瓦の三巴文を検討したことは先に述べた。藤澤は、尖頭から円頭文への変遷を頭部巻き込みの過程と把握し、鎌倉時代後期を境い室町時代にはほぼ円頭形になるとする頭部観察視点の成果を述べた（藤澤二〇〇九）。以下に筆者も同じ資料を用いて観察するが（図1）、頭部と尾部の中間を胴部と表現し、各頭部の関係性に視点を置いて観察を行う。また特に断らない限り、陽刻された状態を対象とする。

法隆寺の軒丸瓦の三巴文には、巴の巻が左右反対の二種類がある。「外にめぐるうずまきの形」の見解より（見坊他一九八三）、中央の頭部から外の尾部への動きを巻きと表現し、時計回り（右巻き）、逆時計回り（左巻き）とする。図1では左巻きが約三分の二を占める。左右の巻きは、筆者が行う観察やその結果としての分類には支障がない。但し、三巴を成さない二巴の4と一巴の51を除いた56資料を対象にする。

ここで注目したいのが各巴文頭部の在り方二相である。一つは、平安後Ⅲの2・3と鎌倉前期の7・8で、これらはいわゆるなめくじ形の各尖端部が接触している資料である。二つ目は、平安Ⅱ～Ⅲの1と鎌倉前期の9はやや違和感があるが、これを含む鎌倉前期の5・6、9～13より江戸後期～明治の52～58にかけての、各巴文の頭部先端が分離している資料である。頭部が中心部を指向するので（36は頭部が中心部に向かわない）、これを求心と表現して、前者は中心で接触するため「頭部接触求心型」、後者を「頭部分離求心型」と呼びたい。平安後Ⅲ～鎌倉前期にかけて頭部接触求心型が存在し、鎌倉後期以降は頭部分離求心型がすべてを占める大きな特徴がある。

次にこれらの観察成果に立って、三巴文瓦出現期の栢杜遺跡八角円堂跡出土瓦を検討する（図2）。図2の資料は、先に示した上原論文「古代末期における瓦生産体制の変革」（上原一九七八）の第Ⅳ期資料である（上原二〇〇二）。遺構に伴う軒平瓦は一三種一九七点で、粘土を補足して瓦当部を作る半折曲技法に拠る。文様は、連巴文や雁巴文の巴文系が五種一一〇点五六％と半数以上を占め、一二世紀前半の主流である典型的な剣頭文や剣巴文は皆無としている。遺構に伴う軒丸瓦は、九種六三点七〇％以上が巴文で大半を占めている（図2－4～12）。一二世紀前半に主流を占めた蓮花文や宝相華文は三種二三点二七％である（図2－1～3）。また12の丸瓦は小振りな作りである。第Ⅴ期は「小形品が多数を占め、各個体の平瓦のなす曲面が比較的緩やかである。これが「完成した段階の折り曲げ造り」という技法を容易にした条件のひとつであろう。」としており、12はその平瓦に伴うⅤ期の可能性がある。

三巴文軒丸瓦のうち、Ⅴ期の可能性がある12と巴文が不規則な配置を示す5を除いて検討する。これら三巴の一つに注目すると、中心を指向する頭部分離求心型と異なり、頭部を時計回りで見た場合、頭部が先にある巴文の胴部もしくは頭部を指向している。やや違和感を感じさせる一〇も含むが、これらを「頭部分離求心違型」としておく。軒平瓦の中にも類例が認められる（14の中央）。栢杜遺跡八角円堂跡は、久寿二年（一一五五）に大蔵卿源師行が供養した建物である。Ⅳ期は一二世紀中葉の年代が上原によって想定されており、三巴文発生期の頭部分離求心違型にはその年代が与えられよう。

次に、岩手県平泉の柳之御所遺跡と中尊寺大池周辺出土瓦を検討する。前者からは図3－1～4の三巴文軒丸瓦と9の軒平瓦、後者からは同図5～8の三巴文軒丸瓦と10の軒平瓦が出土した。これらは、三巴文の頭部分離求心違型（1と5）、頭部接触求心型（2・3と6・7）、頭部分離求心型（4と8）が各々存在する。6は、拓本では明確でないが近接しており摩滅によると判断した。剣頭文・三巴文の組み合う平瓦は、中心部巴文の在り方等で同笵と思えるが、三巴文は頭部分離求心違型である。なお、求心の表記は頭部が中央に集中する状態を意図的に述べた表現である。

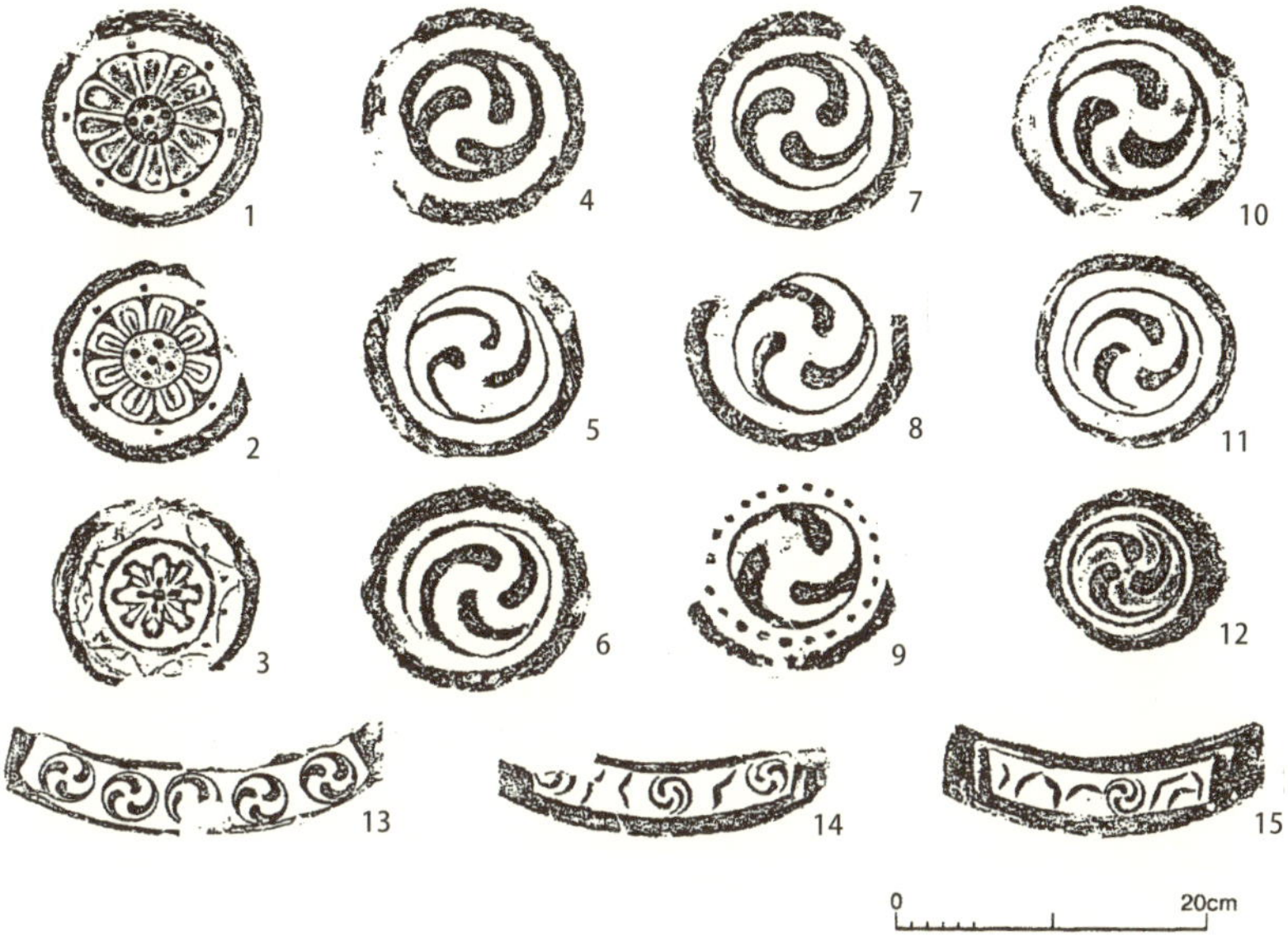

図２　栢杜遺跡八角円堂跡出土瓦（上原 2001 より）

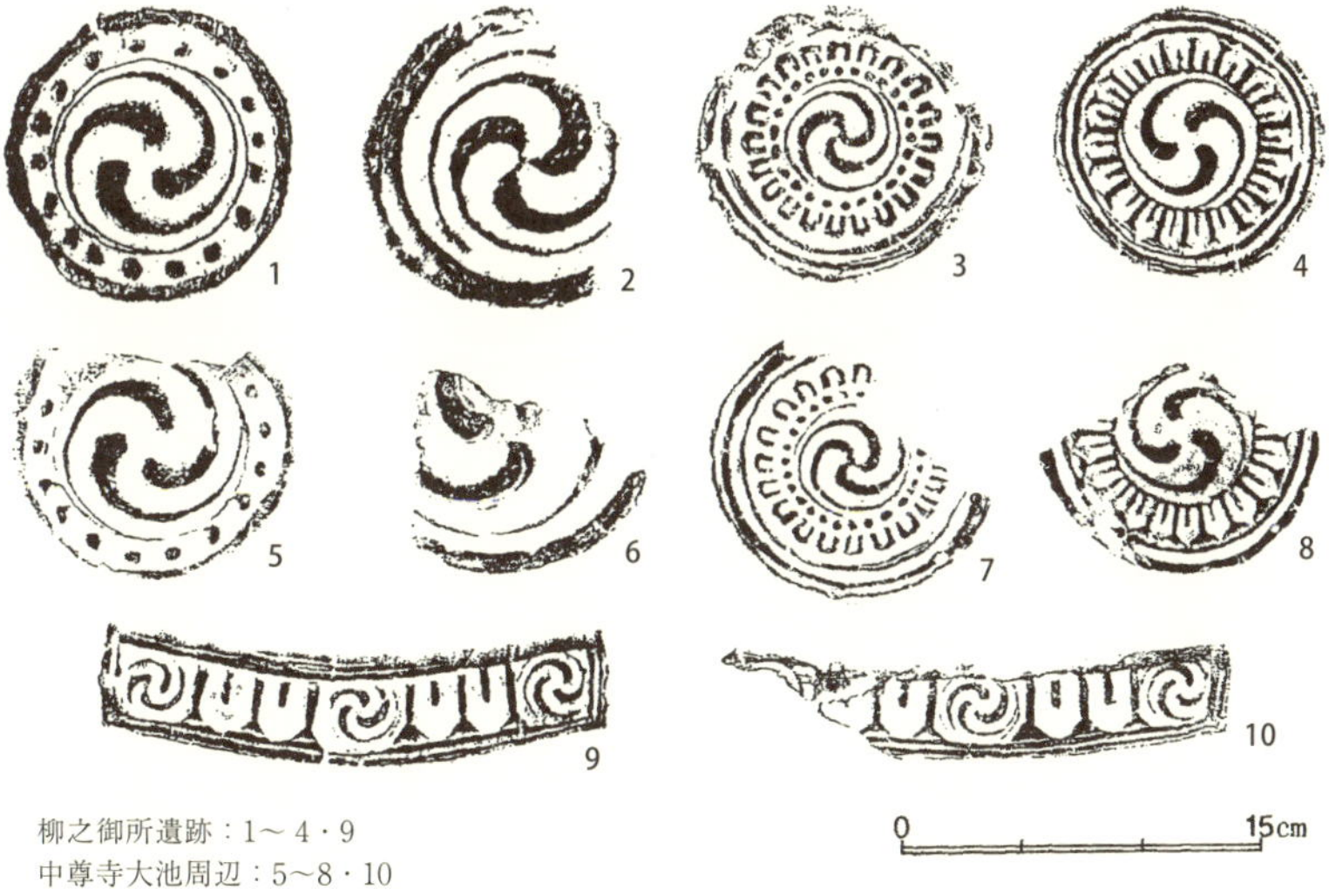

図３　柳之御所遺跡・中尊寺大池周辺出土瓦（上原 2001 より）

これらの瓦は、剣巴文軒平瓦の文様や製作技法から一一五八年に藤原信西のによる平安宮修造時（「会昌門推定地」段階）と同年代で、遅くとも一一六〇年代の早い段階に製作されたとした（上原二〇〇一）。鎌田勉は、図の柳之御所遺跡出土瓦で上原案上限年代を是認した上で、下限については、秀衡が従五位上鎮守府将軍任官一一七〇年から、瓦の製作時期を一一六〇年代とした。平安京では檜皮葺・甍棟の邸宅は五位以上とする規定があるからである（鎌田二〇〇六）。いずれにしても、上記瓦の年代は一二世紀中葉頃に収まる。4・8の明確な頭部分離求心型が、図1の鎌倉前期資料以前に、具体的な年代を伴って存在する。中世変換期の中央官衙系瓦（頭部分離求心違型）が、東北平泉にいち早く到達していたことは改めて注目される。

（2）『源氏物語絵巻』と平家納経に見る三巴文

前述した『源氏物語絵巻』の詞書「御法」には、三つの三巴文が海松や蝶と共に、文章の下絵として添えられている（秋山一九九七）。下絵の三巴文・蝶・海松は、地文の上に描かれている（図4）。これらについて検討するが、はじめに三巴文自体を対象に検討する。

三つの三巴文は、それぞれに意図した形態が明瞭に描いてある。①・②は、圏線内の各巴は頭部が独立せず、頭部から胴部の幅がほぼ同じ特徴を持つ。先の分類に当て嵌まらない例であり、これを「頭部一体求心型」とする。巻きが左右で異なるが、先の中心から外側への動きを前提にすると、①が左巻き②が右巻きである。一方の③は、圏線内の各巴は独立した頭部分離求心違型である。

②と③は同じ右巻きの関係にある。②の頭部一体求心型の文様を円内から抜き出すと、残った地文としての文様は頭部分離求心違型であり、③の巴文そのもの文様である。なめくじ形の発生が、頭部一体求心型との関係においてて初めて理解できるのである。

次に三つの巴文・蝶・海松の関係性を検討する。絵画全体の場面は、光源氏が明石中宮を伴って最愛の妻紫の

図４　源氏物語絵巻の御法（詞書第一紙）（小松 1987 より）

図５　源氏物語の御法（小松 1987 より）

上を見舞い、共に歎いた臨終の場面である（図5）。御法は仏法を意味し、当時隆盛を極めた浄土信仰が絵画の背景にある。

図4の画面は、大きく二つの巴文（①・②）が並ぶ地上と、一つの巴文（③）と蝶が舞う天空に分かれる。海松は二つあり、地上では小さく天空では大きく描く。小さな海松を添えて、巴文を大きく描いたのが源氏（男）、小さくやや上位に置いたのが紫の上（女）を指す。主人公の源氏を大きく、極楽浄土を指向する紫の上をやや高めに描く。

天空には巴文・海松・蝶を描くが、地上の在り方から、先ずは巴文を除く天空の三者に視点を当ててみたい。海松に接して羽ばたきするのが源氏、海松から離れて羽を大きく広げるのが紫の上と思考する。後者の大きく描いた蝶と海松の姿は、紫の上が極楽浄土に到着した様子を、海松に取り付く蝶は源氏の取りすがる思いを描く。前者の蝶は、蝶と周囲に金をちりばめた明色系、他の画面が色あせた暗紫色の暗色系とは好対照である。紫の上が、源氏と死別して極楽浄土に成就できた様子が画面全体の主題であろう。

最後が、大きな三巴文（③）と紫の上を想定した大きな蝶の関係である。二つは、画面最上位に並列してあり極楽浄土の位置を占める。出家を企て法華経書写の善行を行っていた紫の上が（小松一九八七）、死後極楽浄土に達したことで、源氏と同じく（①）大きな巴文を象徴的に配置している。現世を示す地上の巴文（②）が、来世極楽浄土の巴文（③）に変換したのである。なお、地上の表現に海松を用いたのは、後述する龍女成仏の海底を意識したものと思われる。

以上の三場面で、源氏と紫の上の悲嘆な心情を描き、同時に、臨終に際し極楽浄土を描くことで、二人の心情を少しでも緩和させる効果を作者は描き出している。さながら動画を見ているようである。

問題は地上の右巻き頭部一体求心型が、天空のやはり右巻き頭部分離求心違型に変換したことであり、現世の三巴文と来世の三巴文を明確化している点である。源氏が極楽往生を遂げたとすると、左巻きの頭部分離求心違型として浄土で描かれるだろうが、これについては後述したい。三巴文の意味と浄土での在り方は後述することにして、現世では男性が左巻き、女性では右巻きとする観念があったのではないだろうか。源氏物語絵巻の成立時期は先にも触れているが、詳細な論考によって一一四一～一一五五年の製作とする意見がある（小松一九八七）。栢杜遺跡八角円堂跡出土軒丸瓦の三巴文は、殆どが左巻きの分離求心違型であり、現世で浄土をイメージした男性優位の在り方を示すものではないだろうか。

次に、男性の優位性の問題も孕んだ頭部分離求心違型の類例を示す。平家納経の資料で、題字に「提婆品」と墨書された一巻である（図6）。長寛二年（一一六四）、平清盛が一門三二人に、法華経二八品や阿弥陀経、開・結経、般若心経、阿弥陀経一巻づつを分担し書写させ自身の「願文」一巻を加え三三巻として、厳島神社に奉納した。その一巻が法華経の一品「提婆達多品」である。滅罪成仏・女人成仏を説く取り分け重視された教えとされる（濱田一九八八）。表紙は怪魚のいる海を描いた地上であり、見返しは釈迦如来と六人の菩薩、龍女と二人の女性による天空、つまり浄土を描いている。前者は龍女が住む娑竭羅龍宮をイメージし、後者は龍女成仏の場面と理解されている（谷口二〇〇五）。

三巴文は発装金具の装飾として用い、透彫り三個一組を七組配し、鍍金した金・銀が交互に並んだものである。透かしからは紺紙が覗き、三巴文が縦に二一個配置される（図6左端）。これらはすべて頭部一体求心型である。詳細に観察すると、中央の一個だけが左巻きで他は右巻きである。三巴文の三を強調するため三組を金（陽）で作り、対する銀（陰）を四組として中央に金が来るよう交互に配置した。更に中央の金は、上下の右巻き三巴文二個（陰）を挟んで、左巻き一個（陽）を配置したもので、全体に陰陽の調和した二重構造を示す。中心の巴文一個と上下の巴文二〇個も陰陽の同じ意識による。

先の『源氏物語絵巻』の源氏と紫の上の巴文の相違から、中央の巴文を頭部一体求心型左巻き（男）、他の頭部一体求心型を右巻き（女）と見ると、前者を中央に配置して尊重しつつ、女人成仏を強調したものと理解され

図６　平家納経の提婆達多品（谷口 2005 より）

図７　頭部一体求心型の近似例（小林 1989 より）

よう。女人成仏が重視されるのは、仏の三十二相にある女性差別の脱却を意味するからである。『無量寿経』の極楽浄土には女性が存在しない等、古来より仏教界では女人成仏が否定されてきた経緯がある（菅野二〇〇一）。日本では、法華経が女人成仏の根拠とされ、摂関期の末法到来（一〇五二）に伴って女人成仏等の平等性が弘まってきた。一対二〇の巻きの相違する巴文が、女人成仏を殊更強調した表現とするならば、中心の三巴文左巻きと他の右巻きの異相は、男女の相違を表している可能性が高いと考えられる。因みに、上下二〇で示された数は何を意味するのだろうか。下の十（地上）と上の十（天空）とに分けて思考してみる。十に関した仏教用語は多く認められ、中に十住・十行・十廻向・十地等の修業階位を示したものがある（水野一九七二）。ここでは、位階に関する十の数字を根本として、現世における十の行願と来世浄土における十の楽を（石田一九七〇）、現世の立場で暗示したものではないだろうか。

ところで、頭部一体求心型に近似した例に神奈川県鎌倉市域及び隣接地域の多宝寺跡・極楽寺旧境内遺跡・永福寺跡、茨城県つくば市日向遺跡等から出土した軒丸瓦がある。頭部と胴部が同じ幅であるが、中心部が小さな環状になる。論者が鐙瓦Ⅱｂ類としたもので、頭部接触円孔求心型と仮称する。これらの丸瓦の出土する寺院は、「真言律宗系の寺院もしくは真言律宗お鎌倉期中興の祖である忍性にゆかりのある寺院」とされている（小林一九八九）。ここでは簡単な記述に留めるが、中世で密教系寺院と関連する三巴文の類例として注意しておきたい。

五　『往生要集』に見る三巴文図案の背景

密教と浄土教は、平安時代に重要な位置を占める宗教である。密教は祈禱色が強く、九世紀に入り最新の仏教として朝廷や貴族に受け入れられたもので、天台宗（台密）と真言宗（東密）が双壁を成す。「法華信仰と浄土信仰が一体となって広まり、その全体を密教の祈禱がおおった。」とされる（山折・大角二〇〇九）。

比叡山の皇円による『扶桑略記』永承七年（一〇五二）には、今年から末法に入ること、左大臣藤原頼通が別荘に仏像を安置し法華三昧を初めて修し平等院と名付けたことを記す。翌年頼通は平等院に鳳凰堂を建立する。浄土信仰のシンボルである。父の藤原道長は、寛弘四年（一〇〇七）金峰山に参詣し自ら書写した経巻を埋経した。初期の経塚であり、末法到来と共に盛行し後には専ら法華経が埋経された。道長の祖父が藤原師輔で、右大臣の時（九四七～九六〇）の護持僧が天台座主良源である（山折・大角二〇〇九）。末法を意識した家門繁栄の祈願や仏事が、密教の祈禱を通じて朝廷や貴族の間に浸透した。

この頃の摂関期に大きな影響を及ぼしたのが浄土信仰である。特に延暦寺の僧であった源信の『往生要集』（九八五）は、大衆信仰の教えとして、朝廷や貴族のみならず民衆にも普及し広い支持を得た。阿弥陀仏の極楽に生まれる（極楽往生）ための教えや修行を纏めたものである。その冒頭には、厭離穢土・欣求浄土・極楽の証拠・正修念仏・助念の方法・別時念仏・念仏の利益・念仏の証拠・往生の諸業・問答料簡と、十の骨子を述べている（石田一九七〇）。著書は、「すべからく、説の如く修行して常楽の果を欣求すべし。」と浄土への勧め（欣求浄土）と、その成就のため念仏修行の必要性を説いたものである。特に臨終に際しての、別時念仏の臨終行儀は大きな影響を及ぼした。

臨終行儀を実践すべく組織されたのが二十五三昧会で、源信・慶滋保胤や比叡山首楞厳院の僧らが参加した。寛弘年間（一〇〇四～一〇一二）には、花台院で広く僧俗男女と阿弥陀仏を結縁させるため、仏や菩薩に扮した人々が浄土から迎えに来る様子を行道する行事、迎講を実施した（山折・大角二〇〇九）。これを図案化したのが来迎図である。阿弥陀仏や極楽浄土を観ずる観想念仏の図像化した観経変相図の一種とされる（山折・大角二〇〇九）。迎講と臨終に特化した来迎図は、源信の発案とされている（坂輪二〇〇三）。源信は、絵画としての曼荼羅を重視した密教僧であり、教えを絵画化するのは当然の帰結であった。

この来迎図に、阿弥陀仏や菩薩と共によく描かれているのが大太鼓であり、中央に三巴文が配置されている。

図8は高野山における有志八幡講十八箇院の聖衆来迎図である。大太鼓中央や周辺の三巴文は頭部分離求心型である。安嶋紀昭の詳細な研究では、「文治三年（一一八七）を上限とし、後白河法皇入寂を下限とした数年の間に、法皇指導のもと描かれた」とされる（安嶋一九九七）。法皇入寂は建久三年（一一九二）で、死期の迫った法皇が極楽往生を願い、源信の思想を忠実に描いた可能性がある（1）。

図9は平等院鳳凰堂の聖衆来迎図である。下品中生を絵画化した壁画で、一〇五三年鳳凰堂創建と同じ年代と考えられるが、一二世紀末期の補修とされる（中野一九八五）。大太鼓中央の三巴文は頭部分離求心型、周辺の三巴文（上部）は頭部分離求心違型のように見える。補修で当時の図柄の大きな変更はないだろうが、巴文頭部の置き方等の細部の微妙な変更はあり得る。この意味で、頭部の分離は当時のものと考えられる。

二つの例は、一〇世紀前後の来迎図における大太鼓と三巴文（絵柄）の在り方を想起させる。現状の特徴は、三巴文が大太鼓とセット（a）、頭部が分離型（b）、そして右巻き（c）の三点である。来迎図は源信の発案とされ、以下これらの点について『往生要集』を基に考察したい。

aについては三巴文の意味に関わり難問であり、b・cの解説でそれに近づきたい。bについて、そもそも太鼓の音は、撥で太鼓の中心部を打撃し、そこで発した音を外部に伝える役目を持つ。大きな音が、中心から外部へ伝わる動きを、各巴文の中央にある頭部が尾部の端ほど細くなる図柄として表現している。『往生要集』には、「雲雷もし鳴れば、これ天の鼓なり」の表記がある（石田一九七〇）。来迎図の太鼓の音は、各巴を通じた雷音を象徴しているものと考えられる（①）。

cについては『往生要集』に、仏の相好の一つ目として「頂の上の八万四千の髪毛は皆上向に靡き、右に旋りて生えたり。」、七つ目として「眉間の白毫、右に旋りて宛転し、～白瑠璃の筒の如く、放ち已りて頗梨珠の如し。」の表記がある（石田一九七〇）。仏の髪毛や白毫等に右巻き・右回りの相があり、大太鼓の各巴は内から外への右回りを示す。図4－③の三巴文は浄土にあり、来迎図大太鼓の三巴文と同じ右巻きである。巴文の来迎図右回

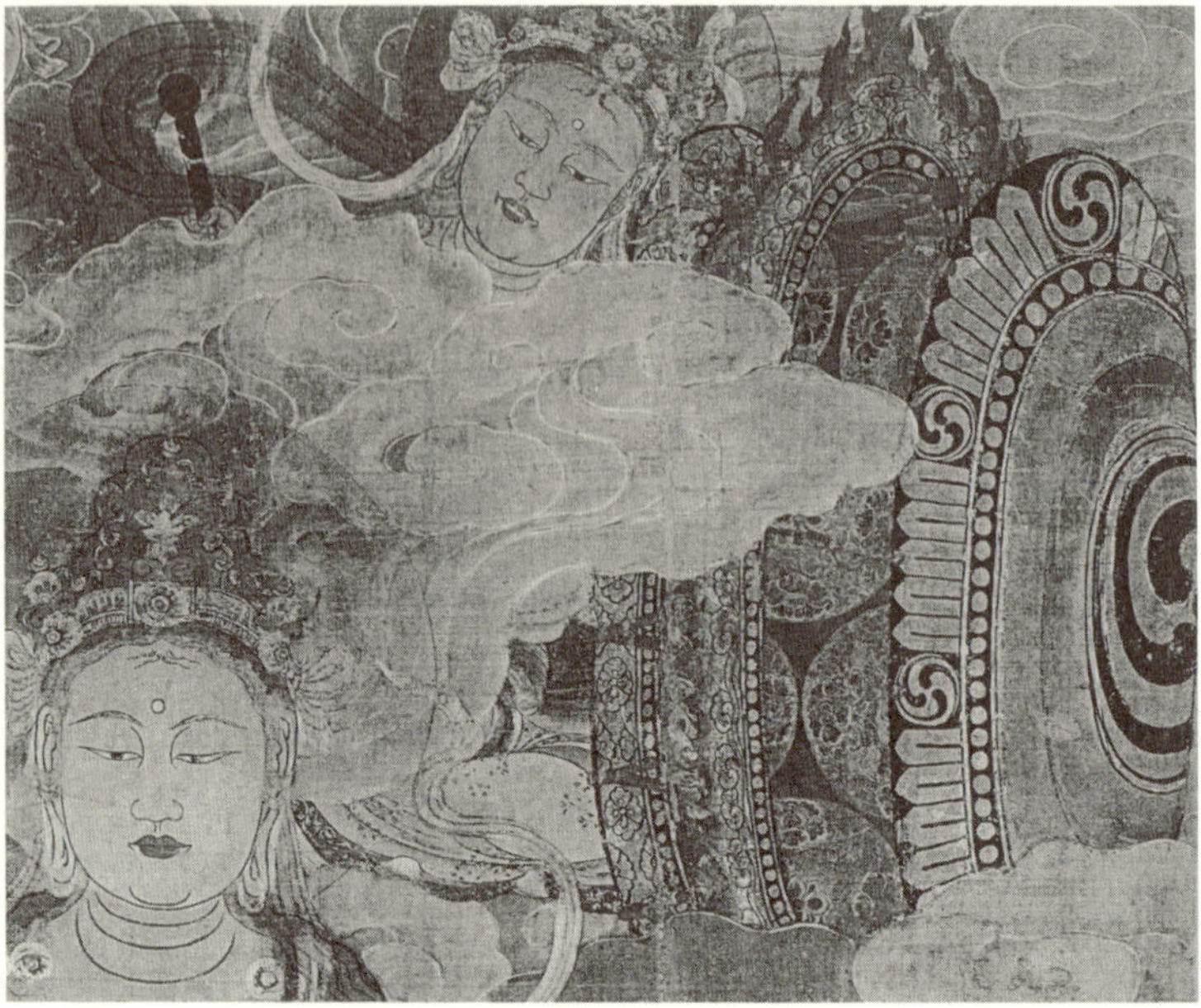

図８ 有志八幡講十八箇院の聖衆来迎図（安嶋 1997 より）

図９ 平等院鳳凰堂の聖衆来迎図（真保編 1979 より）

りの発想は、当初において仏と同じ必定な図柄であったと考えられる（②）。

ａについて、何故に三つで巴を描く必要があったのか。『往生要集』には、極楽往生を成就するために念仏三昧を修する必要性が、随所に説かれている。冒頭でも念仏に関する項目が目立つ。念仏修行は「偏教の三昧は当教に勝れたりとなし、円人の三昧は普く諸行に勝れたり。」とあり（石田一九七〇）、円教（『法華経』の読誦等の修行）の行者の三昧はどんな修行よりも勝る、とされる（梯二〇一六）。

山折・大角によると、院政期には末法思想を背景に本覚思想が広まった。それは「僧も俗も本来は区別なく、本から覚っている」という教えであり、「最澄の法華一乗や空海の即身成仏」まで遡る。源信著とされる『本覚讃釈』には、「私に云く、妙法即ち心、心即ち蓮台、蓮台即ち妙法と云うか」と自身の解釈を述べている（山折・大角二〇〇九）。仏法と心と蓮台（大日）とが融合する様であり、そのためには念仏三昧の修行が必要なのである。また『往生要集』には、「持戒と修禅の行も身・口・意より生ず」とあり（石田一九七〇）、身体と言葉と心による三位一体、念仏修行の必要性が説かれている。念仏三昧は密教の三密加持と同義であろう（山折・大角二〇〇九）。このように解釈すると、前者は来世（極楽浄土）、後者は現世に三つの巴の図柄が託されたものではないだろうか。三巴文の各巴が、内から外への動きによって、円を描き融合を表現したと考えられる。円形成の背後には、「円融万徳の尊」（石田一九七〇）が意識されたものと思考する。仏法と修行者と大日如来を融合して、①・②と結合したのが、浄土と共にある大太鼓中央の三巴文と考えられる。

密教の胎蔵界曼荼羅には中台八葉院があり、中央が大日如来、周辺の八葉は東西南北の四如来とその間の四菩薩で構成される（水尾一九六六）。その北には天鼓雷音如来が位置しており、来迎図大太鼓とそれに描いた三巴文はこれを前提にしたものだろう。これらの三巴文は、源信もしくは天台系密教僧を中心に考案されたものと想定される。

六　おわりに

前項まで、三巴文を独自の分類名称で呼称してきたが、煩雑なので頭部一体求心型（A類）、頭部分離求心違型（B1類）、頭部分離求心型（B2類）、頭部接触求心型（C類）、頭部接触円孔求心型（D類）とする。A類は『源氏物語絵巻』や『平家納経』資料で確認した。B1類は『源氏物語絵巻』や栢杜遺跡八角円堂跡の瓦で検討した。B2類は、柳之御所や中尊寺大池周辺瓦を初期段階として、法隆寺瓦に見られるように鎌倉時代以降今日までの瓦にも多く認められる。C類は、柳之御所や中尊寺大池周辺瓦、法隆寺初期段階の瓦で確認した。D類は、鎌倉市域等関東の一部の寺院等で確認できる。

次に分類を大まかに変遷付けてみたい。A類は一二世紀中葉の前半と後半の型式である。B1類は一二世紀中葉後半の型式で、B2類は一二世紀中葉後半から今日まで続き息が長い。C類は一二世紀中葉後半から鎌倉前期に認められる。D類は鎌倉前期に出現する。

以上を出現期を基にして並べると、A・B1類→B2類・C類→D類の大まかな変遷が理解できる。三巴文出現期から一二世紀前葉までの明確な資料が得られず[2]（稲垣一九七七）、A類とB1類が先の来迎図と関連して三巴文の基本型式と見做される。

『源氏物語絵巻』で触れた紫の上（図4－②）と浄土のなめくじ形三巴文の補完関係は、右巻きの関係として確認できた。源氏のA類左巻きは、補完関係の地文ではB1類を示すことになるが、当時に至るまで、極楽浄土への考えは男性優位が一般的であった。現世の左巻きが、浄土の右巻きを憚った本来の在り方であろうと思考する。栢杜遺跡八角円堂跡の資料が左巻きなのは、現世における作善行の証を[3]、天空をイメージした屋根瓦に反映させたものだろう。本覚思想の浸透が徐々に女性の浄土参画に拍車をかけ、その作善行が『源氏物語絵巻』や『平家納経』の右巻きA類の在り方をもたらしたものではないだろうか。それは、「和光同塵[4]」に示されるように

（山折・大角二〇〇九）、三巴文にとっての大きな変革期であった。C類はその影響も受けながら、新発想の兆しを表すものであろう。D類は密教系寺院の復興に関するA類の類似文と理解したい。

最後にB2類について触れておきたい。長期に亘って使用されたB2類は、武家政権を象徴する型式と言える。源頼朝のことを『吾妻鏡』では、「八幡大菩薩の氏人、法華八軸の持者」、「入道相国の一族を対治せしめたまふの条～経八百部の読誦の加被による」と治承四年（一一八〇）の条に記している。同年、頼朝は由比郷にあった石清水八幡宮を小林郷に遷し鶴岡八幡宮とした（山折・大角二〇〇九）。八幡神は軍神としての三神を祀るが、三つの巴が神文としての三巴文に託された。即ち、密教に関する言わば仏文から、軍文としての神文への変質である。源氏の氏神である八幡神[5]が、八幡神社や神宮寺を通じて列島各地に創建され三巴文が波及することになった。中世以降は家紋に留まらず、太鼓文は無論、装飾文としても普及した。巴文が弓に関した鞆とされるのは、武家社会になってからの新説であろう。源氏による鎌倉幕府の成立がB2類の長期化と広がりをもたらした。

本論では、巴文の発生に関して冒頭で述べた従来の諸説や、軒平・丸瓦に起源を持つ説（石尾二〇〇〇）とは相容れない展開になった。三巴文の起点を、源信が関連したであろう来迎図の大太鼓文に求めた。その三つの巴文は、念仏三昧による因と極楽往生成就の果を象徴したものとして、その原理を、密教の三密加持で得られる即身成仏を根本に据えた『往生要集』に見出した。摂関期の末法の前後に、現世の騒乱に翻弄された平安時代の民衆が、救いを求め縋ったのが浄土信仰であった。来迎図の大太鼓右巻き三巴文B1類が、その地文ともとれる従たるA類と共に発想されたものと考えられる。間近には、藤澤が指摘した明王画像等の火炎後背の渦文が影響したものであろう。

［註］

（1）恵心教美術を追究した石田一良は、源信の恵心教美術の精神を伝える作品として、平等院鳳凰堂皆金色阿弥陀如来坐像と高野山八幡講蔵阿弥陀聖衆来迎図（図8）を挙げている（石田一九九一）。

（2）藤澤によると金峯山経塚出土の経軸に巴文が見られ、長徳四（九九八）の紀年銘を持つとされる（藤澤二〇〇九）。時枝務によれば該当文献が確認できず、巴文の類似文に花蕊文とでも言うべき文様の存在を知り得た。三巴文でない可能性を考慮したい。

（3）前世善行の左回りが、密教における金剛界曼荼羅の降三世三昧耶会から中心の成身会に至る、左回り向上門を意味するものではないだろうか。因みに大日の衆生を救いに向かう右回り向下門は、仏の右巻き・右回りの相と関係するのだろう。

（4）『老子』にある言葉で、学徳・才能を隠して世俗に交わることを言い、この場合は神仏混淆を指すとされる（山折・大角二〇〇九）。同時に、男性優位に対する女人成仏の平等性も盛り込んだものではないだろうか。

（5）源頼信の八幡神氏神宣言（一〇四六）、源頼義の石清水八幡宮分霊の鎌倉由比郷勧請（一〇六三）、源義家の石清水八幡宮奉幣使着任（一〇八二）、これらに次ぐ鎌倉幕府の成立で小林郷北山に八幡神を遷し、八幡神の地位が確立された（田中二〇一一）。

〔参考文献〕

秋田県教育委員会　一九六三『秋田の民俗芸能』
秋山光和　一九九七『原色日本の美術』第八巻　小学館
池田泰子　一九七九「巴紋」『日本歴史大辞典』第七巻　河出書房新社
石田一良　一九九一『浄土教美術』ぺりかん社
石田瑞麿校注　一九七〇『源信』岩波書店
石尾和仁　二〇〇〇「瓦当文様に表れた思想―唐草文と三巴文―」『新蔵町三丁目遺跡徳島保健所地点』徳島県埋蔵文化財センター調査報告書第三一集　徳島県埋蔵文化財センター
稲垣晋也　一九七七「第一部　経塚と遺物」『経塚遺宝』東京美術
上原真人　一九七八「古代末期における瓦生産体制の変革」『古代研究』第一三・一四号　（財）元興寺文化財研究所
上原真人　二〇〇一「秀衡の持仏堂―平泉柳之御所遺跡出土瓦の一解釈―」『京都大學文學部研究紀要』第四〇号　京都大學文學部
遠藤　徹　二〇一三『雅楽を知る事典』東京堂出版
鎌田　勉　二〇〇六「柳之御所遺跡出土瓦についての再検討～主に瓦の年代と使用方法について～」『岩手県立博物館研究報告』第二三号　岩手県立博物館

河音能平　二〇〇三『天神信仰の成立—日本における古代から中世への移行—』　塙書房
菅野博史　二〇〇一『法華経入門』　岩波書店
見坊豪紀他　一九八三「ともえ」『新明解国語辞典　第三版（小型版）』　三省堂
小林康幸　一九八九「関東地方における中世瓦の一様相—中世都市鎌倉と周辺地域にみる系譜性を中心として—」『神奈川考古』第二五号　神奈川考古同人会
小松茂美　一九八七「『源氏物語絵巻』の成立」『源氏物語絵巻・寝覚物語絵巻』　中央公論社
後藤守一　一九七九「鞆」『日本歴史大辞典』第七巻　河出書房新社
坂輪宣敬　二〇〇三「来迎図」『仏教考古学事典』　雄山閣
佐川正敏　一九九五「鎌倉時代の軒平瓦の編年研究—よみがえる中世の瓦—」『文化財論叢』Ⅱ　同朋舎出版
真保　亨編　一九七九『日本の障壁画　飛鳥—室町編』　毎日新聞社
高澤　等　二〇〇八『家紋の事典』　東京堂出版
田中恆清　二〇一一『八幡大神』　戎光祥出版
谷口耕生　二〇〇五「国宝　法華経提婆達多品第十二」『厳島神社国宝館』　読売新聞大阪支社
梯　信暁　二〇一六「『往生要集』購読（十三）—問答料簡②粗心妙果以降—」『歴史文化研究』第一六号　大阪大谷大学歴史文化学科
中野玄三　一九八五『来迎図の美術』　同朋舎出版
奈良国立文化財研究所　一九九二『法隆寺の至宝—昭和資財帳—』第一二巻　小学館
濱田　隆「法華経と日本仏教文化」『法華経—写経と荘厳—』　東京美術
藤澤典彦　二〇〇九「巴文様の変容—中・近世軒丸瓦の瓦当文様を中心に—」『志学台考古』第九号　大阪大谷大学文化財学科
水尾比呂志　一九六六『日本宗教造型論』　美術出版社
水野弘元　一九七二『仏教用語の基礎知識』　春秋社
矢崎靖子　一九六四「岩手県平泉中尊寺伝大池址周辺遺跡出土瓦について—瓦の年代決定とそれに関する若干の問題—」『物質文化』（三）　物質文化研究会
安嶋紀昭　一九九七「国宝阿弥陀聖衆来迎図について」『国宝阿弥陀聖衆来迎図』　高野山霊宝館
山折哲雄・大角　修　二〇〇九『日本仏教史入門—基礎資料で読む』　角川学芸出版

第三章　東アジアと日本

第一節　古代西王母の髪飾り――その変遷と思想に関する問題――

一　はじめに

神仙思想に関わる西王母は、日本において馴染みが薄く古墳時代の三角縁神獣鏡にその造形を留める以外図像としては認めがたい。椿井大塚山古墳出土の吾作四神四獣鏡（M33号鏡）は、「東王父」「西王母」の傍題を持ち、「吾作明竟甚大好　上有神守及龍虎　身有文章口銜巨　古有聖人東王父西王母　渇飲玉洤　五男二女長相保　吉昌」の銘文を刻む。また黒塚古墳の吾作四神四獣鏡（黒塚19号鏡）には、「吾作明竟甚大好　上有神守及龍虎　身有文章口銜巨　古有聖人東王父西王母　渇飲玉飢洤食棗　壽如金石長相保」の銘文がある（橿考研附属博物館他二〇〇〇）。これらを含む西王母が表現された三角縁神獣鏡は、日本で出土した西王母像の三世紀の例で日本では最も古く四世紀にも繋がる。これらの西王母像には、髪飾りがC字形文で表現されたものがある（図1－1）。

『延喜式』巻八の六月晦日大祓の条（十二月准レ之の注）には、

「東文忌寸部献二横刀一時呪（西文部准レ之）謹請、皇天上帝、三極大君、日月星辰、八方諸神、司令司籍、左東王父、右西王母、五方五帝、四時四気、捧以二銀人一、請レ除二禍災一、捧以二金刀一、請レ延二帝祚一、呪曰、

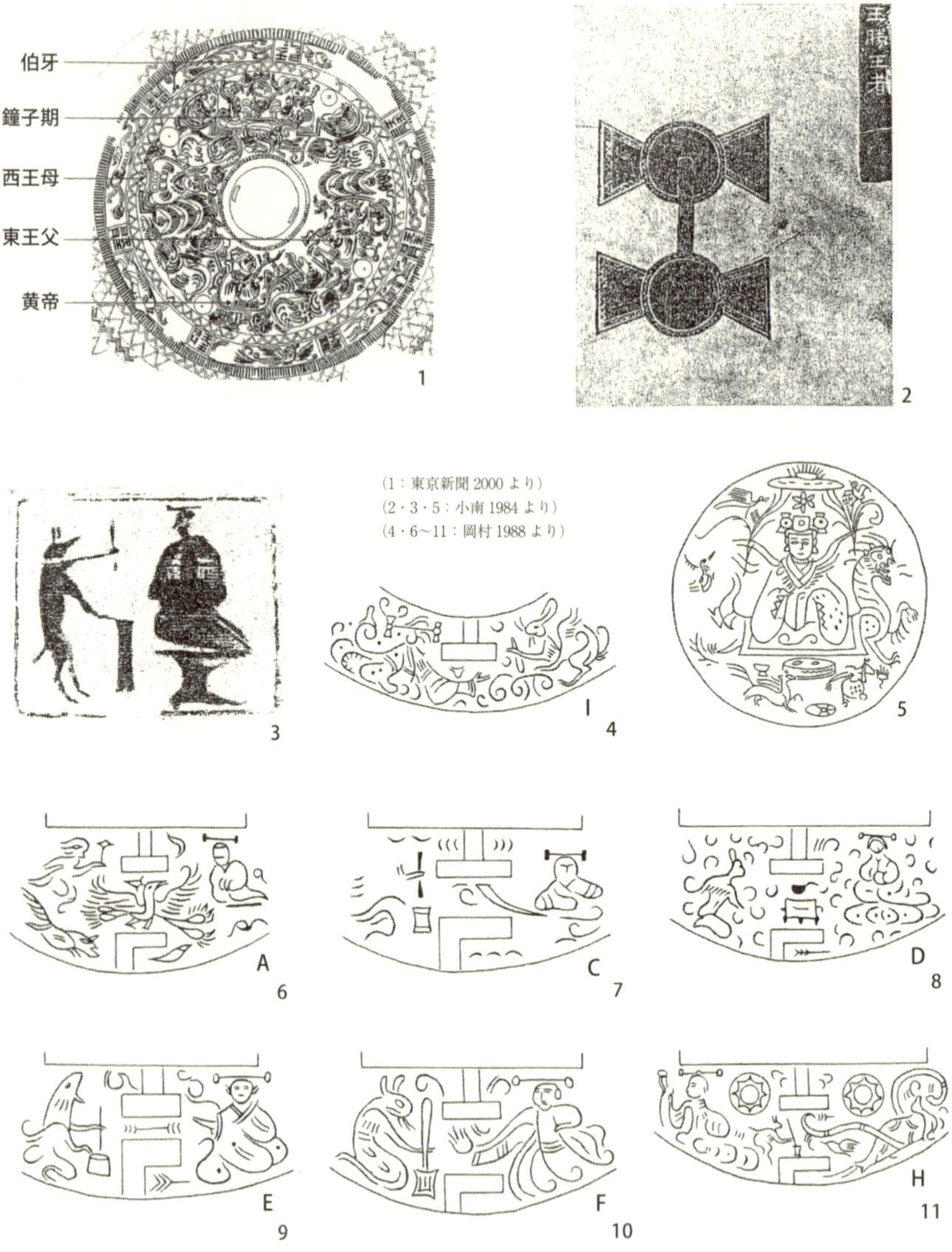

1. 椿井大塚山古墳M25号鏡
2. 武氏祠画像石
3. 鄭州出土空心磚
4. 始建国二年規矩獣帯鏡
5. 楽浪出土銅盤
6. 寧楽美術館蔵方格規矩四神鏡
7. 朝鮮平壌石岩里257号墓出土方格規矩四神鏡
8. 江蘇省楊州蜀岡5号墓出土方格規矩鏡
9. 梁上椿氏旧蔵方格規矩四神鏡
10. 松本清張氏旧蔵方格規矩四神鏡
11. 陳介祺氏旧蔵方格規矩四神鏡

図1　西王母の勝と玉勝

東至二扶桑一、西至二虞淵一、南至二炎光一、北至二弱水一、千城百国、精治万歳、万歳万歳、」の記事があり、道教との関連で黒板勝美がいち早く注目していた（黒板一九二三）。古代の古文書に記載された西王母の記事としては最も古い例と思われる。

上記資料の西王母は東王父（東王公）と共に聖人として並記され、三角縁神獣鏡で神仙思想に関わる長寿の象徴とされている。日本の神仙思想については、和田萃が道教的信仰を前提に、①神仙境憧憬、②辟穀の実践、③居住区での神仙境の造営とそこでの遊楽、④仙薬の服用、⑤仙薬を医薬として服用、と五つの具体的行為として定義し、神仙思想の受容を推古朝に想定した（和田二〇〇六）。

以上のように、三世紀には神仙思想に関する資料が認められるもののその実態は不明であるが、七世紀には定着しており（利部二〇一四a）、平安時代には宮廷儀式に見られるほど日本文化に浸透している。以下には、日本に伝来する三世紀頃までの中国神仙思想を中心に、西王母の髪飾りを手がかりにして論じてみたい。

二　西王母髪飾りの前提

西王母の髪飾りを表記した最も古い文献には『山海経』がある。過偉は、同書に記述されている三つの西王母に関する内容を読み下している（過二〇〇九）。

一つ目は、「玉山、ここは西王母の住むところである。西王母その状は人のごとく、豹の尾、虎の歯にしてよく嘯く。蓬髪に勝をいただき、天の厲と五銭を司る。」の記事①。二つ目は、「～名を昆侖の丘という。神がいて、人面で虎身、文があり、尾があり、みな白く、ここに住む。そのふもとに弱水の淵があり、これを環る。その外には炎火の山があり、物を投ずれば燃える。人がいて、勝をいただき、虎の歯、豹の尾にして、穴に住む。名は西王母という。この山には万物がことごとくある。」の記事②。三つ目が、「西王母は几にもたれ、勝をいただく。その南に三羽の青鳥がいて、西王母のために食物をはこぶ。昆侖の虚の北にいる。」の記事である（③）。

この三つの記事には、西王母が頭に勝を載せていることが並記（①～③）されている。その容姿につい曽布川寛は、「人間の形をしているが、豹の尾、虎の歯をもって、ざんばら髪に勝の飾りをつけ、災害や五刑などの殺害の気をつかさどっていたという。これが西王母の最も古い形であり、勝の飾りはそのシンボルであった。」と述べている（曽布川二〇一三）。

勝の髪飾りを詳しく解釈したのが小南一郎である（小南一九八四）。小南は『西海経』の勝を、武氏祠画像石の祥瑞図の一つである「玉勝王者」の傍題を持つ図と関させて玉勝と捉えた（図1－2）。そして、その形状を小南は「中央が丸く左右に台状のひれが出た二枚の板状のものを一本の軸で連結したもの」とした。それを縦や横に表現したり、板状のものを単独で表現した類例を示し、玉勝が漢代から唐代まで祥瑞として珍重されていたことを述べた。

小南が引用した『続漢書』にある「太皇太后や皇太后が廟に入る際に着るのは、上部が紺、下部が皁。養蚕には上部が青、下部は縹。共に深衣の制による。～簪は瑇瑁をもって擿となし、長さは一尺。その端は華勝とする。」の記述から、玉勝の表現には、前述の「玉勝王者」の棒状と両端の飾りを含む場合と、その端の飾りだけを指す場合のあることが理解される。そのことを小南は、「太皇太后や皇太后が祖先神を祭ったり、養蚕を行ったりする時には、冠をとめる簪の両端に華勝が付けられていた」ことを指摘した。

また、『礼紀』の月令篇の季春の月（三月）の条にある「～戴勝のとりが桑の木に降る。曲・植・籧筐など養蚕の道具を備える。后妃たちは斎戒し、親しく東に出て、手ずから桑つみを行う。～養蚕のことが完了すると～その仕事の成果をたてまつって、郊祀や廟祭の礼服にあてる。」の記述と併せて、「皇太后などと同様に、皇后は天下の女性を代表して模擬的な養蚕を行った。」と指摘した。后妃が養蚕と強く関わっていたことが知られる。

小南は、「戴勝のとり」の注を「あたかも養蚕の季節の到来を告げるため天から使わされたかのように、戴勝と呼ばれる鳥が桑の木にとまるのだ」と読み下し、先の棒を持つ玉勝が、漢代図像の機織り機を構成する旋機や勝に当たる部分に表現されていることから、西王母の持つ勝と密接に関連するとしたのである。今日の七夕における牽牛と織姫の物語は、機織りの祭祀が母胎となっていたことを想定した。また『新唐書』の記載から、唐代の染織署では七月七日に機織りの杼を祭っていたことも紹介している。

以上のことを念頭において、以下では西王母の髪飾りの中でも特徴的なものを取り上げ、その変遷を把握することから始めたい。

三　西王母髪飾りの変遷

文献で表記される勝や玉勝は、棒状の直線にその両端の飾りを含むものと、端飾りだけのものが区別されているわけではないことは前述した。小南は、西王母の勝を軸があり両端に、板状で上下の台状の鰭を持つ丸いものが付く特徴のものを、玉勝として限定的に述べている（小南一九八四）。この形は一言では表現しにくく、図像に「玉勝王者」の標題の付く事例もあることから、本文では真っ直ぐな棒（以下直棒と表記する）の端に飾りを持つものを玉勝形タイプする。ただし、後述するように直棒の端に短線が垂直に取り付くものは除外する。玉勝形タイプは、文献に見られる玉勝の語を必ずしも意味するものではない。

小南は「玉勝を戴いた西王母の画像」の古い例として、前漢時代末期から後漢時代初年とする鄭州新橋の前漢墓出土の空心磚（図1－3）と新時代の始建国二年（紀元後一〇年）銘の資料（図1－4）、（小南の資料では正面右に飾りがない）を取り上げた。四は勝が玉勝形タイプである。三は正面左がやや膨らみ玉勝タイプといえないが、勝の図像を略したと小南が解釈したものと思われる（報告では前漢時代晩期）。この他に小南は著書の中で、後漢時代に多く認められる玉勝形タイプを戴く西王母図像をいくつか紹介している。

初期の勝の変遷を捉える上で必見なのが、岡村秀典の論文「西王母の初期の図像」である（岡村一九八八）。岡村は、王莽時代を含んで前漢時代に編年できる三〇〇面程の方格規矩四神鏡をⅠ〜Ⅳ式に編年し、Ⅰ・Ⅱ式を前一世紀後葉でも古手にⅢ式の一部とⅣ式を王莽時代とした。このうち西王母が表現された八面の図（A〜H）を掲載し、その型式分類に当てはめた。すなわちA・BをⅠ式、C〜EをⅡ式、F〜HをⅢ式とした。このうち、勝が表現されているA（図1-6）・C（同7）は、棒の両端を短線状に表現したもので全体としてはI字形を横にした形状である。これらの勝をI字形タイプとする。D〜F（同8〜10）・H（同11）の勝は、直棒の両端が楕円や長方形状に表現されており全体ではバーベル状を呈している。これらを玉勝形タイプから切り離してバーベル形タイプとする。Hだけは直棒の中央が僅かに盛り上がる特徴がある。

岡村はIとして、先に示した獣帯鏡の建始国二年の銘を持つ図も掲載した（同4）。この勝は玉勝形タイプであるが、直棒の両端に同じ形の飾りが表現されている。小南の掲載図では欠落していたものが、新たな観察によって認められたものであろう。後漢時代で盛行する玉勝形タイプで最も古いと考えられているIの獣帯鏡と、六例が認められた方格規矩四神鏡の勝を比較すれば、バーベル形タイプを挟んでI字形タイプが先行する。このI字形タイプとバーベル形タイプの勝は、西王母の頭上と接するか、頭との間に僅かな隙間を作って表現されており、玉勝形タイプが頭上の髪や飾り物を貫通している表現とは異なり大きな特徴になっている。

このI字形タイプから玉勝形タイプへの変化は、前漢末年の社会不安を背景にしており、曽布川は「建平四年（前三）には、関東（函谷関以東）に始まった爆発的な西王母信仰は京師にも及び、民衆は会聚して西王母を祀ったという。」と、『漢書』の記述を提示している（曽布川一九八一）。その内容を請けて宮崎泰史は、「このとき西王母は初めて民衆の神となり、女性らしい容貌で図像として表現される。」としている（宮崎一九九九）。玉勝形タイプの勝は、この西王母像に相応しい髪飾りとして考案されたものと考えられる。

次に勝が大きな変化を遂げる原因に、東王父出現の問題がある。本来単独神として信仰されていた西王母が、二世紀初め頃から画像鏡・画像磚・画像石等に西王母と東王父の二神として表現され、東西の世界を東王父と西王母がそれぞれ担うことになった（宮崎一九九九）。つまり西王母の機能が半分に分担されたことになる。

この事情を小南は、「西王母は元来単独で存在し、この神の下に陰的要素（たとえば月）と陽的要素（たとえば太陽）とが統合されていた。～西王母は陰的なものと陽的なものとの両性を具有することによってその全能性を表していた。玉勝は、その全能性と関係する一つの表象であったと考えられる。時代が下るにつれて原西王母の両性具有という性格が二つに分裂し、西王母が西方・月・女性などの陰的要素だけを表す傾向を強めてくると、それと対になる東方・太陽などの性格を持った男性神が別に登場してきたのである。」と述べている（小南一九八四）。

東王父の出現によって、西王母が東王父と対で表現される場合は、勝を付けなくなる傾向にあることがやはり小南によって指摘されている。また小南は前述著書の中に、後漢から三国時代にかけての鏡で、玉勝形タイプの勝や東王父と対になるバーベル形タイプや、簡略化した玉勝形タイプの勝を戴く西王母像の資料を紹介している。また、同時代の資料で直棒を表現しないでその端に付く玉勝を留める資料も掲載した（図1-5）。

この状況を小南は、「勝を頭に戴いた女神の像を後漢から三国時代にかけての画像鏡の上に少なからず見ることができる。」と述べている。つまり、東王父出現以降の後漢後半から三国時代にかけては[1]、玉勝形タイプが急速に衰退し、西王母の髪飾りが勝以外のもので表現されることが多くなってくるのである。呉鏡や三角縁神獣鏡を追求した王仲殊は『三角縁神獣鏡』を著しているが（王一九九八）、それに掲載された多くの中国鏡資料に、明確な勝を戴く表現は認めることができない。東王父出現に伴う西王母の相対的な地位の低下が、勝の性格を変更させて別の形に変換したものと考えられる。

以上より西王母が頭に戴く勝の変遷を三国時代までに限って、I字形タイプを用いる前漢時代後葉（I期）、玉勝形タイプの始まり（バーベル形タイプ）と玉勝形タイプの盛行する前漢時代末から後漢時代前半（II期）、玉勝形タイプが衰退しそれ以外の髪飾りが盛行する後漢時代後期から三国時代（Ⅲ期）、と大まかな変遷を考えておきたい。

四　I字形タイプの勝

西王母が頭に戴く勝で最も古いのがI字形タイプである。岡村論文では、方格規矩四神鏡二例を取り上げているが、勝でないI字形文の器具を手に持つ前漢時代の図像も西王母関連資料として掲載した。河南省密県出土空心塼（岡村M、図2－1）やブランデージ・コレクション金銅製酒尊（岡村O）の資料である。この他前漢時代として、I字形文を持ちI字形タイプの両端に軸がはみ出した勝を頭に差し込んだ状態の河南省鄭州出土空心塼も取り上げた（岡村K、図2－2）。これについては出土状況が不明で、前漢時代でも末期に推定している。筆者はこの特徴の勝を、I字形タイプが単線を表現するのに対して、円盤状を直棒が貫通した状態の正面観と捉えバーベル形タイプに含めている。

さて、I字形文は日本の銅鐸の中にも認められ、I字形具と呼ばれている。神戸市神岡4号銅鐸、5号銅鐸（図2－4）、伝香川県出土銅鐸等では、I字形具をやや斜めに立てて、腕を垂直にしてその中心を持つ人物が描かれている（図2－3）。これらは、佐原真の紐による分類のⅢ式（中段階）に当たる。更に古いⅡ式（古段階）の東博36667号銅鐸（図2－5）では、先に比較して棒が短く表現され単独に描かれている。（国立歴史民俗博物館一九九七）。これらのI字形具について寺澤薫は、その人物像も含んで「棒踊り」「害虫防除の呪具、呪儀」等の諸説を紹介し、中でも「桛に紡糸を巻く女人像」説と「男性の魚とり」説が有力視されている、としている（寺澤一九九四）。

寺澤はこの弥生時代銅鐸に見られるI字形具のI形について追求し、はじめにIと形の似る工の字に注目した。

1

2

1. 河南省密県出土空心塼
2. 河南省鄭州出土空心塼
3. 谷文晁旧蔵銅鐸
4. 神戸市神岡5号銅鐸
5. 東博36667号銅鐸
6. 河南省長沙砂子塘墓

3

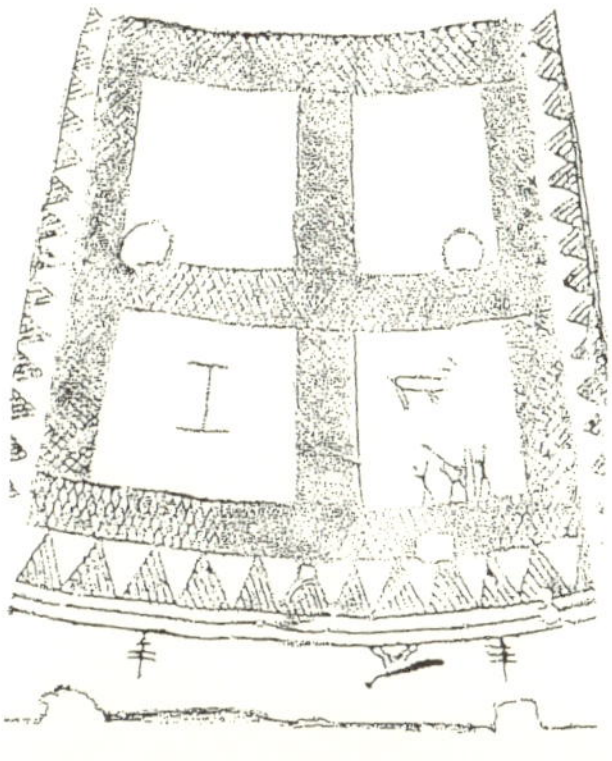
5

4

6

（1：寺沢 1994 より）（3〜5：国立歴史民俗博物館 1997 より）
（2：岡村 1988 より）（6：曽布川 1981 より）

図２　I字形具と天帝の使者

寺澤は、白川静が工の字には工作の工と呪具としての二系統があることを紹介した上で、呪具に関わる工の関連文字やその字義を多く取り上げた。そして、西王母がI字形具を持つ前漢時代河南密県出土空心塼（岡村M）を掲載し、小南の西王母理解に立脚して「西王母が工字形の呪飾り頭に加え巫咸を表していたことは実に示唆的であろう。」と述べた。更に、I字形具を持つ人物を「左手にI形の呪具（工）」をもつ原作・桜ヶ丘5号鐸の人物はまさに神と交感する字義どうりのシャーマンそのものである。」としたのである。銅鐸のI字形具と、中国の神仙的女神である西王母の持つI字形文の器具を同一視したもので、寺澤が示したように、銅鐸の人物は呪術祭祀を意味する図像と理解される。寺澤の解釈から、西王母の頭を飾るI字形タイプの勝もI字形具と同じ形をしており、勝の初期段階であるI字形タイプには、基本的に呪具としての意味が備わっていたものと考えられる。

I字形タイプの勝で注目したいのが、先に示したように西王母の頭上に存在する点である。頭上に直棒の飾りを戴く例に、前漢時代前葉の湖南省長沙砂子塘墓から出土した外棺側板漆画（図2-6）や同前葉で同じく長沙馬王堆1・3号墓出土の帛画がある。前者は、神鳥頭上の小さな台に直棒の中心が乗り、両端に紐で吊した四角や菱形を連ねた飾りを付けている。後者は、人物頭上の小さな高まりに直棒の中心が乗り、その末端（1号墓）や先の方（3号墓）にやはり紐で吊した四角飾りを付けている。後者の人物は、1号墓では門柱の内側で向かい合い、3号墓では同じ状態の絵画と上方で天馬に乗って向かい合う人物として描かれている。曽布川は門柱を崑崙山の門と解釈し、門柱より上位の世界は崑崙山を象徴するとしている。そして、これらの頭上の飾りを「天帝の直属の下臣を示す冠」と見なしたのである（曽布川一九八一）。西王母がI字形タイプを頭上に戴く表現は、天帝の臣下としての使者を意味しているものと考えられる。

五　玉勝形タイプの端飾り

ここでは、玉勝形タイプの端飾りを限定的に扱い、その発生と変化、さらに後世に繋がる影響について考えてみたい。

（1）発生・変容

西王母の勝は、玉勝と呼ばれる場合があり玉と見なされていた面がある。

端飾りについては、小南が楽浪郡時代（後漢）の円内に四葉を描いた板状のもの、四川省郫県後漢墓石棺の家の入り口上部に、円と左右にその直径を凌ぐ長さで描かれた鰭部分が付く画像等を紹介している。また、玉勝形タイプの両端飾りだけを西王母頭部の左右に表現した楽浪出土銅盤（図1－5）や成都出土方磚の図像も紹介している（小南一九八四）。前者は後漢墓から出土し、後者もその時代が下っても三国時代と考えられる。これらの西王母の勝は、直棒を除いて端飾りを独立させて表現したもので、本来の直棒がある勝とは区別すべきである。以上より、勝の両端にある端飾りの独立した表現は後漢時代まで遡ることが知られるが、他の二例は主題の図像を演出する脇役としての存在であった。

この端飾りが図像の中心的な存在として扱われた例として、以下に甘粛省敦煌市の西晋期佛爺廟湾遺跡の事例を取り上げる（図3・4）。『敦煌仏爺廟湾西晋画像磚墓』では、M167とM91を除くM37・M39・M118・M133と四つの照壁のある磚墓が報告されている（甘粛文物研究所編一九九八）。これらは地下に磚で築かれた墓室で、前室や後室を持つ多室墓（M118・M133）や単室墓（M37・M39）があり、耳室や壁龕を持つ。前室や単室の前には深く掘り下げられた墓道正面に墓門があり、この上に照壁がある。

この照壁を孫暁崗の論文（孫二〇〇二）も参考にして記述すれば、M37・M39は下部と上部に分けられ、下部

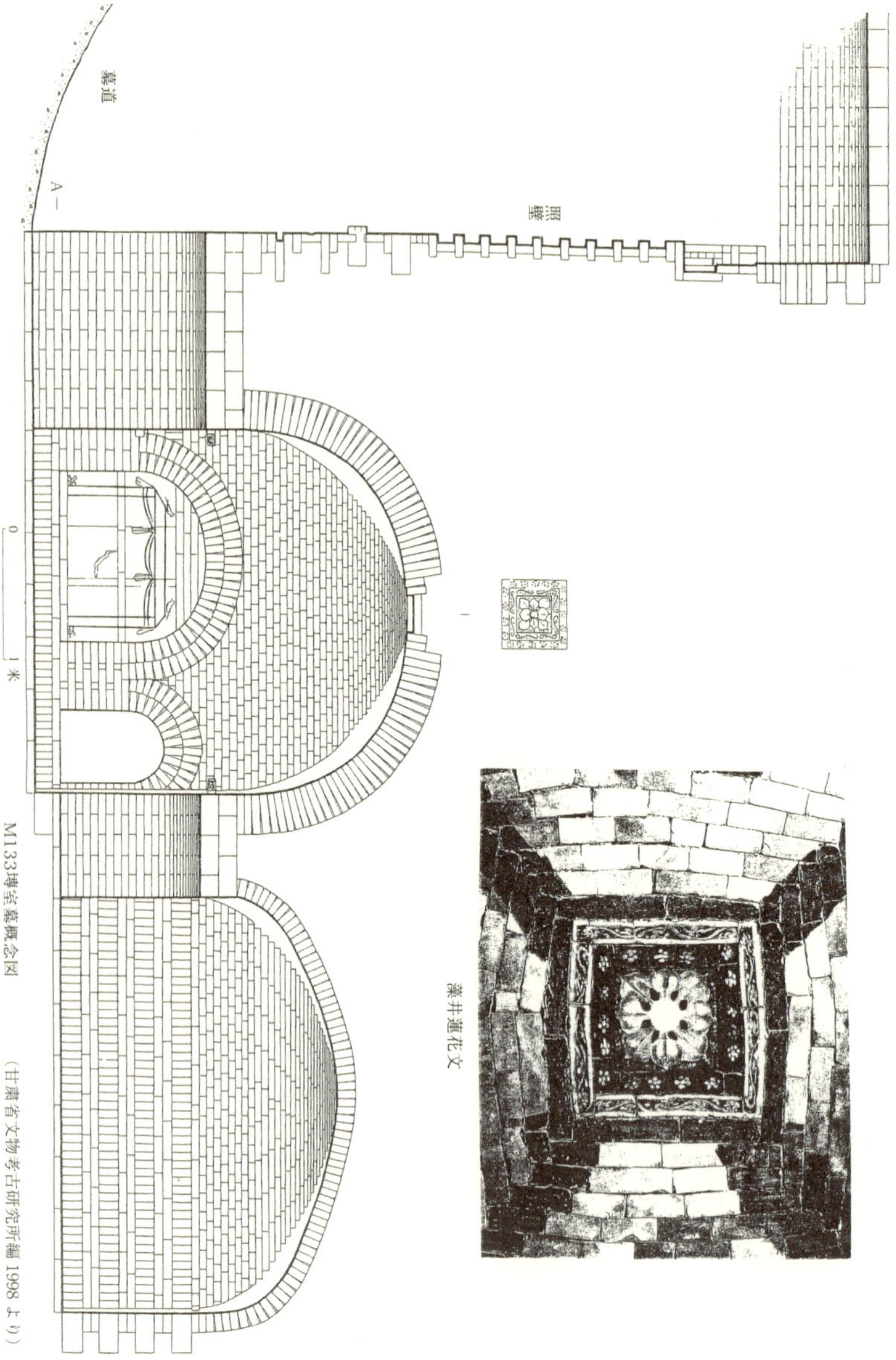

図３　仏爺廟湾遺跡（1）

は倣木構造の磚彫で斗栱を中心としており、その下位中央に熊面力士を置いた建築飾り物を彫刻している。他に獣面・×形文・三角文等が描かれる。上部には、M37が×形文を境に四枚ずつ七層の画像磚、M39は×形文を境に四枚ずつ四層の画像磚があり異禽神獣が描かれる。M118も下部と上部に分けられる（孫は上部・下部の表記をしていない）。下部は上方にある三本の柱上部までとし、やはり倣木構造の磚彫で斗栱を中心に同じような建築飾り物を彫刻している他、類似した獣面や文様が描かれる。上部には二組の×形文を境に三枚ずつ四層の画像磚があり同じく異禽神獣が描かれる。M133の照壁は最も完成されており、下部・上部・最上部に分けられる。下部は、ここでも斗栱を中心に倣木構造の磚彫で熊面力士を置き、類似した獣面や文様が描かれる。上部は×形文を境に四枚ずつ九層の画像磚があり、ここでも異禽神獣を描く。最上部には、倣木築で虎を描いた闕門が左右の男女と共に描かれている。

これらの照壁で注目したいのが、下部中央に中心的に表現された斗栱とその中心に表された図像である。この周りにも異禽神獣等の表現が見られる。斗栱は仏教建築に多用される建築様式である。その中心に据えてあるのが、円の上下に台形状の鰭が付く磚の彫刻である。筆者はこれを玉勝形タイプの端飾りと考えている（孫の論文でも触れられていない）。照壁における勝の端飾りは、M37・M39で左右に二つ、M118・M133では一つずつ表現している。このうちM37・M39・M133の端飾りは、上位にある方形画の托山力士磚と近接するが、M37・M39では托山力士の左右下に、M133では中央下に食い込んで表現している（図4）。M118では、端飾りが一つでその上の斗栱の隙間に鳳凰を描いている。

東潮は、照壁に描かれた四神（青龍・白虎・玄武・朱雀）・天禄・受福・伯牙・白象・力士・獣面等の様々な図柄等を、魏晋代の思想を表現したものと評し「西晋初期と推定されているが～時間差がある」としている（東二〇一二）。照壁の中心的画材である斗栱の中心軸には、下に熊面力士、上に托山力士や鳳凰が描かれ、この中心に端飾りが存在する。すなわち、神仙思想を象徴する端飾りが斗栱の中心に据えられていたと理解されるので

図４　仏爺廟湾遺跡（2）（甘粛省文物考古研究所編 1998 より）

ある。M133最上部の闕門は、仙界の入り口を意味するものであろう。周辺の彩画には、思想や伝統文化が副次的に表現されたものと考えられる。

勝の端飾りが、墓の入り口である墓門を飾る照壁に中心画材として用いられたが、M37・M39・M133の単室や前室は、磚による覆斗式の構造であり、その頂部には藻井蓮花文がある。蓮花文は一般的には仏教を象徴する。しかし、ここではスペード形の八葉で所謂四葉文を重ねた表現であり、戦国時代頃からの伝統的な蓮花文で「天極星を代表し~天帝そのものの象徴」でもあった（林一九八九）ことから、中国的要素が大きい。M133の被葬者が、天帝の下に安置され昇仙を希求するが、M118の鳳凰や托山力士との組み合わせや墓室外の在り方からすれば、端飾りは吉祥文や祥瑞としての性格も併せ持っていたものと思考される。

（2）残映のこと

奈良県薬師寺金堂には日光・月光菩薩に挟まれた薬師三尊像（金銅仏）があり、平城京の遷都に伴い新鋳されたとする天平説と本薬師寺の本尊を移したとする白鳳説があるが（長島一九八九）、現在は前者が有力である（田中一九九三）。本項では薬師三尊像の中心にある薬師如来坐像台座の文様（図5-1）について考えてみる。

薬師如来の台座は、本尊と同じく青銅で鋳造された宣字形台座（宣字座）で、中央四面の上には二段の下には三段の框がある。中央にある四面には、龕内に二躯の異形像（邪鬼）が東西に一組南北に二組、南北龕の中央には更に柱を支えた鬼神を一躯ずつを配置している。各面の下にある框縁中央には、東西南北に青龍・白虎・朱雀・玄武を配置するが、これ以外の框縁と中央四面の各左右の縁沿いに装飾を施す。框最下段の装飾には蓮花文が連結して縁取られるが、これ以外の框縁装飾のうち、最上段の葡萄唐草文以外は宝玉文と総称されている（毛利一九九七）。

宝玉文を個別に観察すると、各四方向共に、帯状に展開する中央面左右の縁や框縁を二本の線で長方形に区画

1

2

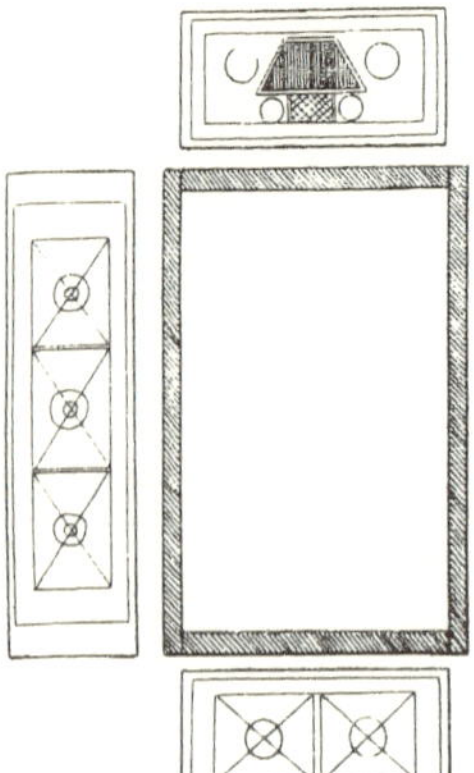
3

(1：田中 1993 より)
(2：蘇 2007 より)
(3~5：町田 1987 より)

4

5

1. 薬師寺薬師如来台座
2. 江蘇省円陽県建山金家村墓
3. 江蘇省万寨漢墓　　4. 河南省唐河県メリヤス廠漢墓　　5. 山東省益都画像石墓

図５　方内対角線蓮花文（円・四角）

し、円形・方形・菱形の蓮花文を配置している。ここで取り上げたいのが、下段中央框縁の長方形に区画された中央に蓮花文があり、二組の対角線上に二本の直線で繋いだ文様である。これを方形内対角線付蓮花文、略して方内対角線蓮花文（対角線状のものも含む）と仮称していく。他の蓮花文が、同様の区画内で四方に蕾や唐草を表す表現とは対峙する。

薬師三尊像台座と中国神仙思想を結び付けたのは長岡龍作である。長岡は『日本美術全集』第二巻の中で、神仙思想を代表する西王母が飾る勝と方内対角線蓮花文を関連付け、「中央の蓮華から長方形の四隅に向かって線をのばす蝶ネクタイ型の文様は、崑崙山の主、西王母を象徴する「勝」（髪飾り）だと考えられる。」と述べている（長岡二〇一二a）。筆者が目指していた研究の方向性をいち早く指摘した。更に同書解説の「薬師如来坐像台座」では、蓮花文や葡萄唐草文と四神・異形人物・蝶ネクタイ型の文様から、仏教と神仙思想の混在を強調している（長岡二〇一二b）。

日本における方内対角線蓮花文や同円文等の古い例として、七世紀末～八世紀初頭の法隆寺金堂壁画の第1号壁・第9号壁・第10号壁を挙げることができる（長岡二〇一二b）。これらの台座には、色分けされる等上下・左右の蝶ネクタイ型とも見て取れる方内対角線蓮花文がある。[2] 中国においては、七世紀の樹下三尊説法図や八世紀の観無量寿経変相図の仏像台座（秋田県教委編二〇一三）、更に五世紀末の江蘇省丹陽県建山金家村墓（図5－2）の羨道東西壁にも方内対角線蓮花文が認められる（蘇二〇〇七）。これは武人が描かれた中、長方形の磚に方内対角線蓮花文二つを接して並べたもので磚中央の仕切り線が共用されている。この場合の長方形は磚の輪郭を指し、描かれた文様はそれぞれ一対である。このような方内対角線蓮花文を二つ並べたり単独に用いた例には、六世紀百済の武寧王陵の墓室壁龕を取り上げることができる（金一九八四）。

筆者は、これら方内対角線蓮花文の原形が、後漢初期の河南省唐河県メリヤス蔽漢墓（図5－4）に見られるような環に×形を組み合わせたモチーフにあるのではないかと考えている。更に遡る江蘇省の万寨漢墓（図5－3）

について、町田章が「西漢末ないしは新王莽時代にかけての頃、木槨墓の構造を板石によって構築し、そこに画像を刻するものが出現しておりこれがこの地方での古い画像石墓の形態」と述べている（町田一九八七）。ここでも棺の壁に、環と×を組み合わせたモチーフを用いている。これらの環は玉器の璧を表し、×は除魔等の呪術性を持つ×形文（利部二〇一四b）を表すものではないだろうか。璧は、「神を祀る時や封建君主から下賜する時にもちいられた」ものである（繭山一九七八）。この方形内における璧と×形文の組み合わせが、玉勝形タイプの勝（長岡の蝶ネクタイ型の文様）や後世に仏教で多用される方内対角線蓮花文（円・四角）の原形と考えられるのである。

六　おわりに

本論では、西王母の日本における事跡を辿り、西王母が戴く髪飾り（勝）について中国の図像を中心にその変遷を辿った。そして、出現期Ⅰ字形タイプの時期をⅠ期、玉勝形タイプとこれに先行するバーベル形タイプを含んだ時期をⅡ期、そして玉勝形タイプと並行しつつこれ以外の表現が顕著になるⅢ期と、三世紀三国時代にまでに限った大まかな変遷を述べた。

このうちⅠ字形タイプの勝は、Ⅰ字形具の呪具に通じており『山海経』の「蓬髪に勝をいただき、天の厲と五銭を司る」、つまり災害や五刑を司る恐ろしい姿の西王母と重なる。また勝の頭上に接する在り方から、西王母は天帝の命を受けた特別な存在と思考した。これに対してⅡ期玉勝形タイプの勝は、一般的には人格化したかわいらしい女神の姿を表し大きく変貌する。この勝の変化は、前漢末の社会不安に乗じて、民衆が西王母を崇め身近な存在になった背景があった。この混乱を収拾し新しい国家を興したのが新の王莽である。

王莽は、前漢時代元帝の皇后であった太皇太后の親任を得て、遂には新の皇帝になる。東晋次は、王莽が『周書』に倣った「大誥」には、太皇太后が予言の聖女と見なされ王莽が天下を統一する証として、「遂に民が西王母を伝え祀るという応験や神霊の証を獲得し」の記事がある。また太皇太后の号を「新室文母太皇太后」と改める時に、「哀帝の御代に世間では「行詔籌」を行い、西王母に饗する祥瑞としたことがあるが、太皇太后が歴代の母であることはなによりも明白なことである」と述べている、ことも指摘した。その上で、西王母と東王父の対を前漢末期の元始・居摂年間の元后（太皇太后）と王莽による統治の正当化に利用したと推定した（東二〇〇三）。筆者は東王父の出現を後漢後期とする説を支持しており、東の考察を全面に肯定できないが、太皇太后を西王母に喩えたことは首肯できる。王莽は礼を尊び、特に『周礼』は王莽の政治活動には欠かせない文献である。

前項でのべた玉勝形タイプの両端にある端飾りは、璧を中心にしたモチーフと思考した。このモチーフは、『周礼』を重んじていた王莽もしくは王莽政権下で考案されたものと考えられる。また、これに先んじるバーベル形タイプの勝につては、西王母の表情が柔和になっており、民衆に溶け込んだ西王母に相応しい端飾りを表現したものと思われる。一方、先に見た機織り機の旋機が玉勝形タイプの勝で表現されていることは、『宋書』礼志二に「史臣　案ずるに、「周礼」の女巫は季節ごとの祓除釁浴の儀礼を掌る」とあることからしても、やはり『周礼』を重んじた王莽政権下以降の図像と言えよう。

最後に神仙思想と仏教の関連について、論旨に沿って若干述べておきたい。

後漢晩期の山東省沂南画像石墓の入り口には、三つの柱状の中央台にそれぞれ玉勝形タイプの勝を持つ西王母と東王父が表現されている。また、この前室から中室の中央に八角柱の八面があり、北面と南面には光背を付けた人物が各々最上位に位置し、南面中央に印を結んだような人物が坐っている。同じく最上位に、天蓋を戴いた西王母と東王父が崑崙山の上にある神座に表現してされている（信一九九六）。全体では神仙世界に仏教的要素が僅かに入り込んだ様相である。

また前項で論じた西晋初期佛爺廟湾遺跡のM133では、照壁に埋め込んだ玉勝形タイプの両端飾りについて詳述し、主室の天井部に描かれた蓮花文によって仏教の影響を示唆したが、中国伝統の文様を工夫した図柄と捉えた。この藻井蓮花文（図3）は、中央の中房を白で塗り上げその中に朱で小さな連子を描き、花弁とその中心軸を朱色で表現している。このことからすれば、後世に見られる瓦当文様との繋がりが想定でき、仏教における蓮花文を意識していたことは間違いないと思考する。また外側三重の四角い縁取りは、黒系統を主体に用いている。更に、四角の隅からは帯状に、正面観では直線的な四本の線が二対の直線を表すように延びている。玉勝形タイプの端飾りでは、壁と×形文の組み合わせをその原形と想定したが、それを引き継いだモチーフと考えられる。

ちなみに、六世紀後半の山東省益都県の北斉画像石（図5－5）には、四隅やその左右の間に宝珠のある四角な縁取りの枠（框の原形か）を仏教と関係する象に載せた画像がある。この枠飾りと同類と見なせる方内対角線蓮花文の直接的な繋がりが、墓室天井部の藻井蓮花文にあるのではないだろうか。この方内対角線蓮花文は、西方仏教の影響を受けつつも中国の伝統的な文様を元に発生してきたものと評価できよう。この文様が、唐代仏教画や奈良時代薬師如来台座等に認められることは前述した通りである。

本論では、日本でも神仙思想が西王母画像として見出せることを、三世紀の椿井大塚山古墳M25号鏡を紹介して冒頭で述べた。一方、仏教の影響はどうであろうか。やはり椿井大塚山古墳M24号鏡にも、肩から頭上を列点が円形に巡る光背を持つ神が表現されている。光背や結跏趺座等の仏教関連要素は四世紀三角縁神獣鏡にも多く受け継がれている（中村一九九四）。日本の思想や宗教面において、大きな影響を持つ神仙思想や仏教が、中国神仙思想を代表する西王母と関連することを西王母の勝を通じて述べてきた。日本の文献では、辿ることのできない時代の思想や文化を、今後も隣国の図像を通じて検討していきたい。

［註］

（1）土居淑子は、「概して一世紀頃の西王母図像は附随物が少なく単純である。が、二世紀に入るといったいに図像は複雑化して、兎、三足の烏、蟾蜍、玉女、九尾の狐など、種々の動物が加わってくる。」と述べた上で、文献に東王父と西王母が相関的関係で登場するのが後漢時代の半ば、東西に対置されるようになるのが二世紀の半ば頃としている（土居一九八六）。

（2）二〇一四年一一月三日、秋田県大仙市の太田文化プラザにおいて、鈴木空如特別展が開催された。その時に、空如による法隆寺金堂壁画第10号壁の模写薬師浄土図を実物代の大きな画面で見ることができ、具に方内対角線蓮花文（円）を観察することができた。中央の小さな円文と四隅を繋ぐ線は、対面して対になるエリアで色分けされており、薬師寺本尊台座の方内対角線蓮花文の二重の直線が、色で表現できないエリアを補う工夫であることが理解できた。

［参考文献］

秋田県教育委員会編　二〇一三『シルクロードの記憶』　新秋田県立美術館公開活用事業実行委員会

東　潮　二〇〇一『高句麗壁画と東アジア』　学生社

東　晋次　二〇〇三『王莽』　白帝社

王　仲殊　一九九八『三角縁神獣鏡』　学生社

岡村秀典　一九八八「西王母の初期の図像」『高井悌三郎先生喜寿記念論集　歴史学と考古学』　真陽社

利部　修　二〇一四a「日本の神仙思想と道教的信仰―烏・鳳凰・朱雀―」『中華文明の考古学』　同成社

利部　修　二〇一四b「本州北端の刻書土器―日本列島の×形文図像から―」『駒沢史学』第八二号　駒沢史学会

金　元龍　一九八四『韓国考古学概説』　六興出版

甘粛省文物考古研究所編　一九九八『敦煌仏爺廟湾西晋画像磚墓』　文物出版社

過　偉　二〇〇九『中国女神の宇宙』　勉誠出版

黒板勝美　一九二三「我が上代に於ける道家思想及び道教について」『史林』第八巻一号　史学研究会

小南一郎　一九八四『中国の神話と物語り』　岩波書店

国立歴史民俗博物館　一九九七『銅鐸の絵を読み解く』　小学館

信　立祥　一九九六『中国漢代画像石の研究』　同成社

蘇　哲　二〇〇七『魏晋南北朝壁画墓の世界』白帝社

曽布川寛　一九八一『崑崙山への昇仙』中央新書

曽布川寛　二〇一三「西王母」『中国文化史大事典』大修館書店

孫暁崗　二〇〇二「中国の壁画墓―河西地区を中心に―」『東アジアと日本の考古学』Ⅱ　同成社

田中義恭　一九九三「四一　薬師三尊像」『日本美術全集』第四巻　学習研究社

寺澤　薫　一九九四「鷺と魚とシャーマンと―銅鐸の図像考（Ⅰ）―」『考古学と信仰』Ⅵ　同志社大学考古学シリーズ刊行会

土居淑子　一九八六『古代中国の画象石』同朋舎出版

中村潤子　一九九四「三角縁神獣鏡の結跏趺座像」『考古学と信仰』Ⅵ　同志社大学考古学シリーズ刊行会

長岡龍作　二〇一二a「古代日本の祈りと美術」『日本美術全集』第二巻　小学館

長岡龍作　二〇一二b「薬師三尊像・薬師如来坐像台座（北面）」『日本美術全集』第二巻　小学館

長島　健　一九八九「薬師寺」『日本歴史大辞典』九　河出書房新社

奈良県立橿原考古学研究所附属博物館他　二〇〇〇『大古墳展―ヤマト王権と古墳の鏡―』東京新聞

長島　健　一九七九「薬師寺」『日本歴史大辞典九』河出書房新社

林巳奈夫　一九八九『漢代の神神』臨川書店

町田　章　一九八七『古代東アジアの装飾墓』同朋舎出版

繭山康彦　一九七八「古代の玉」『世界の博物館』二一　講談社

宮崎泰史　一九九九「三　仙の思想」『仙界伝説―卑弥呼の求めた世界―』大阪府立弥生文化博物館

毛利　久　一九九七「天平彫刻の流れ」『原色日本の美術』三　小学館

和田　萃　二〇〇六「道術・道家医方と神仙思想―道教的信仰の伝来―」岩波書店

第二節　鴟尾の変遷と発生に関する問題

一　はじめに

鴟尾は、「屋根の大棟の両端を飾るもの。」（内藤一九六二）と認識されており、鬼瓦や軒瓦等と共に、装飾の機能を持つ建築部材の一つである。中国が起源と考えられており、日本には飛鳥時代に寺院建築と共に伝播し、白鳳・奈良・平安時代には寺院や宮殿建築等に伴って盛行する。その形状は、先端が尖り上方に従って湾曲する形態で、先端が大棟の中央に向く。この系統を継ぐものに、南北朝以降に出現する鯱がある（佐藤二〇〇七）。鯱は、中唐以降に獣頭魚尾の形態を持つ鴟吻の一種と見なされており（上原二〇一一）、日本では近世城郭等に多く用いられ今日の屋根瓦の装飾としても散見される。(1)

鴟尾について、中国・朝鮮半島・日本における多くの資料を通じてその発生・変遷・製作等に至るまで総合的に論じたのが井内功である（井内一九七二）。井内は、鴟尾の部位名称を提示する等鴟尾研究の基礎を固めた。その後間もなく刊行されたのが『日本古代の鴟尾』で、日本の代表的な鴟尾の図や写真を多く掲載した他、「鴟尾関係史料抄録」も盛り込んだ（飛鳥資料館他一九八〇）。資料の客観的な提示が研究者の便に供しており、鴟尾研究の基本文献である。その中で鴟尾の部位名称も整備されてきた。一九年後、この執筆者の一人である大脇潔によって『日本の美術　鴟尾』が刊行された（大脇一九九九）。日本のみならず、朝鮮半島・中国も視野に入れた鴟尾研究の概説書として結実した。以上は鴟尾に関する日本の代表的な文献であるが、この他、鴟尾研究に関する論文は国内外に多く存在する。

鴟尾研究の隆盛下、遅々として進んでいないのが発生時期と形態の解釈である。それは、七世紀中葉の昭陵献殿出土の鴟尾が全容の知られる最も古い例でそれ以前の資料には恵まれていないこと、鴟尾形状の原形が様々に解釈されてきたこと等の要因があるからである（村田一九三一）。更に、漢代の大棟の両端に「反羽」と呼ばれた棟飾りが文献に見られたり、鴟尾が海獣である蚩尤に想定されたりしており、鴟尾発生の解釈は混迷を深めているのが現状である。本論では、多くの研究者が用いたように図像を手がかりにした論を進めていきたい。

二　鴟尾出現前史

鴟尾の形態分類を行う前提として、それが用いられてきた時代の問題がある。鴟尾の名称は、「鴟尾関係史料抄録」によれば、古くは「〔宋書〕太元十六年正月、鵲巣太極東頭鴟尾、（東晋三九一年）」～「〔天平十九年大安寺伽藍縁起并流記資材帳〕」に見られる。以降日本では、沓形・鵄尾・鮪と表記を変えて記載された。従って文献には、四世紀から奈良時代までに鴟尾の名称が認められ、少なくともその起源は四世紀まで遡る。鴟尾発祥を大脇は晋から北魏に想定し（大脇一九九九）、上原は漢・魏・晋頃と考えている（上原二〇一一）。これより、本論で検討する鴟尾に関連する資料は概ね漢代から平安時代までの範疇である。

さて、鴟尾の発生に関して井内は「このような大棟両端の鴟尾的変化は早くとも第三世紀ころに行われたとすべきであろう。そこで鴟尾成立の推定年代は、さきに挙げた古文献や、ネルソン美術館蔵の緑釉楼閣明器と、その明器の年代観についての村田先生の御見解などを基として、第四世紀ころであるとして大過なかろうと思う。」と述べた。文献（東晋三九一年）と三世紀より遡らない建築様式とした村田の見解（村田一九三一）から導いた年代である。村田は「鴟尾と認め得る実例は、筆者の知る範囲では、雲岡石窟や龍門石窟の北魏時代に属する壁彫が最古の一つである。」（村田一九三一）と記述し、鴟尾の発生を五世紀と考えていた。

（1）　漢代の検討

後漢とされるネルソン美術館蔵の楼閣形明器は（図1）、三層から成る寄せ棟造りである（村田一九六八）。各層にある四方の隅棟と最上位の大棟には、大きな四葉形の装飾がある。楼閣正面観では、大棟の飾りが鴟尾状の形（以下鴟尾状飾りと表記）に見える。しかしこの飾りの主体は、あくまで左右側面観に主体があるのであり、図らずも飾りの外形線が湾曲し飾りの側面が鴟尾形に見えたものである。漢代の明器や図像等の建築物に見られる鴟尾状飾りの多くはこの類に属すと考えられる。漢代鴟尾状飾りの中には、外側外形線が直線的に観察できるものが多く認められ、そこに文様を刻んでいることを示唆している。建築物の正面観を意識した鴟尾の配置とは異なる。

同じ後漢代のボストン美術館蔵の家形明器は、各層に欄干を伴う二層から成る寄せ棟造りで、四つの降り棟は二段になり稚子棟を伴う。各降り棟の先端には丸瓦を置くが、大棟には左右が対称になる平板な横C字形に作り、両端は上先端が水平な木口状を呈する。いずれにしても大棟飾りの正面観に主体があり、鴟尾の在り方と共通するが両端の形状が異なる。

このような漢代建築物大棟の飾りは鴟尾とは言い難く、駒井和愛が正史における鴟尾の名称を拾い上げた上で「以上の如く少なくとも後漢時代に既に鴟尾が行われていたことは殆ど疑う余地の無いところである～」と述べたのは、先の類例に対する解釈であった（駒井一九三九）。

（2）　三国・晋時代の検討

後漢に続く三世紀、大棟飾りの資料に三国時代呉～東晋初頭にかけての青磁神亭壺がある。神亭壺につて金文京は、浙江省を中心とする長江南部にある、後漢末からの五聯罐と呼ぶ壺上部に四個の壺を飾ったものから変化したとしている（金二〇〇五）。これについては曽布川寛の論考があり（曽布川二〇〇〇ａ）、紀年銘のある最古の資料が浙江省紹興市から出土している。安永三年（二六〇）銘の神亭壺で、壺の上に門闕と楼閣、人物を配し、更に上には盤口壺を中心に小壺四個と群がる鳥を表現する。壺の肩部には楼閣前に亀趺に載る碑、動物、紀年銘・吉祥文句を配している。写真資料のため楼閣は不明だが、向かって左の門闕に寄せ棟造りの棟飾りが観察できる。この大棟と降り棟の端に四つの重畳を示す反りがある。重畳の装飾は、沈線状の切り込みによる。飾りは棟筋側も側面からも鑑賞できる作りで鳥の尾羽をイメージしているようにも見えるが、全体が三角形で鴟尾の反り上がって先が内側に湾曲する形とはそぐわない。

鴟尾の形状を持ち併せているのが、「元康五年七月十八日」銘入り塼を伴った江蘇省呉県市の獅子山1号墓の青磁神亭壺である（図2）。元康五年は二九五年。壺の上を三段に分け、下段に坐仏を八体、中段に四個の小壺、上段に三層の楼閣を配する。この楼閣の一層目の四隅には獣頭を、二・三層の棟筋の端と中程に鴟尾状の飾りがある。写真資料のため上屋作りは不明であるが飾りを載せる棟が頂点で結束する。この飾りを曽布川は鴟尾と表記している（曽布川二〇〇〇b）。各々の飾りを鴟尾として観察すれば、正面は垂直に立ち先端は内側に湾曲する。側面は中央の縦沈線と左右に直行する多くの横沈線で表現されている。正面観は外側湾曲線に横沈が刻み状に観察でき鴟尾さながらに表現されている。

これらの棟飾りは、先述漢代の類例と比較すれば格段に鴟尾的である。特に獅子山1号墓の例は、曽布川が鴟尾とするほど正面観は鴟尾の形状を示す。問題は大棟の両端を飾っていない点であり、鴟尾の個別形状は類似するがその在り方が鴟尾の定義に叶っていないのである。

図２　青磁神亭壺（曽布川 2000 より）

図１　緑釉楼閣（村田 1968 より）

図３　雲岡石窟第９窟前室西壁の仏龕（丁 1990 より）

三　鴟尾の変遷

日本と諸外国の関連について大脇は「鴟尾は中国および周辺諸国において、その古代建築の大棟両端を飾る棟飾りとして用いられた。その源流は古く漢代に遡るが、晋代に「鴟尾」という名称が始めて現われ、北魏に至りようやくわが国における鴟尾の直接の祖型が登場した。」と述べている（大脇一九八〇）。鴟尾は北魏において定着していたのである。

（1）　北魏の様相

北魏は拓跋珪によって三八六年に建国され、四三九年華北を統一し、五三四年に東魏（～五五〇年）・西魏（～五五六年）に分かれるまで存続した（近藤一九八七）。蘇哲は、拓跋珪が皇帝位に就き平城（現山西省大同市）を都とし六代目孝文帝が洛陽に遷都するまでを北魏前期（三九八～四九三）それ以降を北魏後期（四九三～五三四）としている（蘇二〇〇七）。中国の初期の代表的な仏教遺跡として、国家的な造営を行ったのが武州山大石窟寺として始まった雲岡石窟で、その後の中国石窟の造営に大きな影響を与えた。

丁明夷は雲岡石窟について、水野清一・長廣敏雄の時期区分を基本的に是認した上で、その後の中国研究者の成果を述べた（丁一九九〇）。以下に水野・長廣説を大まかに示す。第一期―僧曇曜が関わった石窟の曇曜五窟（第16～20窟）と、その後の第7・8窟で和平元年（四六〇）以降。第二期―第1～3・5・6・9～13窟で、皇興初頭から太和一八年（四六七～四九〇）。このうち、第9・10窟が最も古い。第三期―第4窟及び第20窟以西の諸窟で、洛陽遷都（四九三）以降、としたのである。丁は雲岡窟の開鑿期を一期和平年間（四六〇～四六五）、二期の開鑿が第7・8窟で孝文帝初期に始まり洛陽遷都以前、第三期は第20窟以西の諸窟で開鑿は洛陽遷都以降と、新見解を付加した。

雲岡で鴟尾の出現するのが第9・10窟である（図3）。第9・10窟の前室や主室に見られる屋形龕等の模倣木造建築の大棟左右に認められ（平凡社他編一九九〇）、その後第6窟の南壁中層中央にあり文殊と維摩が仏を挟んで対座する仏龕屋形（平凡社他編一九八九）にも継続して確認される。この北魏の石窟造営という国家事業に見られる鴟尾の出現は、その後の東魏・西魏更には隋・唐朝にも連綿として受け継がれ、中国では唐代に鴟吻が出現するまで大棟を飾る中国建築様式に欠かせない要素となっていく。

（2） 鴟尾の分類

北魏における鴟尾の採用は、その後の仏教建築に与えた影響は大きいが、それ以前北涼時代の例として敦煌莫高窟第275窟の鴟尾がある。窟室の平面が方形を呈するもので、その北壁・南壁に見られる諸例である。それらは門闕屋形龕やその彩色画として存在する（平凡社他編一九八〇）。第275窟は敦煌莫高窟の第一期とされ、開鑿年代は敦煌が北涼の統治下におかれていた四二〇～四四二頃に推定されている。（樊・馬・関一九八〇）。仏教建築の鴟尾としては最も古いと考えられる。

さて鴟尾は、仏教建築の視点に立てば中国北涼から日本の平安時代にかけて存在するが、これを通覧した時に、大まかな視点での形状の相違に気が付く。すなわち、北魏等に見られる鴟尾は外側外形線の立ち上がりが湾曲し更に先端に向かって湾曲する。内側外形線は湾曲して立ち上がる。それに対して唐代等に見られる鴟尾は、外側外形線の立ち上がりが直立もしくは内傾し、同じく先端が湾曲する。内側外形線は同じく湾曲して立ち上がる。前者を鴟尾A型、後者を鴟尾B型と呼ぶことにしたい。観察では傾向として、鴟尾A型から鴟尾B型への変遷が認められる。

例えば前述敦煌莫高窟の第275窟の浮彫（北涼）・第257窟の彩色画（北魏）、第249窟の彩色画（西魏）や第296窟の彩色画（北周）、雲岡石窟第9・10窟や第6窟の浮彫（北魏）等に見られる鴟尾はA型に属する。これに対して、日本で見られる鴟尾例えば『日本古代の鴟尾』中の唐招提寺・四天王寺〈C〉・高丘3号窯・大寺廃寺の実測図と他の復原図の三三例は、すべてB型に属している（飛鳥資料館他一九八〇）。『日本の美術　鴟尾』の朝鮮半島における安鶴宮・定陵寺（高句麗）、弥勒寺（百済）、雁鴨池遺跡・祇林寺（新羅）出土鴟尾の実測図や図版はB型、同じく同書中国では李静訓墓石槨・隋代陶屋、大雁塔門楣石仏殿図・懿徳太子墓壁画（唐）の鴟尾が知られ（大脇一九九九）、これらもB型に属す。いわゆる沓形はこの類を指すのである。

鴟尾A型から鴟尾B型に大きく推移する上で注目されるのが、麦積山石窟の並置した第28・30号窟である（図4）。これらは四本の柱の間に仏像を置いた窟室が穿たれ、その上に瓦葺きの屋根が載るもので、同時に開鑿された双窟である（傅一九八七）。傅は「残存する屋根には彫られた大棟、隅棟と丸瓦の列が残っている。大棟の両端には痩せて丈の高い鴟尾がある。」と述べている。大棟の鴟尾はB型である。この双窟は北魏後期から西魏初頭とされ、第28号窟の屋根裾部の長さは一一メートル程、鴟尾の高さは一メートル程である。これらの造形は、木造建築を移築したような造りになっている。

また、第140窟の右壁前部の壁画に描かれた庭院の鴟尾について、傅は「～大棟に平行した線は鴟尾に至ると内側に彎曲し、線の間隔も上にいくほど広くなり放射状を呈している。鴟尾の後背左右両側にはそれぞれ鰭が突出している。」と述べている。この資料を大脇は「～鴟尾の完成された姿を的確に示す好例である。」と述べた。第28・30・140号窟の鴟尾はB型の最古の類例を示すもので、鴟尾A型から鴟尾B型への変化は北魏後期頃からすでに始まっていたのである。

四　鴟尾の発生

（1）　鴟尾の名称について

鴟を唐の蘇鶚は『蘇氏演義』巻上で「蚩、海獣也、漢武帝、作柏梁殿、有上疏者云、蚩尾、水之精、能辟火災、可置之堂殿、今人多作鴟字」記すが、村田は後世の物語としている（村田一九三一）。前述した文献上の鴟尾が、東晋から唐代まで安定した在り方を示すことから、村田の指摘が妥当であり字形の構成から鳥類を指すとするのが大方の見解である。大脇は「瑞祥と辟邪の象徴である鳳凰の翼が結びつき、大棟両端に抽象的な鳳凰、すなわち鴟尾が誕生したのであろう。東アジアの棟飾りは鳳凰と結びつくことによって、鴟尾になりえたのである。」とした（大脇一九九九）。

鴟尾の尾は鴟の尾と理解されるが、鴟は何であろうか。鴟を辞書で引くと「フクロウ。フクロウ目に属する鳥みみずく。」とある。ふくろうは「フクロウ科の鳥。～一般に頭上に耳状羽のないものをフクロウ、あるものをミミズクという。」、みみずくは「フクロウ科の鳥類で、頭部に冠羽の一種の耳角をもつものの俗称。～」とある。ふくろうには梟、みみずくには木兎・鴟鵂・角鴟の漢字を当てている（梅棹等一九八九）。鴟は現代語で、梟等の意味を持つが、鴟や梟等は古代中国ではどのように理解されていたのだろうか。

鴟は袁珂の『中国神話・伝説大事典』では、「三危山にいる一首三身の鳥。前漢代初期の『山海経』「西山経」の「西次三経」に、「三危の山。…鳥がいる。頭が一つ、体が三つで形が鸈《らく》のようである。鴟という」とある。」としている（袁一九九九）。鴟はその記述から怪鳥と見られる。

『書経』[2]の「舜典」篇に四凶放竄の説話がある。堯が天下統治の大法を定め、舜に位を譲り、舜が諸州を統治、五刑を制し、天下の四凶を四方の極地に追放した話である。そこには「共工を幽州に流し、驩兜を崇山に放ち、三苗を三危に竄し、鯀を羽山に殛す。四罪して、天下咸く服す。」とある（白川二〇〇〇）。幽州は北方、崇山は南方、三危は西方、羽山は東方とされ、共工・驩兜・三苗・鯀の四罪神を四方に追放して天下の安定を図ったとした神話である。白川は戦国期後期に至って、邪悪なものの霊（四凶）が強い力を持ち、邪神の侵入を防いだ話としている。

三苗には饕餮とする説があり、それが三危・西方の守護する呪霊と見られ、その三危山に袁の解説した鴟が存在する。また驩兜は、『山海経』で人面鳥身とされ南方を守護する呪霊と見られ、鴟も人面鳥身も当時は邪悪な鳥神と考えられていた。但し悪神の評価は征服者の論理であり、白川は「～祖神の祭祀をもつ部族が、征服支配を受けたとき、それは征服者によって悪神に転化され、征服者のための呪鎮となる。」としている（白川二〇〇〇）。また白川は、春秋末の呉越興亡時のこととして、伍子胥や范蠡の鴟夷物語を記述し、鴟夷は「～神判による敗者を江海に投ずる処刑のしかたであり、そのときに用いる革袋である。」とも述べている（白川二〇〇〇）。夷が野蛮人を指すのに対し、鴟は冥界へ遠去ける意味合いがあったものと考えられる。前漢には賈誼が『鵩鳥の賦』で「～不祥の鳥～」と記し、春秋時代の『詩経』には、「鴟鴞鴟鴞既にわが子を獲る　わが室をやぶること勿れ」と雛をとられた小鳥の心境を歌った詩がある（飯野一九九一）。梟には、「梟磔」で晒し者の意味もある（白川二〇〇〇）。

鴟に関して注目されるのが、湖南省長沙馬王堆1・3号墓出土の帛画である。2号墓は前漢初頭長沙国の丞相利蒼の墓で、これら三つの墓は利蒼の家族墓地とされる。夫人辛追は、文帝一二年（紀元前一六八）の数年後1号墓に葬られ、3号には二人の子が文帝一二年に葬られた（何・熊・高一九九八）。二つの帛画はT字形で同じような図柄を描く（図5左）。曽布川は1号墓の帛画を中心に、内部に描かれた神獣等の解釈を行っている。曽布川は、上方の門と下端の台を境に上段・中段・下段と分け、それぞれ天上・地上・地下世界とした（図5右）。中段の図を、天上界からの鳳凰・羽人・豹と墓主を載せる龍舟これらを繋ぐ璧・珩と理解した、昇仙図としたのである。注目されるのが、龍舟の蓋の下にいる鳥である。氏は鵩鳥としている。鵩鳥は鴞《ふくろう》に似ており、楚の地方で鴞の別名で不吉な鳥とされていた。「長沙地方では、～不吉な鵩鳥は死の使と考えられ、この鳥の到来は死を意味したのである。」とも述べ、「～鵩鳥其の承塵に集る。」の文書と共に後漢の承塵図も紹介している（曽布川一九八一）。また、冥界を表す下段に、雲気を銜えて亀に載った左右の梟の存在も指摘した。

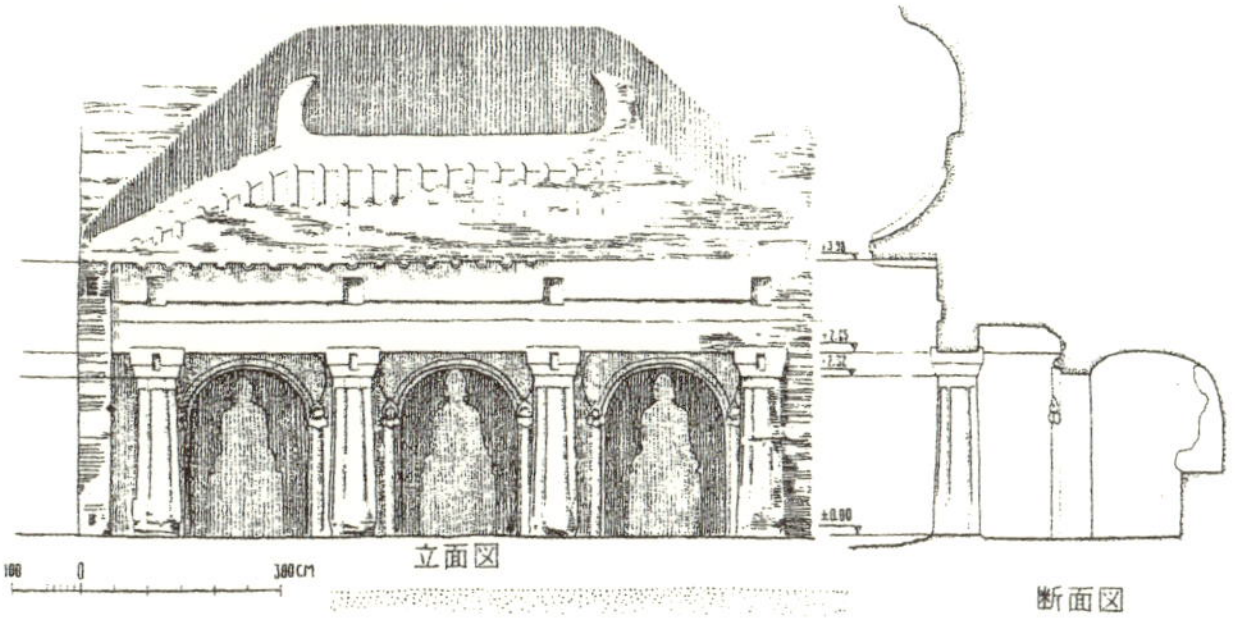

図４　麦積山石窟第 28 号窟（傅 1987 より）

図５　長沙馬王堆１（左）・３（右）号墓の帛画（曽布川 1981 より）

図６　サーンチー第１塔西門のキンナラ（伊藤・沖 1991 より）

以上のように、神話で邪悪な鳥神とされた鴟は、少なくとも漢代には猛禽の梟等に固定化され、不吉な冥界を象徴するようになってきたのである。

（2）鴟尾発生の契機

屋根に載る鴟尾は、先述の北涼代に仏像を伴う敦煌莫高窟第275窟の仏教建築が最も古い資料と考えられるが、更に遡る資料に四世紀後半の高句麗安岳3号墓の楼閣殿舎図や踏臼図がある（共同通信社編二〇〇五）。楼閣殿舎図には一方が不明ながら闕が伴い、三世紀後半に中心がある西晋の神亭壺にあった門闕の流れを汲む。つまり、第275窟の仏教建築は、中国特有の門闕屋形建築の中に仏像を取り込んでいるのである。

仏教はインドが発祥の地であり、現在の新疆ウイグル自治区拝城県を経由して、漢訳仏教として中国本土にもたらされた。拝城県には四世紀後半に始まるギジル石窟があり、当時亀茲と呼ばれた都市は三世紀末から四世紀初頭にかけてすでに仏教が盛んであった（宿一九八三）。このギジル石窟に鴟尾の痕跡は認められず、鴟尾が仏教の盛んだった亀茲地域以外で発生したことを示唆する。

金維諾は中国本土に仏教が伝来する状況を「～亀茲から来た沙門・居士が中原で翻訳と講経に従事している。たとえば曹魏甘露三年（二五八）に洛陽白馬寺で経典を翻訳した沙門帛延、～三三四年亀茲に生まれた名僧鳩摩羅汁は、後秦弘始四年（四〇二）から一五年に至る一二年間中国内地にあって、経・律・論三〇〇余巻を訳した。」と述べた。羅汁は亀茲で、三五九～三八五年の間大乗仏教の高揚に努めた（金一九八五）。

このような仏教伝来の時期にもたらされた漢訳仏典に三世紀の『無量寿経』や羅汁による四世紀末の『法華経』がある。これらは現世利益的な経典で、福永光司は二世紀後漢中頃に成立する道教との関係を述べている。『無量寿経』の阿弥陀如来の教えを道教と訳した四箇所を指摘したり、古来中国人の追求した安楽やこれの附随した言葉が多用されていることを指摘した。これには仏教の極楽浄土を安楽国土と表現した例も含む（福永一九八二)。『法華経』の安楽使用箇所は二二箇所のぼる。安楽は道教に引き継がれた思想で、仏教伝来に道教が深く関わることを述べたものである。仏教の浄土思想が道教の神仙思想と結び付けられて、仏教が中国本土に流布して行く。前述した停神壺や鏡等に見る仏像はその表れであり、インド仏教は道教と融合しながら中国仏教として定着する。

神仙思想の表現で特徴的なのが身体に生えた羽人の表現である。西王母が住む崑崙山に不死昇仙する意味合いを表したもので、羽化登仙と言う。福永は、三一七年葛洪が著した『抱朴子』以前の「求僊」は祭祀祈祷中心の呪術宗教的な方法で行っていたが、個人が努力して神仙になる自立開発の方向に変化したと論じ、僊の字から仙の字の変化を指摘した(福永他二〇〇三)。小南一郎は、この新しい神仙説について、仏教の大きな影響を受けつつも新しく精神史の課題を担う試みと評価している(小南一九八四)。神仙の自力本願の思考は、成仏や極楽浄土を願う大衆の仏教とも通じる。本来恐ろしい形相の西王母が、後漢の頃から柔和な形相へ人格化し、後漢末には羽の付けた西王母までが登場する(信一九九六)。このような流れの中で、前述した不吉な冥界を象徴する鴟が、昇仙を叶える性格に変化した鵄尾として採用されたのではないだろうか。

鴟尾の尾の解釈はどうであろうか。中インドには、銘文から一世紀初頭とされるサーンチー第一塔がある(宮治二〇〇〇)。中央のストゥーパーを東西南北の門とそれを繋いだ欄楯で構成される大規模仏塔である。これらの門には、仏陀を象徴するすストゥーパーや聖樹等がその両端上部に半身半鳥(キンナラ)を伴って多く浮彫される(伊東・沖一九九一)。キンナラは、後に飛天に変わるが、左右の主翼状の羽と中央に先端が内に湾曲する大きな羽を伴う(図6)。これらは尾部から発する尾翼である。キンナラはその後も見られ、鵄尾創作者のイメージとして、仏像の上に取り込まれたものと推測される。半身半鳥は先に触れた人面鳥身と共に、道教では不老不死を象徴する仙禽である(蘇二〇〇七)。

五　おわりに

朝鮮半島における四世紀後半の安岳3号墳の鴟尾が最古の例である。四世紀後半に始まるギジル石窟では、その時期仏像が龕仏として描かれるものの中国独自の門闕屋形建築に伴う様式としては見出せない。五世紀前半の北涼の時代になって、浮彫の門闕屋形建築の中に仏像が安置される。その大棟を飾るのが鴟尾A型である。安岳3号墳の鴟尾は、踏臼図屋根の大棟に鴟尾A型が描かれており、一方の楼閣殿舎図の鴟尾は、外側が短く直立するが内側の湾曲が弱く、鴟尾B型とも言い難い。北魏前期の雲崗石窟も含めて、やはり大局的には鴟尾A型が鴟尾Bに先行する。

それでは、先行する鴟尾A型はどのように理解すべきであろうか。筆者は、石窟寺院や墓室に見られる当初の鴟尾は、実際の鴟尾が伴う建築を模倣したものでなく仮想の鴟尾と想定する。鴟尾B型の始まりが北魏後期の麦積山石窟の第28・30号窟であった。瓦葺きの軒先が一一メートル、鴟尾の高さが一メートル程である。実際の鴟尾を伴う木造建築を模倣し、崖面に浮彫したものと考えられる。大型建築大棟の鴟尾の設置は、その重心の取り方や耐久性の配慮等、鴟尾B型の形態が適していたのではないだろうか。その後、浮彫や絵画に鴟尾B型が表現されるようになったものと思考される。

鴟尾の最古の例が朝鮮半島の楼閣や踏石図の絵画であったが、先の鴟尾発生の理由から、斗供の柱を伴う門闕屋形建築に仏像が安置される仏教建築の表現が鴟尾発生に最も相応しいし、当初からそれを意図したものと推定される。後世の、鴟尾が載る仏教建築の隆盛からしても、安岳3号墓以前の鴟尾A型を伴った仮想門闕屋形建築が想起される。それを四世紀前半の東晋時代に想定しておきたい。

最後に、インド仏教の仏像と中国伝統の門闕屋形建築の組み合わせは、漢式仏教を具現化した造形である。鴟尾の誕生には仏教と道教の融合があり、「しび」の読みが、道教の紫微宮等の「しび」の読みを意識していた可能性を指摘して結びとしたい。

〔註〕

（1）二〇一五年七月に、秋田市飯島においてトタン屋根の鴟尾を確認している。また、唐招提寺の瓦製鴟尾は奈良時代の姿を今日に伝えており、鴟尾の多用な在り方が想定される。

（2）夏～周代の政道を記したものを孔子が删定したとされるが、後世の儒家が補足したものもあり、前漢代の二八篇を『今文尚書』、孔子の旧宅から見つかったものを『古文尚書』、東晋に梅賾が献上したものを『偽古文尚書』という（袁一九九三）。

〔参考文献〕

飛鳥資料館他　一九八〇『日本古代の鴟尾』

飯野徹雄　一九九一『フクロウの文化誌』　中央公論社

井内　功　一九七二『井内古文化研究室報』一〇

伊東照司・沖　守弘　一九九一『原始仏教美術図典』　雄山閣出版

上原真人　二〇一一「鴟尾」『日本考古学辞典』　三省堂

梅棹忠夫他　一九八九「鴟」『日本語大辞典』　講談社

駒井和愛　一九三九「支那古代の鴟尾について」『夢殿論誌』第一九冊　鵤故郷舎

大脇　潔　一九八〇「日本古代の鴟尾」『日本古代の鴟尾』　飛鳥資料館

大脇　潔　一九九九『日本の美術　鴟尾』第三九二号　至文堂

金　維諾　一九八五「亀茲芸術の特徴とその成果」『キジル石窟』第三巻　平凡社

金　文京　二〇〇五『中国の歴史』四　精興社

袁　珂　一九九三「書経」『中国の神話伝説』下　青土社

袁　珂　一九九九「鴟」『中国神話・伝説大事典』　大修館書店

何　介鈞・熊　伝薪・高　至喜　一九九八「発掘された死後の別世界―馬王堆漢墓―」『中国古代文明の原像』　アジア文化交流協会

小南一郎　一九八四『中国の神話と物語』　岩波書店
近藤春雄　一九八七『中国学芸大辞典』　大修館書店
共同通信社編　二〇〇五「安岳3号墓」『高句麗壁画古墳』
佐藤一郎　二〇〇七「鴟吻」『東アジア考古学辞典』　東京堂出版
白川　静　二〇〇〇『白川静著作集』七　平凡社
宿　白　一九八三「ギジル石窟の形式区分とその年代」『ギジル石窟』第一巻　平凡社
宿　白　一九八九「平城における国力の集中と〈雲岡様式〉の形成と発展」『雲岡石窟』第一巻　平凡社
信　立祥　一九九六『中国漢代画像石の研究』　同成社
蘇　哲　二〇〇七『魏晋南北朝壁画墓の世界』　白帝社
樊　錦詩・馬　世長・関　友恵　一九八〇「敦煌莫高窟北朝石窟の時代区分」『敦煌莫高窟』第一巻　平凡社
曽布川寛　一九八一『崑崙山への昇仙』　中央公論社
曽布川寛　二〇〇〇a「三国・南北朝の彫塑」『世界美術全集』第三巻　小学館
曽布川寛　二〇〇〇b「三　青磁神亭壺」『世界美術全集』第三巻　小学館
丁　明夷　一九九〇「雲岡石窟研究の五〇年」『雲岡石窟』第二巻　平凡社
福永光司　一九八二「『観音経』と道教―日本人の観音信仰によせて―」『道教と日本文化』　人文書院
福永光司他　二〇〇三『日本の道教遺跡を歩く』　朝日新聞社
内藤政恒　一九六二「鴟尾」『日本考古学辞典』　東京堂
傅　熹年　一九八七「麦積山石窟に見られる古建築」『麦積山石窟』　平凡社
平凡社他編　一九八〇『敦煌莫高窟』第一巻　平凡社
平凡社他編　一九八九『雲岡石窟』第一巻　平凡社
平凡社他編　一九九〇『雲岡石窟』第二巻　平凡社
宮治　昭　二〇〇〇「第三章　南インドの古代仏教美術」『世界美術大全集　東洋編』　小学館
村田治郎　一九三一「鴟尾原始考」『建築学研究』第九集第五一号　建築学研究会
村田治郎　一九六八「三・三〇　緑釉楼閣」『世界美術全集』第一三巻　角川書店

第三節　日本の神仙思想と道教的信仰──烏・鳳凰・朱雀──

一　はじめに

朱鳥は天武朝の六八六年に制定された年号の名称である。『日本書紀』（以下書記と表記）朱鳥元年七月条には「戊午の日、元を改めて、朱鳥の元年と日ひ、仍りて宮を名けて飛鳥の浄御原の宮と日ひき」とある（武田一九八八）。同年九月九日に天武天皇が亡くなる直前の年号制定であり、これと関連して飛鳥浄御原宮の呼称が併記されている。

年号制定の五日前には「癸丑の日、勅して、『天の下の事は大小を問はず、悉に皇后及び皇太子に啓せ』と宣り給ひき」とある（武田一九八八）。この約二ヶ月後に亡くなる天武天皇が、死期の迫った状況下で、実質的な権限を皇后（持統天皇）と皇太子（草壁皇太子）に委ねたものである。

渡辺晃宏は、新城の都（後の藤原京）を目指していた天武天皇が、その造営の果たせないのを悟り「遷都後に行う予定であった年号制定を実現し、かつ終の住処となる宮殿に命名して遷都に擬そうとした」と述べている。そして、その意志を皇后が引き継ぎ持統八年（六九四）に完成したのが、京域を伴う日本最初の都城である藤原京（新益京）である（渡辺二〇〇九）。

以下、天武天皇が死期を迎えるに当たり朱鳥を理想の年号とした背景を、道教的信仰の中核である神仙思想を中心に考えてみたい。

二　日中神仙思想の素描

中国で起こった神仙思想が日本に伝来したのは、初期の古墳から見つかる鏡の画像や文言によって確認できる。三世紀椿井大塚山古墳の三角縁神獣鏡には獣文帯同向式神獣鏡があり、内区には琴を弾く伯牙・東王父・西王母の神仙、界圏の細長い文様帯には「天王日月」を方格で区画し間に獣や鳥を配置している。他に「吾作明竟甚大好　上有東王父西母　仙人王喬赤松子　渇飲玉泉飢食棗　千秋萬歳不知老　兮」の銘文のある吾作五神四獣鏡や「張氏作鏡眞大巧　仙人大喬赤松氏　師子辟邪世少有　渇飲玉泉飢食棗　生如金石天相保　兮」の張氏作三神五獣鏡等も出土した（岡村他一九八九）。

宮崎泰史は、中国の前漢末から後漢初めの紀元前後には「寿如金石西王母」の銘文のある鏡が知られ、この頃には西王母が不死の観念に結び付いていたとし、西王母像が前漢後半の鏡に見られるとする岡村秀典説を支持している。前漢後半の鏡には、西王母と共に仙人・九尾狐・朱雀・兎・鳥・三足烏が見られる。また宮崎は、三足烏は『山海経』（前漢）で西王母の為に食べ物を用意する使者、九尾狐は『白虎通』（後漢）に祥瑞の象徴として登場し、二世紀初め頃には画像鏡・磚・石等に東王公・西王母が対で表現され始めると指摘している。（宮崎一九九九）。

中国の神仙は、古い民間信仰や伝説の中で考えられた不老長寿の神人のことで、戦国時代末期頃から陰陽家や道家思想に取り入れられ、晋の葛洪が著した『抱朴子 内篇』によって大系付けられた（柴田一九七九）。本田濟は、そこで力説するのは仙人・仙道が実在すること、仙人になるためには学んで自力で成就すべきことで、後者は葛洪の独創的な理論であり凡人にも不老不死の道が開かれた、と述べている。（本田二〇〇九）。

この神仙思想は、後に中国固有の宗教である道教の中核的な位置を占める。窪徳忠は道教を「古代の民間の信仰を基盤とし、神仙説を中心として、それに道家、易、陰陽、五行、讖緯、医学、占星などの説や巫の信仰を加え、仏教の体裁や組織にならってまとめられた、不老長生を主な目的とする現世利益的な宗教」と定義し、七～九世紀の東アジアにおける世界的宗教と位置付けた（窪一九七七）。そして道教の成立について、新天師道を唱えた寇謙之（三六五～四四八年）が北魏の皇帝太武帝に道書を献上し（四二四）、太武帝以降（四四二）は即位するごとに道壇にいって法籙を受けるのが慣例化したことから、五世紀なかばには国家的宗教になったと述べた（窪一九七七）。

また本田は、不老長生・現世利益を信じる道教は最も中国的な民衆宗教とした上で「三張で始めて教団宗教の体裁を整えた道教は、北魏の寇謙之（?～四四八）で理論的に整備され、唐（七～九世紀）ではほとんど国教の位置を占め、宋代（一〇～一三世紀）には仏教の大蔵経に匹敵する道教経典の集大成『道蔵』が完成する。」としている（本田二〇〇九）。

中国道教が理論的に整備された五世紀から、九世紀にかけては神仙思想が中核の位置を占めつつ、唐代では仏教と肩を並べる国家的宗教として成長し且つ盛行していった。

黒板勝美の「我が上代に於ける道家思想及び道教について」は、日本の道教に関する初期の論文として評価されている（野口他一九九六）。記紀の田道間守が常世国に赴く、日本武尊が白鳥になって陵より飛び去る等の記述は、神仙国や神仙思想の尸解を表している。また、新山古墳等の神獣鏡にある銘文から東王父・西王母を指摘して「道家思想、道教の存在と相関連する」と論じた（黒板一九九六）。黒板は、『書紀』斉明二年（六五六）の記述（「起観、号為両槻宮、亦曰天宮」）からそれを道教の道観と想定したが、後に那波利貞と下出積與が批判した（那波一九九六、下出一九九六）。

中国道教の、日本における在り方を根本から捉えたのが下出積與である（下出一九八六）。下出は『古代神仙思想の研究』の中で、「成立道教＝教団道教と民間道教＝通俗道教という二つに大別される」とし、日本において成立道教は存在せず、仏教伝来以前に儒教と神仙思想が伝来していたとする。本書では、道教の中心である神仙思想について、三つの視点で記述している。一つは従来の文学上の問題としての研究からの離脱、二つ目は神仙思想と従来の世界観の関係、三つ目は神仙思想の日本的展開である。これらの問題点を、「常世国」「仙女」「浦島子伝承」等を基にして論証した。そして思想の異なる仏教と対比し、仏教と民間道教の接触する六世紀中葉から七世紀以降、両思想が大概併存して今日に至っており、この両思想の緩衝的機能を果たしたのが、神仙思想の持つ世界観である、と想定した。日本の思想史における重要な視点である。

下出が主張した民間道教に代わって「道教的信仰」の用語を用いたのは和田萃である。和田は民間道教の伝来は道教教団の伝来と受け取られやすく、日本に道教教団は成立していない意味でそれを避ける意図があった。和田は近年、道教的信仰の伝来について包括的に述べ、日本に伝わった道教的信仰における神仙思想の具体的行為を五つに纏めた（和田二〇〇六）。①神仙境を憧憬しその地を訪ねる。②神仙境とされる深山で辟穀を実践する。③神仙境を模した苑池等を造り遊び楽しむ。④神仙になるための仙薬を服用する。⑤仙薬を医薬として服用する。というものである。そして「倭国における神仙思想の受容は推古朝に始まり、斉明朝に至って本格的となって、天武・持統朝において最も高揚した。」とした。

三　三足烏と鳳凰

（1）　古代日中韓の三足烏

中国起源の三足烏は、太陽の中にいる三本足の烏のことで、神禽として主に仕え、漢代の画像塼には瑞鳥の三足烏と瑞獣の九尾狐が西王母の傍らに描かれる（袁・鈴木一九九九）。また、三足烏は日像に表され、月像に表現され不死薬と関係する蟾蜍や兎、西王母と共に神仙世界を象徴する鳥である。日像には二足烏と三足烏の表現があるが、二足烏が日像に描かれた古い例には前漢初期の湖南省長沙の馬王堆1・3号漢墓（T字形帛画）がある

1　江蘇省丹陽建山金家村墓
2　寧夏回族自治区固原墓
3　トルファン・アスターナ墓
4　トルファン・カラホージャ
5　法隆寺
6　正倉院

図１　日本・中国の日月図像（西川 1994 より）

（何・熊・高一九九八）。

三足烏については、西川明彦が「日象・月象の変遷」を論じる過程で、中国・朝鮮半島・日本における三足烏（日象としての三足烏）の図像を一覧表に纏めてある（西川一九九四）。西川は黒塗りで日精と判断される鳳凰化した烏を含んで、中国の三五例（北周～北宋）・朝鮮半島の一八例（楽浪時代～七世紀初）・日本の九例（飛鳥～鎌倉）を提示し、それぞれの地域の主な日月像の変遷図を示した。そして、三足烏の出現を前漢晩期か後漢初期、中国・朝鮮半島では五世紀に日像の烏の頸や尾が伸び、六世紀の月像には中央の桂樹を挟んで、蟾蜍と不死薬を搗く兎の構図が認められるとした。

図中の三足烏の中でも注目されるのが、江蘇丹陽建山金家村墓出土の〈日月像画像磚〉の日象である（図1－1）。桂樹の傍らで不死薬を搗く兎の月像と共に描かれており、宋～南斉（五世紀）とされている。その姿態は、胸を張り、翼を上に向かって大きく広げ、長い尾が立つ。日本では一般的に鳳凰と呼ばれる様相である。

朝鮮半島では同じような鳳凰化した特徴の三足烏は少ない。明確な例としては、蟾蜍の月像が表現されている〈日神・乗鳳凰神と月神・乗鶴神〉があり、集安の五塊墳4号墓（六世紀中葉）から見つかった。平壌の江西中墓には〈日月図壁画〉があり、その日像は尾が長く水平で翼を大きく広げており（六世紀末葉～七世紀初頭）、これ以降の掲載はない。

日本では二例を掲載している。一つは法隆寺の玉虫厨子に描かれた〈須弥山世界図〉があり（5）、その日像の三足烏が不明瞭な月像と共に描かれる（七世紀）。二つ目が正倉の桑木阮咸に描かれた〈日月図〉の三足烏である（6）。桂樹を挟んだ蟾蜍と兎の月像と共に描かれ（八世紀）、その姿態は、胸を張り、翼は上に向かって弧を描くように大きく広げ、長い尾も頭部に向かって弧を描く。

三足烏の中国における烏から鳳凰化の現象は大きな画期と見られる。五世紀の前述日像（1）以降、六世紀の翼を広げ尾が立ちその先端が外に屈折傾向を示す三足烏（2）、七世紀中葉～八世紀の翼を広げ尾が内側に湾曲して立ち上がる三足烏（3）、七世紀後半の翼を弧を描くように広げ尾が内側に湾曲して立ち上がる三足烏（4）等の類例がある。七、八世紀の日本出土資料は（5・6）は、三足烏が鳳凰化した中国の影響下にあったからに他ならない。三足烏の鳳凰化を理解するため、以下に鳳凰図像の変遷を考える。

（2）　鳳凰図像の変遷

東アジアの日中韓における鳳凰図像は、殷代甲骨文の「凰」字が最も古い図像的表現とされる。その系譜にある幾何学的な鳥形は、殷・西周の青銅器類に頻繁に見られ春秋時代にも認められている（林一九六六）。林は、鳳凰の頭・頸・翼・尾羽・二本の足が明確になるのは春秋末葉・戦国初頭の頃からであり、漢代で「本来異なった地域、部族に起源を持ち、形態も名称も異にした幾種類かの神話的な鳥」を鳳皇（鳳凰）と見なしていたことを明らかにした。そして四神の一つ朱雀との比較では、朱雀の図像は各種の鳳凰を含むとしている。

網干善教は、キトラ古墳の朱雀に言及する際に、朱雀と鳳凰を並立して記述し、朱雀・鳳凰の姿態を静止・歩行・頡頏・飛翔に分類した。そして、鳳凰であっても四神に配置する場合は朱雀と見なしている（網干二〇〇六）。山本忠尚は、榜題の存在、冠羽と尾羽根の形状、四神の組合せと表現された位置、朱彩の鳥、正面形の鳥図像を検討した結果「鳳凰と朱雀に明確な描き分けはない」と結論付けている（山本二〇〇八）。

以下、鳳凰図像を理解するのにその分類と変遷を試みるが、朱雀を鳳凰として包括し、朱雀は四神と朱鳥と関連する場合の表記とする立場を採る。鳳凰の姿態は、正面形・側面形・背面形の三つがあるが、このうち正面形と背面形の類例は極端に少なく、側面形の類例が総体を占めている。従って、本文では側面形の鳳凰に限った分類を行う。側面形の鳳凰図像を分類するに当たって、上から下へ頭・頸・体部・脚部が揃った状態であること、長い尾羽を持つことを前提とし頭上の冠羽は分類要素に含めない。以下、翼・尾羽の状態によって分類し、変遷の特徴を見出したい。

翼の状態には、開く（Ⅰ類）、閉じる（Ⅱ類）がある。Ⅰ類には片翼を含むことにする。次に分類の対象にする尾羽は、体部や脚部の在り方を参考にする。その際、装飾の枝羽や複数の羽を束ねたような状態は、主たる羽や総体的在り方に主眼を置く。図2に類例を提示した。

ａ類…垂下する（1）。ｂ類…斜めに下降する（2）。ｃ類…斜めに下降してから、水平もしくは斜めに立ち上がる（3）。ｄ類…深く下降してから、頭上を越えて立ち上がる（4）。ｅ類…水平に推移する（5）。ｆ類…水平に推移してから立ち上がる（6）。ｇ類…斜めに立ち上がる（7）。ｈ類…斜めに立ち上がってから斜めもしくは水平に推移する（8）。ｉ類…垂直に立ち上がる（9）。ｊ類…垂直に立ち上がってから斜めに推移する（10）。ｋ類…内側に湾曲して立ち上がってから、外側に湾曲して立ち上がる（11）。ｌ類…内側に湾曲して立ち上がる（12）。１～4・6は漢代、7・11・12は唐代、5は八世紀の8は時期不明の朝鮮半島、9は八世紀の日本、10は六世紀前半と考えられる南朝梁の資料である。

これらの画像石や壁画に表現された鳳凰は、漢代ではａ類～ｈ類までは認められるが、ｊ類～ｌ類は認めがたい。また漢代では、翼を半開きにした河南省洛陽・鄭州付近の空心塼槨墓に頭上に弧を描いた尾羽の例があるが（町田一九八七）、翼を大きく広げた類で尾が弧を描いて頭上に達する例は見出せない。ｉ・ｊ・ｌ類のように、

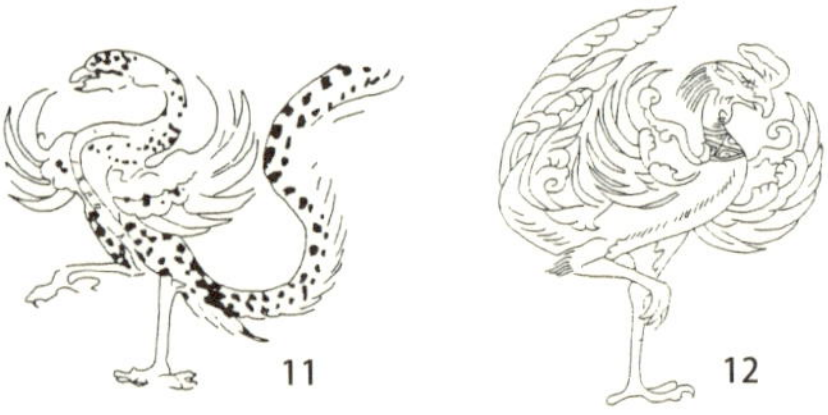

1　河南省唐河県メリヤス廠漢墓（漢）
2　河南省南陽鋪首銜環画像（漢）
3　鳳碑（漢）
4　四川省新津県２号石棺（漢）
5　高元珪墓誌蓋（朝鮮）
6　河南省洛陽卜千秋墓（漢）
7　双鳳文裴粛銀盤（唐）
8　薬水里壁画古墳（朝鮮）
9　正倉院
10　河南省鄧県学荘村彩色画像磚墓（梁）
11　太原南郊唐壁画墓（唐）
12　墓門の朱雀線刻（唐）

図２　日本・中国・朝鮮半島の鳳凰図像

（1・6・10・12：蘇 2007 より）（2・3：山本 2008 より）（4：冉 2007 より）
（5・7～9：網干 2006 より）（11：中川 2004 より）

1　千秋・万歳画像碑

2　王子喬・浮丘公画像碑

図３　河南省鄧県学荘画像磚墓（蘇 2007 より）

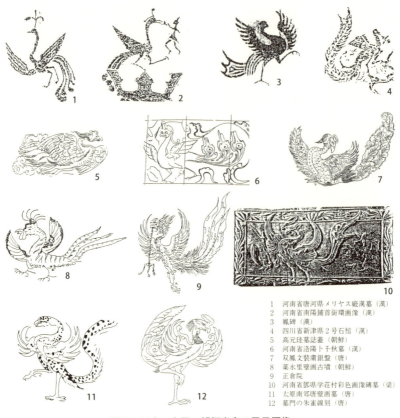

尾部から立ち上がり頭や頭上を越えて表現される尾は、漢代より時代が降った時代に多くの事例が見られる。

注目されるのが、10を含む鄧県学荘画像磚墓である（図3－1・2）。1は「千秋」「萬歳」の銘を持つ人面・獣面の仙禽で、不老不死を象徴している。2は鳳凰を中心に置き、笙を吹くのが巧みな王子喬と道士の浮丘公が出会って一緒に嵩山に登る伝承を描いたものとされる（蘇二〇〇七）。共に神仙思想を画材に取り上げている。1の仙禽は鳳凰尾羽分類のj類、2の鳳凰は分類のl類と同じである。鄧県学荘画像磚墓は南朝梁墓（六世紀前半）の可能性が高いとされている。蘇は「魏晋南北朝は神仙道教の成立した時代」で、「墓室に仙人関係の画像を配置することがとくに重要視されていた」と述べている。唐代や日本の鳳凰にもj・l類が主体的に認められることから、この頃の鳳凰や仙禽画像が後の鳳凰画像に大きく影響していると考えられる。

先の三足烏が五世紀頃から鳳凰化した要因は、道教としての神仙思想の成立と隆盛を反映したものに他ならない。即ち、道教的信仰の高揚が聖鳥としての三足烏にも影響を与え、霊鳥や瑞鳥とされる鳳凰の姿を登場させる契機になったものと考えられる。

四　白雉と朱鳥

日本の年号は、孝徳天皇の大化元年（六四五）に初めて採用された後、白雉・朱鳥が断続して用いられ大宝元年（七〇一）以降今日まで継続している（藤谷一九七九）。年号に鳥が対象になるのは、この二例だけでしかも白と赤を強調しており、律令が整備され統一国家として歩む文武朝以前の状況として象徴的な出来事と思考される。飛鳥・白鳳の呼称もこの時期と重なる。

『書紀』孝徳朝の白雉元年二月九日条には、長門の国司が白雉を献上したのを契機に、白雉元年に改元した経緯を述べる（宇治谷二〇〇七）。百済君豊璋の白雉の話、道登法師の白鹿・白雀・三足烏・白雉の話、僧旻の「王者の徳が四方に行き渡るときに、白雉が現れる」とする話等、祥瑞に纏わる記事を記載する。一五日条には、輿の白雉を御座の前に置き巨勢氏大臣が賀詞を述べ、次に天皇が祥瑞として鳳凰・麒麟・白雉・白烏を引き合いに出し、臣下に白雉の吉祥を授かって天下を繁栄させるよう促し改元したことを記載する。ここでは色の分かる動物として、白雉・白鹿・白雀・白烏が登場している。

『書紀』の孝徳朝以前に色が表現された動物には、神武朝の金鵄、景行朝の白鹿・白犬・白鳥、仁徳朝の白鹿、雄略朝の赤馬・白鵜・白犬、欽明朝の白猪（地名）・赤鳩（人名）、推古朝の白鹿・白雉、皇極朝の白雀がある（宇治谷二〇〇七・二〇一〇）。金鵄・赤馬・赤鳩以外は白の動物であり、白のすべてが祥瑞として表現されてはいないが、祥瑞以外に霊異を感じさせたり霊威を期待して表現されたものと思われる。孝徳朝に白い動物が祥瑞として詳しく語られるのは、これ以降祥瑞として度々登場する白い動物の、契機になる記事として重視したい。

南朝宋（四二〇〜四七九）の歴史を記載した『宋書』（四八八年完成）符瑞志には、神代から宋代における祥瑞出現とその解説（上）、祥瑞品目の分類と出現事実の記載（中・下）があり、水口幹記はその中の多くの祥瑞品目を列挙している（水口一九九八）。このうち架空の生き物と魚を含む動物では、体勢を占める白だけの表記が二六例あり、対する赤だけの表記は九例である。赤に対して白が多くを占め、白の優位が明白である。また唐の高祖が撰せしめた『芸分類聚』（六二四）祥瑞部には、架空の生き物と魚を含む動物に限定すれば、白鹿・白狐だけが白を付した特別な表記として扱われている。

正史には多くの祥瑞記事が見受けられることから（宇治谷二〇〇七・二〇一〇）、七、八世紀には中国の祥瑞観念が深く浸透し、色では中国・日本においても白が基調になっていたことが理解される。

注目したいのが『書紀』の天武朝の赤い動物の記述である。筑紫の太宰が赤烏を献上（天武六年一一月条）、赤雀が南門にいた（九年七月条）、赤雀が現れた（一〇年七月条）、周防国が赤亀を献上（一〇年九月条）、改元して朱鳥元年とした（朱鳥元年七月条）のごとくである。赤烏は、祥瑞としての赤い動物記述の初出であり、赤い鳥記述の初めでもある。仮に七、八世紀の赤い鳥の記述を拾うと、天武朝を皮切りに、相模国司が赤烏の雛二羽を献上（持統朝六年五・七月条）、下野・備前国が赤烏を献上（文武朝二年七月条）、越前国が赤烏を献上（文武朝慶雲二年九月条）、青竜・朱雀・白虎・玄武の動物（元明朝和銅元年二月条）、皇城門の外の朱雀大路（元明朝和銅三年正月条）、朱雀門の左右に整列（元明朝霊亀元年正月条）、武蔵・上野国が赤烏を献上（元正朝養老五年正月条）、白鳳以来・朱雀以前（聖武朝神亀元年一〇月条）、天皇が朱雀門に出御（聖武朝天平六年二月条）、出雲国が赤烏を献上（聖武朝天平一一年正月条）、僧勤韓が赤烏を捕獲（桓武朝延暦三年六月条）、皇后宮に赤雀が現れる（桓武朝延暦四年）、と桓武朝にも見受けられる。この間、白雉・白烏・白亀等の白い動物の祥瑞は随所に見られる。

白が祥瑞を象徴する色であることは前述した。『史記』の封禅書には「此三神山者、其伝在二渤海中一、〜諸仙人及不死之薬皆在焉、其物禽獣尽白、而黄金銀為二宮闕一」とある（廣畑一九九六）蓬萊・方丈・瀛洲の三山では、仙人や仙薬で満ちて物や禽獣は悉く白いとしており、中国神仙思想の中で白が重要視されていたことが理解できる。祥瑞の色として、赤も重視されていたことは『宋書』符瑞志でも確認できる。

日本において、天武朝以降白と共に赤も重要視されてきたことは、例に引いた『書紀』や『続日本紀』の記述からも明らかである。天武朝で赤が珍重された理由はなぜなのか。

天武天皇は、天文現象の観察やそれの吉凶の判断に優れ、陰陽の変化で吉をとり凶を避ける遁甲・式で占う方術を得意としていた。共に「中国で発達した道教系の方技」とされている（森田二〇一〇）。上田正昭は、天武天皇の諡号（死後に贈る称号）「天渟中原瀛真人」の「瀛」を道教の瀛洲山にゆかりがあり、真人は道教の奥義を悟った真人の義としている。また八色姓の筆頭の真人、道師も道教と関連するとした（上田一九九六）。福永光司は真人の理解に加えて、『道授篇』（四世紀後半成立）では「道教の神仙世界の宮殿・太極宮には四人の真人が居り老君すなわち神格化された哲人の老子は、その四人の太極真人の一人であるとされている」と指摘し、「「真人」は天皇ないしは皇后持統の神仙道教に対する積極的な関心を、最も端的にしめしている」と述べた（福永一九八八)。

『抱朴子 内篇』巻四金丹では、不老不死の丹薬について述べている。ここでは、多くの長生法や不死の処方の骨子は還丹と金液であると述べ、九丹(九種の丹薬)の薬名とその処方・効用について説く。これらは仙人になるための丹薬で、他に多くの丹法についても述べている。また、金液について「金液とは太乙がそれを飲んで仙人になったものである。九丹に劣らぬ利き目がある」とし、「九丹はまことに仙薬の最上の法である」と述べる(葛二〇〇九)。

注目したいのが九丹の一つ還丹である。一匙を百日服用すれば仙人になれる。朱鳥・鳳凰は頭上に舞い降り仙女がそばまでくる。この丹を塗ったお金を使用すればその日のうちに戻る。この丹で普通の人の目の上に字を書くとすべての鬼を避けられる、としている。遁甲・方術を得意とする天武天皇が、神仙思想に関する丹薬の知識を得ていたことは想像に難くない。

一方『書記』には、壬申の乱(六七二)の最中数万の兵を敵陣の近江に入らせたが、その際近江軍と判別するため天武方軍兵の衣服に赤布を付けさせた記事がある(宇治谷二〇〇七)。『抱朴子 内篇』巻十五雑応では、五兵(刀・弓矢・剣・弩・戟)を避ける方法を記載する。朱で北斗・日月の字を書く、五月五日に赤霊符を心臓の前に付ける、腰に熒惑(火星)朱雀の符を帯びる、喉に八字のある蝦蟇の血で刀剣に呪文を書く、と赤に纏わる遁甲術を述べる(葛二〇〇九)。古代中国では、赤色を鬼神や霊力と結び付けたり、蘇生を象徴する神秘的な色彩として表現する場合がある(福永一九八八)。

以上のように、天武朝において赤の祥瑞を重要視する等、赤の色彩に固執していたことが理解される。不老長生を保つ仙薬の赤や遁甲等に関する赤が、大きく関わっていたものと考えられる。また、四神の朱雀も赤を表徴する守護神として重視された。年号に朱鳥とあるのは、「羽化登仙」を希求していた天武天皇が、朱雀と共に神仙と関連する三足烏や鳳凰も意識しつつ赤い鳥を総称したもので、祥瑞の白雉に対置して考案された名称であろう。

五　おわりに

天武天皇は、仏教の発展に力を注いだ天皇としても知られており、『書記』天武九年（六八〇）には鸕野皇后の病気平癒のために薬師寺建立を開始している（森田二〇一〇）。

『書記』天武八年（六七九）には紀伊国伊刀郡が芝草を献上し、同一四年（六八五）には白朮を求め煎じ薬を作らせている（宇治谷二〇〇七）。『抱朴子 内篇』の巻十一仙薬には「仙薬のうち最上のものは丹砂。その次は黄金。その次は諸芝。～」、朮（山精）について「必ず長生せんと欲すれば、常に山精子を服せよ」とある（葛二〇〇九）。天武天皇が不老長生の芝草や朮を服用しており、道教的信仰に心酔していた一端を示している。仙薬に関連する思いが、薬師を冠する寺名を採用する動機になったと考えられる。薬師寺造営は、天武が企画していた藤原京や律令整備事業と共に持統天皇に引き継がれていく。

『続日本紀』大宝元年（七〇一）正月一日には、文武天皇に対する朝賀の儀式が実施された。大極殿の正門には、中央には烏形の幢、その左右に日像・月像の幡、その左右に青竜・朱雀と玄武・白虎の幡が立てられた（宇治谷二〇一〇）。和田萃は、後の朝賀式と天皇即位式には、烏形の幢、日像・月像の幡、四神旗が樹立されており、中でも朝賀式は「律令国家における最も重要な儀礼であった」としている（和田一九九九）。文安元年（一四四四）の書写した「文安御即位調度図」には、注記と共に中央烏形の幢（三足烏）、脇の日像（赤烏）・月像の幡、その脇の四神旗が描かれている（山本一八九三）。儀式に三足烏・日像・朱雀が配置されたのは、天武と共に神仙思想に傾倒し国家体制を整えた持統太上天皇の画策によるものと考えられる。

服制には唐制を模倣した礼冠や礼服があり、天皇が朝賀と即位式に召す大礼服に用いる礼冠を冕冠という

（江馬一九七九）。聖武天皇天平四年（七三二）から用いられた。『冠帽図会』には、前に立つ三足烏を描いた光輪（日像）が立つ（江馬一九七九）。また礼服の赤い上衣と裳の袞冕には、肩の日月をはじめ星辰・昇り龍等の十二章文が描かれる。聖武天皇から孝明天皇まで用いられ、文武朝で制度化された（渡辺一九七三）。日月に向かう昇り龍は、薬師寺東塔の擦銘（今城一九七〇）にも見える天武天皇「龍賀騰仙」の登仙を表徴化したようでもあり、天皇家と神仙思想の結び付きが見て取れる。

冒頭で述べた天武天皇の死亡日は、九月九日で五節句の一つの重陽にあたる（大和二〇一二）。偶然かもしれないが、通常忌み嫌う死を、登仙を成就したとして目出度い祝いの日に当てた可能性がある。そうであれば、それを実行できるは持統天皇であったであろう。律令国家体制を樹立し維持するのに、国教の仏教と共に神仙思想を中核に据えた道教的信仰が、国家の中枢まで入り込む必要があった。それを成し遂げた中心的人物が天武・持統の両天皇であったと考えられる。

［参考文献］

網干善教　二〇〇六『壁画古墳の研究』学生社
今城甚造　一九七〇「擦銘」『奈良六大寺大観』第六巻　岩波書店
袁　珂　著・鈴木　博訳　一九九九『中国神話・伝説』大修館書店
上田正昭　一九九六「和風諡号と神代史」『道教の伝播と古代国家』雄山閣
宇治谷孟　二〇一〇『日本書紀（上）全現代語訳』講談社
宇治谷孟　二〇〇七『日本書紀（下）全現代語訳』講談社
宇治谷孟　二〇一〇『続日本書紀（上）全現代語訳』講談社
宇治谷孟　二〇〇七『続日本書紀（中）全現代語訳』講談社
宇治谷孟　二〇一〇『続日本書紀（下）全現代語訳』講談社
江馬　務　一九七九「冕冠」『日本歴史大辞典』第八巻　河出書房新社

岡村秀典他　一九八九『椿井大塚山古墳と三角縁神獣鏡』　京都大学文学部
何　介鈞・熊　伝薪・高　至也　一九九八「発掘された死後の別世界—馬王堆漢墓—」『中国古代文明の現像—発掘が語る大地の至宝—』下巻　アジア文化交流協会
葛　洪　二〇〇九『抱朴子 内篇』　平凡社
窪　徳忠　一九七七『道教史』　山川出版社
黒板勝美　一九九六「我が上代に於ける道家思想及び道教について」『道教の伝播と古代国家』　雄山閣
柴田　実　一九七九「神仙思想」『日本歴史大辞典』第五巻　河出書房新社
下出積與　一九八六『古代神仙思想の研究』　吉川弘文館
下出積與　一九九六「斉明紀の両槻宮について—書紀の道教記事考—」『道教の伝播と古代国家』　雄山閣
蘇　哲　二〇〇七『魏晋南北朝壁画墓の世界』　白帝社
武田祐吉　一九八八『訓読 日本書紀』　臨川書店
中川穂花　二〇〇四「中国における四神図像—漢代から唐代にかけての壁画墓の図録—」『亞洲考古学』第二号　亞洲考古学研究会・滋賀県立大学人間文化学部考古学研究室
那波利貞　一九九六「道教の日本国への流伝に就きて」『道教の伝播と古代国家』　雄山閣
西川明彦　一九九四「日像・月像の変遷」『正倉院年報』第一六号　宮内庁正倉院事務所
野口鐵郎他　一九九六「解説」『道教の伝播と古代国家』　雄山閣
林巳奈夫　一九六六「鳳凰の図像の系譜」『考古学雑誌』第五二巻第一号　日本考古学会
廣畑輔雄　一九九六「日本古典における神仙説および中国天文説の影響」『道教の伝播と古代国家』　雄山閣
福永光司　一九八八『中国の哲学・宗教・芸術』　人文書院
藤谷俊雄　一九七九「年号」『日本歴史大辞典』第七巻　河出書房新社
本田　濟　二〇〇九「解説」『抱朴子 内篇』　平凡社
町田　章　一九八七『古代東アジアの装飾墓』　同朋舎出版
水口幹記　一九九八「延喜治部省式祥瑞条の構成」『日本歴史』第五九六号　吉川弘文館
宮崎泰史　一九九九「三　仙の思想」『仙界伝説—卑弥呼の求めた世界—』　大阪府立弥生文化博物館
森田　悌　二〇一〇『天武・持統天皇と律令国家』　同成社

大和岩雄　二〇一二「道教の体現者・天武天皇」『呪術と怨霊の天皇史』　新人物往来社
山本忠尚　二〇〇八『日中美術考古学研究』　吉川弘文館
山本鉄次郎　一八九三『群書類従』巻第一一一　経済雑誌社
冉　万里　二〇〇七『唐代金銀器文様の考古学的研究』　雄山閣
渡辺晃宏　二〇〇九『平城京と木簡の世紀』　講談社
渡辺素舟　一九七三『日本服飾美術史』　雄山閣
和田　萃　一九九九「四神図の系譜」『国立歴史民俗博物館研究報告』第八〇集　国立歴史民俗博物館
和田　萃　二〇〇六「道術・道家医方と神仙思想―道教的信仰の伝来」『信仰と世界観』　岩波書店

第四節　亀趺碑の発祥と伝播に関する試論

一　はじめに

日本の石造塔婆には、平安時代以降の宝篋印塔、五輪塔、板碑等それぞれに共通した形態を持つ石碑がある。その中の一つに江戸時代以降に造られた亀趺碑がある。亀趺碑は、下から台石・亀趺、碑文が刻まれた碑身、碑身上部の龍文・篆額・笠等に分かれるが、台石や碑身上部の造形を省略したものもある（松原二〇一〇、図1）。

亀趺碑は、石田茂作が「中国の儒教・道教に関係をもつ、木主から発達した雲首塔、碑石に源流をもつ亀趺塔も禅宗に付随して日本仏塔の一部になりすましていた」と述べ、一二六の仏塔図中、支那伝統の項目に含んで取り上げている（石田編一九七二）。亀趺碑の研究は、戦前に関野貞が主として中国に関する資料を基に進めたが、日本の亀趺碑にはあまり関心を示さなかった。日本における本格的な研究は、一九九〇年代から始まり藤井直正や平勢隆郎の代表的な業績がある（藤井一九九一、平勢一九九三）。

日本における亀趺碑の導入には、儒教が幕政や藩政の基本理念とされる中で、近世初頭の大名による墓所の造営が大きく関わっている。藤井は亀趺碑を三つの視点でまとめた（藤井二〇一〇）。①は、有力大名が中国・朝鮮の墓制や造碑の制を学び積極的に取り入れた。②は、黄檗宗文物の一つで、開山和尚との連繫で碑が造られ後代に受け継がれた。③は、位牌型の碑身は仏教の禅宗系の位牌に源流がある。というものである。

平勢隆郎は、中国・朝鮮・日本の類例を克明に調べた上で、東アジアの中国冊封体制と関連付けて述べた（平勢一九九三）。日本の亀趺は「基本的に中国の規定を承けるもの～武家官位の三位を重視したらしい。～位階の許

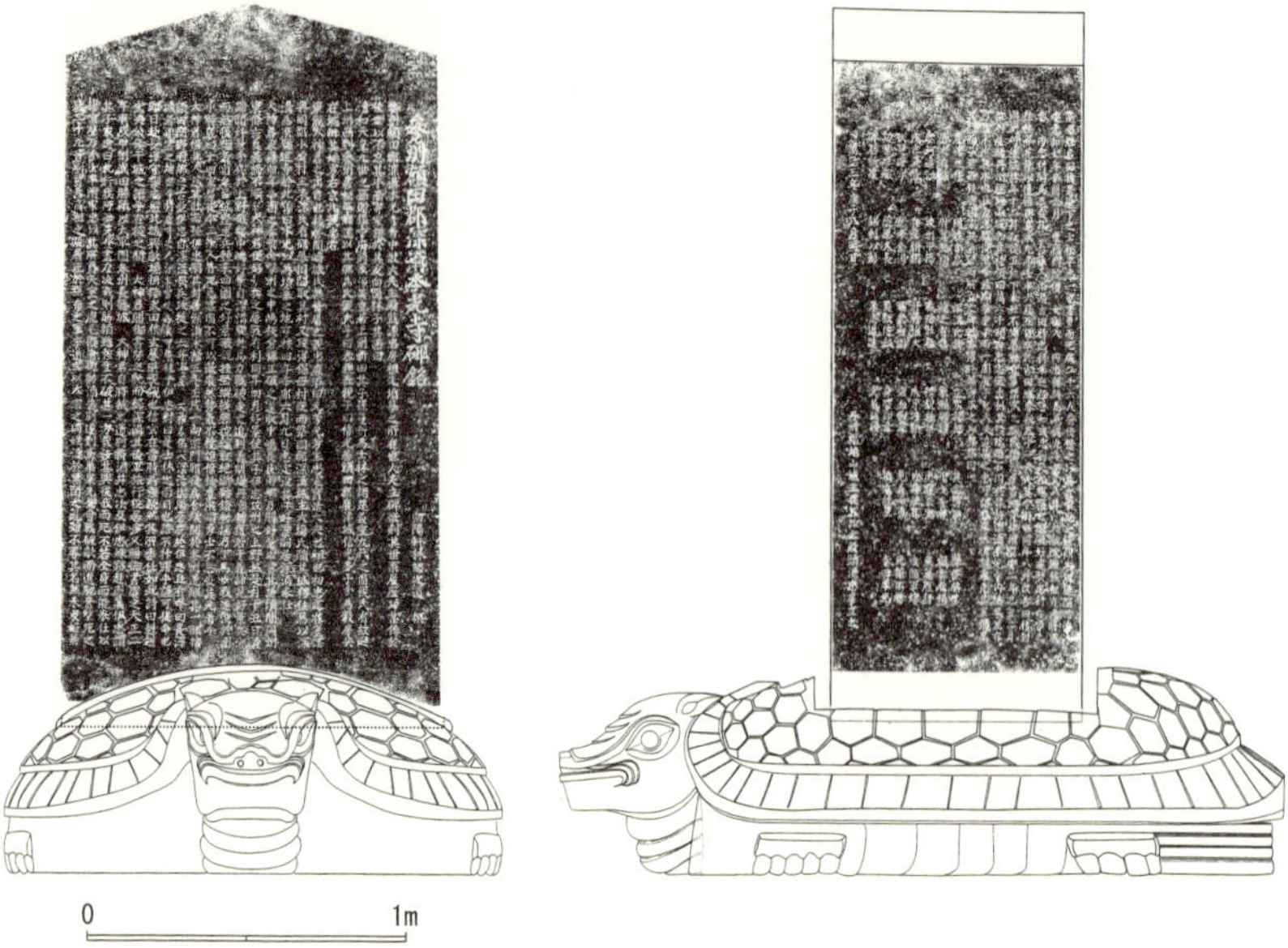

図1　亀趺碑（松原2010より）

可規定としては下位のものを表現したりしている〜仏教を介在させている例が多数を占める」等の特徴を述べ、中国・朝鮮に関わる国際関係の中での亀趺碑の意味を追求した。

以上のように、日本の亀趺碑に関する理解は、主として藤井・平勢によって深められてきた。しかし、亀趺碑の中国における発祥や古代日本に伝播しなかった理由については不透明であり、本論ではこのことについて若干の考察を行いたい。

二　亀趺碑発祥期の研究略史

平勢は、関野の『支那の建築と芸術』の中から亀趺碑について八つの視点で纏めているが、そのうち亀趺碑の発祥に関する三点を取り上げる。一つは、「この亀趺は漢碑の下に亀蛇すなわち玄武を刻したものより発達した」こと、二つは「南朝碑は碑頭に両螭竜を刻し、梁碑になって亀趺上に建つようになった。」こと、三つには「北朝碑では東魏に螭首、北周にいたって亀趺の初現を認め得る。南朝碑の影響か。」とする点である（平勢一九九三）。また関野は、碑身と趺から成る碑の形式は後漢から始まるとし、魏文帝の薄葬の詔で建碑がまれになったことを指摘した。その後、平勢はアン・パルーダンの書籍にある漢代の青龍白虎趺、亀趺の資料を確認し、かつ碑身上部に龍の彫刻も見出した。それより、漢代では四神が趺にあることが分かり、後世の亀趺が漢代からの系譜とは必ずしも言えないとした（平勢二〇〇四）。

藤井は、中国金石学者であった馬衡原の論文「石刻」（薮田嘉一郎訳）や水野清一の説明等を元に、亀趺碑の前身について述べた（藤井一九八〇）。そこでは、形の四角のものを碑、円いものを碣とした上で「碑の原形はこうした圭首または圓首に求められるが、圭首のなごりが、後代の碑になるといわゆる篆額としてのこったのである。この時期では、圓首のものには暈のあるのが通例であるが、暈の筋が龍身に見立てられて龍頭になり、これが後代の螭首の原形となる。」とした。そして、「このように碑は、墓碑ということばで示されるように墓上に建てて、墓に葬られた死者の生前の業績をしのび称え、後世に伝えるのがその本来のすがた」であるとも述べている。ここでは、方趺が後漢代に、亀趺は南北朝時代に現れる、としている。

羅宗真は石柱と石碑の項目を立てて述べている[1]（羅二〇〇五）。この石柱は神道石柱とも言うとされ、円柱の上に神獣の乗る円蓋、円柱上位の柱から横にはみ出して嵌め込まれた長方形の神道碑、円柱の中位から下方には柱表面に縦に細長く多くの面取りを行い、下は二段の台座で構成されるものである。神道石柱は梁代を中心に展開した。石碑については、六朝時代に圭首形の角がとれ左右二匹の龍が碑を取り巻き、碑身には文字を刻む他に、鳥獣・神獣怪獣類を飾るものがあり、碑座は亀趺としている。亀を吉祥の意味に捉えている。

以上は、関野・藤井・羅による亀趺碑及びそれに関連する記述であるが、これより魏の薄葬の詔以降の亀趺碑の発祥を南北朝時代、特に梁代とする考えが有力である。

これらの研究に立ち、更に掘り下げたのが平勢である。前掲論文に「皇帝陵および諸侯王陵と亀趺碑」の項目を設けて論じた（平勢二〇〇四）。平勢は、仁井田陞の『唐令拾遺』にある唐喪葬令の規定から、「五品以上には、碑を立てて螭首・亀趺を許す。〜七品以上は碣を立てて圭首・方趺を許す。〜孝義が世間に知れ渡った者は、官位についていなくても碣を立ててよい。石人・石獣の類は、三品以上は六、五品以上は四を許す。」（平勢一九九三）、官僚の品階と亀趺碑やその他の石造物に関する規定を提示した。そして、隋代でも類似の規定があったらしく（ただし、唐の五品は『食隋書』で三品）、隋唐以前の規定を想定した。その南朝の実態として、梁の文帝陵（皇帝は追尊）に亀趺があり、「前代の宋（武帝）・斉（宣帝・高帝・武帝・景帝・明帝）、梁（武帝・簡文帝）および後代の陳（武帝・文帝）〜これら皇帝陵に亀趺碑は認められない。しかるに梁の諸侯王（臨川靖恵王・安成康王・始興忠武王）前の神道には亀趺碑が建てられた。」とし、梁文帝以外の皇帝に亀趺碑は見られず、諸侯王陵にそれが認められ、螭首・亀趺は基本的に皇帝に伴わない（後世明代の永楽帝を除く）ことを明らかにした。

更に平勢は、北朝の北魏にも亀趺碑に関する同様な制度があった可能性を指摘する。馮太后の永固陵について、陵前の石刻は失われたが、文献に残る「廟前鐫石為碑獣」より碑獣を石碑と石獣に考え、石碑が亀趺碑を示す可能性に言及したが、北魏や南朝諸陵の亀趺碑に関する資料不足からその実態は把握されていない。また、趺が亀として固定される契機に、亀形墓碑の影響を指摘し、管見の最古の例は北魏の元顥儁墓誌とした。以上は、平勢による亀趺碑発祥に関する克明な研究の論旨である。

これらの後に、蘇哲による『魏晋南北朝壁画墓の世界』が刊行された（蘇二〇〇七）。亀趺碑については、北魏滅亡（五三四）後の東魏（五三四〜五五〇）から北斉（五五〇〜五七七）の壁画墓に関連して述べている。そこでは、東魏―北斉の壁画墓を五ランクに分けた。A（皇帝陵）では、推定北斉文宣帝武寧陵を取り上げ、神道を挟んで石人等の石造物はあるが亀趺碑はないとしている。B（皇室・外戚関係の権勢者）では、東魏清河王元亶墓に石羊、東魏宜陽王元景植墓や北斉蘭陵王高粛には、螭首亀趺の亀趺碑があるとし、Bランクのには石碑・石獣など神道石造物を置く制度があったと推定している。C（正一品官僚墓）では、東魏の除顥と北斉の庫狄墓には石造物がないが、正一品官僚より低い東魏孝宣公高翻墓や広平公高盛墓の神道から石羊・石虎・亀趺螭首石碑が見つかっており、前二者にも本来石碑・石獣があったと推定している。D(三品以上の官僚命婦墓)では、趙胡仁・尭峻母子墓・高長命墓を取り上げ石碑・石獣は発見できないが、文献に三品以上に墓碑のある記述からこのランクにも墓碑があったと推定している。E(中下級官僚墓)では、崔芬墓と道貴墓を取り上げ、墓の前に碣を立てたと思われるが実例はないとしている。これより、限られた資料であるが、北朝の亀趺碑や他の石造物についての状況を垣間見ることができる。

以上を要約すれば、薄葬の詔以降の南北朝に見られ亀趺碑は、趺座が亀で碑文を刻んで上方に螭竜(双龍)を配し、南朝では梁の文帝陵、北朝では東魏の宜陽王墓が古い例であり、基本は皇帝以外の皇室や高位官僚に許された墓碑と言えよう。

三　亀趺碑と神仙思想

(1)　龍と神仙思想

亀趺碑は君臣関係が明示された石碑である。その名称自体は、趺座に亀が存在する特徴を第一義とするが、龍が碑文の上に位置することも大きな特色である。亀趺碑の龍は、左右に二匹対置して螭龍と称されるが、これを以下双龍と仮称してその位置付けを考えてみたい。

古代中国における龍は、神仙思想と結び付いているが、六〇〇〇年前の河南省西水坡遺跡M45墓からは仰韶文化期に、龍の背中に乗る人の姿が礫のモザイク絵画として見つかった。同時に虎のモザイク絵も見つかり、黄暁芬は「龍・虎の加護のもとに「乗龍昇天」という霊魂不死の思想」つまり霊魂昇天の思想を示す、とされている(黄一九九九)。黄は更に、『禮記』の「魂気帰於天、魄気帰於地」を引き、人の死は魂魄の解体で、「精神的要素である魂は天に昇って祖霊=神となる。祖霊は時々天から降りてきて、現世の子孫に福をもたらすことができる。

宗廟はこの魂＝祖霊を迎え、祀る場であり、墓は大地に帰り去る死者の魄＝鬼の留まる場を象徴する。」と述べた。秦の始皇帝が山東省の泰山で天や大地を祀って不老長寿を祈願したり、漢の武帝が神仙の棲む島に近づくため中国東海岸を訪れる等の後に、神仙思想は次第に庶民にも広まった（宮崎一九九九）。

天地と現世とが強く意識されたものに前漢代の馬王堆1号墓のT字形帛画がある（何・熊・高一九九八）。この帛画は内棺の蓋板を覆っていたもので、上下に分けられ上段に天上界が下段に地上と地下（地中・水中）の世界を描いている（図2）。天上（神仙界）には中央上位に人首蛇身像があり燭龍と考えられている。左右には日像・月像、下には鐸とそれを左右で操る獣面人身の怪物、その下に二人の人物と座席をもつ二つの柱（天門）がある。鐸の左右には、応龍と考えられている二匹の龍が横位に展開している。地上と地下は大きくは中央の璧で分けられ、上方が被葬者の生前の様子、下方が水中の様子を表している。水中には中央下端の鰲魚の他、力士・蛇・怪獣・亀等が描かれる。これらの地上と地下を貫くように、左右の龍が璧の中央で交わり雲気文を伴って縦位に展開している。正に、霊魂が天に昇る様子を三界と共に描き出したものである。またこの交龍の図を諸侯の印としている。

この霊魂昇天の思想が、不死や長寿の観念を象徴する西王母信仰に引き継がれていく。後漢には、西王母が東王父と西王母の二神に分かれそれ陽と陰を分担し東西世界を代表するようになる（宮崎一九九九）。

神仙界と現世を描いたものに、甘粛省丁家閘5号墓の五胡十六国時代の西涼ないし北涼（三九七～四三九）と推定されている壁画がある（蘇二〇〇七）。この墓は前室と後室に分かれ、平面形が略方形で天上が覆斗式構造である（図3）。前室壁面は天井部と四壁に分かれ、それぞれ神仙界と二段の人間界を描いている。天上の四面には、東に東王父、西に西王母、南に鹿と飛天、北に天馬が中心画材としてあり、各面には逆さの龍頭があり、中心画材を左右で包むように雲気文がある。西壁の西王母を中心に、上に月を表す蟾蜍が下に三足烏・九尾狐の巻属が描かれる。雲気文は縦長で四面共に同じように大きくくねっているが、西面だけは下端が内側に巻き西王母を意識している。雲気文を正に双龍として描いたものと考えられる。この人間界の上段には被葬者と生前の様子が、東王父の上には太陽を表す鳥が描かれる。

以上のような神仙思想が、理論化されて著書として纏まったのが三一七年に完成した『抱朴子 内篇』二〇篇であり、本田濟はそれについて、「神仙の道、仙薬の処方、不老不死の法などを述べるもので道家に属する。」とした（本田二〇〇九）。この『抱朴子 内篇』には、龍が神仙界と関連して昇降する様子が十数カ所にわたって記述される。それは第二論仙の「龍に乗り杖を持った使者が雲間から降りてくる」、第四金丹の「雲に乗り、龍に

図２　馬王堆漢墓１号Ｔ字形帛画（何・熊・高 1998 より）

図３　丁家閘５号墓前室西壁（蘇 2007 より）

駕し、青空を上下し得る。」、第六微旨の「龍に乗って昇天したのである。」、第一三極言の「羨門は雲を呼び龍に乗ることができた。」、の如くである。仙人には天仙・地仙・尸解仙があるが、天に昇って仙人になるためには、龍の導きが必要なのであり、龍は神仙界と強く結び付く。また龍と雲の記述は、それ以降に造られた丁家閘5号墓の天井部に描かれた雲気文を、龍と見なすことの補完的な理由でもある。このように、龍は神仙思想において切り離すことのできない存在である。

（2）　神仙思想と道教

前項の神仙思想を中核にして、現世利益的信仰を追求したのが道教である。窪徳忠は、道教を「中国古代のさまざまなアニミスティックな民間の信仰を基盤とし、神仙説を中心として、それに道家、易、陰陽、五行、緯書、医学、占星などのつよい、現世利益的な自然宗教」と定義した（窪一九六七）。

道教の成立は単純ではなく、窪の理解を簡潔に辿ることにしたい。前漢武帝の治世で国家の指導理念である儒教が、後漢末には形骸化して神仙思想や方術が盛んになり貧困層に浸透した。この状況で現れたのが、太平道と五斗米道の道教的集団である。この五斗米道は張魯により組織と体制が完成し、父の張衡・祖父の張陵と魯を三張と呼び、後にこの系統を天師道と呼んでいるが、窪は四代目の張盛以降を天師道、それ以前を五斗米道として区別した。張魯は二一五年に魏の曹操の討伐を受け降伏しているが、氏の人格から鎮南将軍に任命され子供方も優遇された。『抱朴子』成立以降である四世紀末頃の天師道には、神仙思想が結び付いており張盛の頃とはかなり異なる、としている。

更に窪は、中国に根を下ろした仏教に対峙するため、宗教的内容と体裁を作り出した寇謙之の新天師道について、『魏書』の釈老志に記された詰文を取り上げる。そこでは、老子が太上老君として最高神的に扱われている。天師である張陵を讃えその後継者に寇謙之を指名している。神仙説の養生述を中心に祖米銭税や房中術を除いた等とするものである。一般に、教祖がいて体裁、組織、内容が整った新天師道を道教の完成としている。加えて釈老志では、四二三年に太上老君の玄孫と自称する李譜文から新天師道の伝導者として指名され、北魏王朝の支配地に相当する支配権を譲られる等の内容がある。この点を窪は「李譜文の口をかりてその趣きをのべ、自分が皇帝を輔佐することは天神の命によって決定ずみだと宣伝したのだろう。」と表現している（窪一九六七）。そして、四〇二年に即位して間もない太武帝に道教を献上した。その後、崔浩のはたらきで皇帝の親任を得て、四四二年には皇帝自ら道壇で法録を受けるまでになった。窪は、新天師道が五世紀半ばには国家的宗教になり、北朝の末頃までは国家的宗教の位置を保っていたとしている。江南においては、寇謙之に少し遅れた上清派の陶弘景が、斉と梁の皇帝に親任を得ていた。

以上が道教の成立と直後の盛行に関するあらましであり、道教の成立が華北を舞台に展開していたことが分かる。

さて道教成立の魁ともいえる五斗米道では、張魯の時に氏名と罪に服する意味とを三通直筆で書かせ、一通は天の神に、一通は地の神に、一通は川の神に各々献げ、符水を飲ませ祈祷して病気を治す三官手書を行った。当時、天・地・水の三神が三官と呼ばれていたことによる。道教では天災地変や病気の治癒等の災いを避ける祭祀を実施しそれを斎醮と言うが、これが七世紀以降に新天師道で大成された。『大唐六典』の場合は、七つの斎名があり四として三元斎がある。三元斎とは、正月一五日に天官、七月一五日に地官、一〇月一五日に水官を祀って自己の罪を懺悔するものである（窪一九六七）。また『抱朴子 内篇』には、仙人の種類が天仙・地仙・尸解仙の他に、水仙に関する記述もある（葛二〇〇九）。

道教成立以降、天官を太上老君、地官を皇帝、水官を霊亀に対応させていた可能性がある。これらを考慮すると、亀趺碑は、碑の被葬者である官人の事跡を後世に伝えるために、神仙の天仙・地仙・水仙を意識しつつ、龍を天官、碑文を地官、亀を水官の臣下として準え、皇帝に対する君臣関係を重んじた石碑が考案されたものであろう。この石碑は、『抱朴子 内篇』の成立以降、道教に神仙思想が取り入れられた頃に発想されたものと考えられる。以上のように亀趺碑は、神仙思想を中心に、儒教にある忠孝の教えも取り入れた道教と関連した碑と考えられる。酒井忠夫は、儒教と道教の関係について「大体のところ儒経道緯であったが、六朝～唐末の期間は道主儒従の共偶関係で政治体制を支えていた。」としており、政治における道教の神仙道の役割を強調している（酒井二〇一一）。

ここで想起されるのが北魏孝文帝の事跡である。蘇は北魏について以下のように述べている（蘇二〇〇七）。道武帝（拓跋珪）が三八六年平城（現大同）に北魏を建国してから六代目の孝文帝（拓跋宏）が四九三年洛陽に遷都するまでの北魏前期と、これ以降五三四年に分裂するまでの北魏後期とに分けて論じた。孝文帝は四七一年に献文帝から五歳で皇位を譲られ、献文帝が太上皇帝として政権を担ったが四七六年に毒殺され、孝文帝の祖母である文明皇太后馮氏が実権を握った。馮氏が四九〇年、墳丘の直径が一一七～一二一メートルの広大永固陵に葬られるまで、宮廷闘争の中の政治的孤児であった。孝文帝の一五歳（四八一）頃から漢化政策（鮮卑国家から漢民族式の国家）が始まり、四九九年に亡くなるまで官品制度や冠服制度の風俗文化の改革を推進し、「求忠必於孝子之門」を根本に孝行を重視した政策を採った。

注目したいのが、孝文帝が永固陵の東北約五〇〇メートルに造営した直径約六〇メートルの円墳寿陵（万年堂）である。蘇は、万年堂の石門柱に剣を持った武士の線刻画がある報告を述べ、寿陵は孝文帝が馮氏に対する孝行を示すための陪塚だろうとした（蘇二〇〇七）。この線刻画には、武人の上に竜頭の線刻があり、亀趺碑の碑文の上に龍が位置する関係が見て取れる。柱の図像は、官人・竜頭共に一方向を向いており、石門柱と記述したように、対面する柱が存在すると思われ、万年堂に付随した門と考えられる（図4）。また、北魏では「太和後期から宗室諸王と功臣に東園秘器を恩賜した。」（太和後期は孝文帝在位後半に当たる）とした（蘇二〇〇七）。

本来、東園は皇室の陵墓装具を造る役所であり、ランクの差があったにしても功臣にまでその範囲を拡大している。

図4　孝文帝万年堂石門柱図像（蘇2007より）

先に平勢は、南朝梁の文帝陵（五五一年没）に亀趺碑があり、北朝北魏の馮氏永固陵に亀趺碑の可能性を指摘した。蘇は北朝東魏（五三四～五五〇）の亀趺碑の存在を述べている。永固陵は孝文帝の寿陵を大きく凌ぐ陵墓であり、亀趺碑の存在する可能性は低い。北魏では道教が国家的宗教として根付いた国であり、寿陵の石門柱の図像、功臣への東園秘器の恩賜等、多くの改革が実施されている。北魏後期には龍・碑文・亀の形式を持つ亀趺碑が考案されていたのではないだろうか。羅の説明にある石柱神道碑は、碑文の下に龍があり亀趺碑を意識していたと思われるが、梁の文帝蕭順之（四四四〜四九四）を取り上げている（羅二〇〇五）。

四　亀趺碑の日本への伝播

魏の薄葬の詔以来、龍・碑文・亀の形式を持つ亀趺碑が南北朝時代に新たに出現した。平勢は、中国と朝鮮半島における亀趺碑の展開について述べている（平勢一九九三）。中国では「少なくとも唐以降明建国にいたるまで、皇帝陵前に亀趺碑を建てていなかったらしい。その上で、官位上位の者に亀趺碑の建立を許した。」とした。また、朝鮮半島では「統一新羅ではいく代かの王陵に亀趺碑の建立が確認できるのに対し、高麗王陵には、それがほとんど認められない。〜しかるに、李朝になると、再度王陵前に亀趺碑を建てることになった。」とし、一九九〇年の亀趺碑も紹介している。

亀趺碑が、朝鮮半島の統一新羅には存在するが、日本に伝播するのが近世になってからなのはなぜなのか。これに対して、平勢は次のように記述している（平勢一九九三）。平勢は基本的に薄葬の時代とした上で、「鎌倉時代には、朝鮮半島高麗朝で高僧塔碑を造っていたあり方を受容するだけの仏教界の中央（朝廷・幕府）政治への進出現象がなかったこと、室町時代には、儒教がなお支配層の学問的背景とはなっていないこと（総じて李朝の儒教重視の情報が、武士にとって魅力あるものとしては伝わっていないこと）、そのためいずれの時代にも墓葬と位階を結び付けようとする発想が出にくかったこと、などが想起される」と述べた。しかし古代に伝播しなかった理由については触れていない。

筆者は前項で、亀趺碑と道教について述べたが、この視点で始めに朝鮮半島の状況に言及してみたい。窪は「朝鮮の道教」と題した論文を纏めている（窪一九六五）。窪によれば、「魏晋以来、中国の東部沿岸地方には五斗米道がかなり普及していたから～このころ高句麗に五斗米道が伝来していたことは、事実と考えてまず大過ないであろう。」とした上で、六世紀後半には道教が定着したとした。新羅から高麗朝になると、王室の外護を受けるようになり、一二世紀初頭には王室に受容され道観を建立するようになった。そして窪は、道観も少なく教団も組織されなかったが、鎮護国家的な宗教として在来の信仰や仏教と習合して受容されたと纏めている。古代の朝鮮半島では、道教を国家として受け入れており、筆者が道教と結び付くと考える亀趺碑も同様の在り方を示したものと考えられる。

それでは日本の場合はどうであろうか。道教の日本における影響を、早くに論じたのが黒板勝美である。黒板は、『延喜式』の祝詞六月晦大祓の条にある「謹請皇天上帝、三極大君、日月星辰、八方諸神、司令司籍、左東王父、右西王母～」の呪文を、中国道教に関わるものした。更に、『日本書紀』の垂仁天皇紀の「～遙度弱水、是常世国、則神仙秘区～」より神仙思想を想起させ、また同書推古天皇紀の聖徳太子遊行記事で尸解仙を導く等、道教・道家思想の明示した日本古代における道教的信仰の実態を披瀝した（黒板一九九六）。この中で、『日本書紀』斉明天皇紀の「～復於嶺上両槻樹辺起観～」に着目し、道教の道観を想定したが、下出積與らに否定された（下出一九九六）。道教は宗教として、「日本に伝来することはなかった。古代に限らず、各時代にわたって伝来していない。」のであり（和田二〇〇六）、古代の日本では仏教と神祇信仰による鎮護国家を目指していたのである（森田二〇一〇）。このように、古代日本に道教が定着しなかったことが、亀趺碑が古代日本に制度として伝播しなかった背景と考えられるのである。

五　おわりに

亀趺碑が、中国において古代より近世に至るまで、時の支配者とその近臣を繋ぐ墓碑であったことは基本的は変わらない。そのことが君臣の結束を固め、国家の維持を支える源になっていた。それが、国の外では中国と近隣諸国における国際関係として、内では日本の場合の近世将軍家と諸藩に見られる主従関係のように、冊封関係を築き上げる装置として機能した。この背景や事情は、平勢の著書に詳しく述べられているが、亀趺碑が儒教の理念を基礎にして君臣関係を規定したものであった（平勢二〇〇四）。

本論では、亀趺碑の発祥を儒教の理念も含んだ神仙思想に関連付けて述べたものである。中国道教の天官・地官・水官に懺悔する三元斎に、天と水中を表徴する龍と亀、そして地官には亡くなった皇族・近臣を表徴する碑文を対応させて考察したものである。中国の道教的教団が、始めて宗教の組織を整え、国家的宗教に成長したのが北魏であり、漢化政策の元、数々の改革を断行した北魏後期に亀趺碑が発想されたものと推定した。その時期の孝文帝寿陵に、竜頭を戴く官人図像の石門柱が、巨大な祖母の永固陵に従順するようにあり、その後の東魏に亀趺碑が見られことによる。

日本の古代に、亀趺碑が根付かなかった理由として、亀趺碑と密接な道教が日本国家に受容されなかった背景を考えてみた。七世紀後半は律令国家の形成期であり、仏教信仰と天照を頂点とした神祇信仰の両輪による国家運営を目指し、道教的信仰は様々な形で採用したが、国家を左右する道教は排除したと考えられる。朝鮮半島の古代における道教受容は、全体に消極的であるが国家が関わったことが亀趺碑の存在に繋がったものと考えられる。朝鮮半島は中国と隣接しており、国家的には中国との冊封関係が影響した地域であった。

以上のように、亀趺碑の発祥と伝播について道教を基軸に述べてきたが、亀趺碑と道教が真に結び付くか危惧している。今後、資料を積み重ねて更に検討を進めていきたい。

［註］

（1）羅氏による原著の翻訳に関わった中村圭爾は、原著の元になる論文の多くは一九八〇年代末までのものであることを、あとがきで述べている。

［参考文献］

石田茂作編　一九七二『日本の美術』第七七号　至文堂
葛　洪　二〇〇九『抱朴子 内篇』平凡社
何　介鈞・熊　伝薪・高　至喜　一九九八「発掘された死後の別世界―馬王堆漢墓―」『中国古代文明の原像―発掘が語る大地の至宝―』下巻　アジア文化交流協会
窪　徳忠　一九六五「朝鮮の道教」『東方学』第二九集　東方学会
窪　徳忠　一九六七「道教入門」『講座東洋思想』第三巻　東京大学出版会
黒板勝美　一九九六「我が上代に於ける道家思想及び道教について」『道教と日本』雄山閣
黄　暁芬　一九九九「墓西にみる古代中国の他界観」『仙界伝説―卑弥呼の求めた世界―』大阪府立弥生文化博物館
酒井忠夫　二〇一一『道家・道教史の研究』国書刊行会
下出積與　一九九六「斉明紀の両槻宮について―書紀の道教記事考―」『道教と日本』雄山閣
蘇　哲　二〇〇七『魏晋南北朝壁画墓の世界』白帝社
平勢隆郎　一九九三「日本近世の亀趺碑―中国及び朝鮮半島の歴代亀趺碑との比較を通じて―」『東洋文化研究所紀要』第一二一冊　東京大学東洋文化研究所
平勢隆郎　二〇〇四『亀の碑と正統』白帝社
藤井直正　一九八〇「碑碣の源流とその伝播」『大手前女子大学論集』第一四号　大手前女子大学
藤井直正　一九九一「亀趺碑をもつ石碑の系譜」『大手前女子大学論集』第二五号　大手前女子大学
藤井直正　二〇一〇「大名墓所・研究の視点」『考古学ジャーナル』五九五　ニュー・サイエンス社
本田　濟　二〇〇九「解説」『抱朴子 内篇』平凡社
松原典明　二〇一〇「七　瑞雲山本光寺深溝松平家墓所の概要」『考古学論究』別冊　立正大学考古学会
宮崎泰史　一九九九「三　仙の思想」『仙界伝説―卑弥呼の求めた世界―』大阪府立弥生文化博物館

宮野淳一　一九九九「古代中国の神と仙」『仙界伝説―卑弥呼の求めた世界―』大阪府立弥生文化博物館
森田　悌　二〇一〇『天武・持統天皇と律令国家』同成社
羅　宗真　二〇〇五『古代江南の考古学』白帝社
和田　萃　二〇〇六「道術・道家医方と神仙思想―道教的信仰の伝来―」『信仰と世界観』岩波書店

［初出一覧］

序　章　「心象考古学の構想」　新稿

第一章

第一節　「本州北端の刻書土器―道教的信仰から見た「木」の考察―」（『栴檀林の考古学―大竹憲治先生還暦記念論文集―』　大竹憲治先生還暦記念論文集刊行会　二〇一一年）

第二節　「本州北端の刻書土器―数字様記号について―」（『芙蓉峰の考古学―池上悟先生還暦記念論文集―』　六一書房　二〇一〇年）

第三節　「本州北端の刻書土器―「八」の基礎的考察―」（『考古学の諸相Ⅲ―坂詰秀一先生喜寿記念論文集―』　坂詰秀一先生喜寿記念会　二〇一三年）

第四節　「本州北端の刻書土器―北方域の研究史と系譜―」（『北方世界の考古学』　小松正夫編著　すいれん舎　二〇一〇年）

第二章

第一節　「東北地方の遠賀川系壺―地蔵田B遺跡と館の上遺跡―」（『北方世界からの視点―ローカルからグローバルへ―』　佐藤隆広氏追悼論集刊行委員会編　北海道出版企画センター　二〇〇四年）

第二節　「本州北端の刻書土器―日本列島の×形文図像から―」（『駒沢史学』第八二号　駒沢史学会　二〇一四年）

第三節　「秋田城跡出土の龍絵塼と人物絵塼の評価」（『秋田県埋蔵文化財センター研究紀要』　第二八号　秋田県埋蔵文化財センター　二〇一四年）

第四節　「三巴文の概要と展開―瓦当文と図像の検討から―」　新稿

第三章

第一節　「古代西王母の髪飾り―その変遷と思想に関する問題―」（『駒澤考古』第四〇号　駒澤大学考古学研究室　二〇一五年）

第二節　「鴟尾の変遷と発生に関する問題」（『考古学の諸相Ⅳ―坂詰秀一先生傘寿記念論文集―』　坂詰秀一先生傘寿記念会　二〇一六年）

第三節　「日本の神仙思想と道教的信仰―鳥・鳳凰・朱雀―」（『中華文明の考古学』同成社　二〇一四年）

第四節　「亀趺碑の発祥と伝播に関する試論」（『石造文化財』六　斎藤忠先生追悼号　雄山閣　二〇一四年）

あとがき

本書は、時々に公表してきた論考に新稿の二つを加えて構成してある。第二章第一節を除くと、二〇一〇年から二〇一七年にかけてのものである。この八年間は退職に向けての数年間であり、退職後の将来的な研究分野を模索したい気持ちがあった。そこで手掛けようとしたのが「本州北端域の刻書土器」であり、それまで手掛けてきた古代土器の編年や製作技術等の研究領域とは異なる、精神面の研究を前提にしたものであった。

しかし、信仰や宗教に関する資料の解釈には、地方域を限定的に扱う思考を排除し、根本的且つ多元的な思索と解釈が必要であることを、徐々に痛感するようになった。このことが、日本列島、更に東アジアまで視野を広げることに繋がったものと思う。本書章立ての第一章から二、三章への推移は、概ねこの思考の変化を表徴している。大局から次に地域を限定して思考する姿勢は、常に意識する必要があるものの、広範な領域を研究対象にすることは、自分が置かれた環境と研究意欲とのアンバランスが、常に付き纏う試練の場でもあった。

信仰や宗教に関する領域に踏み出す契機は、二〇〇四年に発掘調査を行い二〇〇七年に報告書が刊行になった虚空蔵大台滝遺跡であった。そこは、秋田県埋蔵文化財センターで調査を手掛けてきた遺跡の中でも一、二のスリルに満ちた危険な現場であった。その字名による遺跡名もさることながら、平安時代末における寺相当の建物跡やかわらけの出土状況、更に三重塔を模した小塔、中世墓域等の成果を得ることができた。小塔の見解を、早々に立正大学恩師の坂詰秀一先生に訊ね、多くの教示を得たことを懐かしく思い出す。思えば先生が団長を務められた八坂前窯跡は、武蔵国分寺の七重塔再建に関わる瓦陶兼用窯で、国家的な宗教遺跡と関連していた。この調査や整理に従事できたことは幸運であったし、伏線として長く心に留めておいた出来事である。

駒澤大学の故倉田芳郎先生は、歴史時代の考古学を目指していた筆者と坂詰先生との縁を取り持ってくれた、もう一人の恩師である。倉田先生の訃報に接したのが二〇〇六年九月のことで、二年後の三回忌には追悼論文集が刊行された。お酒の好きな先生が、ある飲み屋で「君、宗教をやってみたら…」と呟いたことが、ずっと頭の片隅にあった。創価大学校内の発掘調査を任されていた時期のことである。「虚空蔵大台滝遺跡の呪術・祭祀・信仰―平安時代後半と中世後葉の心象風景―」と題した拙稿で、本書表題の「心象」が、一〇年前の副題に用いてあったことを、今にして気付き驚いている。

上京して一一年、センターに従事して三三年目、足掛け四四年間に亘り一貫して発掘と整理に明け暮れてきた。この間、多くの先輩・同輩・後輩に恵まれ、苦楽を共有することで考古学的な技術や知識を学ばせて頂いた。本書の論考は、立正大学を始めとした駒澤大学、秋田県埋蔵文化財センター三所で接してきた方々の教示と示唆に拠るところが大きい。中でも立正大学池上悟先生には、論集刊行の度にお声掛と刺激を与えて頂き感謝致します。著書の刊行に際し御尽力頂いた雄山閣の桑門智亜紀、体裁・校正等を推進して頂いた同児玉有平の両氏には、心よりお礼申し上げます。また三〇年間、常に健康を気遣って私を支えてくれた妻さゆりに感謝します。

最後に、入門してから三八年目の長きに亘り御指導頂いている坂詰秀一先生に感謝の意を表します。また筆者が、伝統ある立正大学考古学会の末席に加えて頂いていることに対しお礼申し上げます。本書を、九九（八一）の喜ばしい年を迎えられた坂詰先生に、学恩の証として献呈致します。

平成二九年一〇月一六日

東梵天宅にて　利部　修

■著者紹介
利部　修（かがぶ おさむ　Kagabu Osamu）

1955年秋田県に生まれる。

1978年駒澤大学文学部歴史学科（考古学専攻）卒業。

1983年立正大学大学院文学研究科修士課程（史学専攻）修了。

1985年より秋田県埋蔵文化財センターに勤務、同センター南調査課長を経て、現在、中央調査班文化財主査。

《主要著書》
『出羽の古代土器』同成社　2008年
『長崎・松浦皿山窯跡』先史15　駒澤大学考古学研究室（共著）1981年
「北日本の須恵器についての一考察」『考古学の諸相』坂詰秀一先生還暦記念会　1996年
「平安時代東北の長頸瓶」『生産の考古学』同成社　1997年
「虚空蔵大台滝遺跡の呪術・祭祀・信仰—平安時代後半と中世後葉の心象風景—」『生産の考古学 II』倉田芳郎先生追悼論文集編集委員会編　2008年
「古代土器の製作過程と技法の表記」『研究紀要』第31号　秋田県埋蔵文化財センター　2017年　など

2017年11月10日　初版発行　《検印省略》

「心象考古学《しんしょうこうこがく》」の試《こころ》み
—造形物《ぞうけいぶつ》の心性《しんせい》を読《よ》み解《と》く—

著　者　利部　修
発行者　宮田哲男
発行所　株式会社 雄山閣
東京都千代田区富士見2-6-9
TEL　03-3262-3231 / FAX　03-3262-6938
URL　http://www.yuzankaku.co.jp
e-mail　info@yuzankaku.co.jp
振　替：00130-5-1685
印刷・製本　株式会社ティーケー出版印刷

ISBN978-4-639-02540-5 C0021
N.D.C.210　256p　21cm